A654	Aprendizagem ativa nos anos iniciais do ensino fundamental / Anitra Vickery ... [et al.] ; tradução: Henrique de Oliveira Guerra ; revisão técnica: Luciana Vellinho Corso. – Porto Alegre : Penso, 2016. xiv, 252 p. il. ; 23 cm. ISBN 978-85-8429-068-0 1. Educação. 2. Métodos de ensino. 3. Ensino fundamental. I. Vickery, Anitra. CDU 37.022

Catalogação na publicação: Poliana Sanchez de Araujo – CRB 10/2094

APRENDIZAGEM ATIVA
NOS ANOS INICIAIS DO ENSINO FUNDAMENTAL

ANITRA VICKERY

Colaboradores
Carrie Ansell, Keith Ansell, Chris Collier, Rebecca Digby,
Mary ffield, Tor Foster e Darren Garside

Tradução
Henrique de Oliveira Guerra

Revisão técnica
Luciana Vellinho Corso
Professora Adjunta da Faculdade de Educação da Universidade Federal do Rio Grande do Sul (UFRGS)
Mestre em Educação pela Universidade Flinders – Austrália
Doutora em Educação pela UFRGS

2016

Obra originalmente publicada sob o título *Developing Active Learning in the Primary Classroom*
ISBN 9781446255476

English language edition published by SAGE Publications of London, Th ousand Oaks, New Delhi and Singapore.
Editorial arrangement and Introduction ©Anitra Vickery 2014
Chapters 1, 3, 4, 5, 6, and 8 ©Anitra Vickery 2014
Chapter 2 ©Mary Field 2014
Chapter 7 ©Keith Ansell 2014
Chapter 9 ©Chris Collier and Rebecca Digby 2014
Chapter 10 ©Darren Garside 2014
Chapter 11 ©Carrie Ansell and Tor Forster 2014

Gerente editorial: *Letícia Bispo de Lima*

Colaboraram nesta edição

Editora: *Priscila Zigunovas*
Assistente editorial: *Paola Araújo de Oliveira*
Capa: *Márcio Monticelli*
Preparação de original: *Luiza Drissen Signorelli Germano*
Leitura fi nal: *Cristine Henderson Severo*
Editoração eletrônica: *Kaéle Finalizando Ideias*

Reservados todos os direitos de publicação, em língua portuguesa, à
PENSO EDITORA LTDA., uma empresa do GRUPO A EDUCAÇÃO S.A.
Av. Jerônimo de Ornelas, 670 – Santana
90040-340 – Porto Alegre – RS
Fone: (51) 3027-7000 Fax: (51) 3027-7070

Unidade São Paulo
Av. Embaixador Macedo Soares, 10.735 – Pavilhão 5 – Cond. Espace Center
Vila Anastácio – 05095-035 – São Paulo – SP
Fone: (11) 3665-1100 Fax: (11) 3667-1333

SAC 0800 703-3444 – www.grupoa.com.br

É proibida a duplicação ou reprodução deste volume, no todo ou em parte, sob quaisquer formas ou por quaisquer meios (eletrônico, mecânico, gravação, fotocópia, distribuição na Web e outros), sem permissão expressa da Editora.

IMPRESSO NO BRASIL
PRINTED IN BRAZIL
Impresso sob demanda na Meta Brasil a pedido do Grupo A Educação.

A autora

Anitra Vickery trabalha há 12 anos na formação de professores. É professora titular de matemática para os anos iniciais do ensino fundamental, coordenadora de estudos profissionais e tutora pessoal no curso de PGCE[1] na Bath Spa University (BSU). Antes disso, trabalhou como consultora em numeralização nos distritos escolares de South Gloucestershire e Swindon, após 16 anos trabalhando como professora e vice-diretora nos anos iniciais do ensino fundamental. Sua área de interesse particular é o desenvolvimento, nas crianças, do pensamento e das habilidades para resolver problemas e, nessa área, vem desenvolvendo e publicando vários materiais didáticos para o ensino e a aprendizagem.

No campo da formação de professores, seu interesse particular é a interação entre questões afetivas e prática reflexiva. Construiu estreitas relações de trabalho com as escolas de ensino fundamental locais, o que lhe permitiu manter-se atualizada sobre as práticas predominantes nas salas de aula.

---

1 N. de T.: *Postgraduate Certificate in Education*, ou Certificado de Pós-graduação em Educação; na Grã-Bretanha, especialização de um ano para a formação de professores.

Colaboradores

Carrie Ansell é professora titular de inglês, linguagem e letramento para a educação infantil e os anos iniciais do ensino fundamental, na Bath Spa University. Antes de assumir esse cargo, lecionou em contextos de educação infantil e anos iniciais do ensino fundamental, principalmente em escolas com populações multilíngues e culturalmente diversas. Atualmente, faz pesquisas com Deborah Nicholson na Bath Spa University nas áreas de letramento e inclusão social. Nos últimos cinco anos, ministrou a disciplina "Aprendizagem, fala e ensino dialógico", com a colega Kendra McMahon, na Bath Spa University.

Keith Ansell atuou, a partir de 1980, como professor nos anos iniciais do ensino fundamental, lecionando em Surrey e Bristol, onde se tornou professor especializado em Tecnologias da Informação e da Comunicação (TICs). Mais tarde, como consultor de *e-learning* (aprendizagem eletrônica) da empresa sem fins lucrativos South West Grid for Learning (SWGfL), apoiou consultores das TICs desde a Cornualha até Gloucestershire, e representou a SWGfL no Comitê de Conteúdo da Rede Educacional Nacional. Trabalhou como gerente de projetos em diversos projetos de *software*, serviços e competições *on-line* em todo o Sudoeste da Inglaterra. Atualmente é professor titular no programa em educação infantil e anos iniciais do ensino fundamental do PGCE da Bath Spa University. Keith faz parte da equipe das TICs e também ministra a disciplina "Design e tecnologia". É, pelo terceiro ano, tutor pessoal, orientando e apoiando os alunos do PGCE em seu processo de se tornarem professores dos anos iniciais do ensino fundamental. Ele tem boas ligações com a indústria das TICs no setor de educação e organiza as exposições na conferência regional de verão sobre as TICs na University of the West of England (UWE).

Chris Collier é professor titular de ciências para os anos iniciais do ensino fundamental na Bath Spa University, onde é coordenador adjunto de ciências no programa em educação infantil e anos iniciais do ensino fundamental do PGCE. Ministra diversos cursos e módulos no PGCE e nos programas de graduação dos Estudos em Educação. É membro fundador do Centre for Research in Early Scientific Learning, com sede na Bath Spa, participando das atividades de pesquisa do centro.

Rebecca Digby é professora titular de educação infantil e anos iniciais do ensino fundamental. Leciona ciências para a educação infantil no programa de treinamento do PGCE, é tutora pessoal de um grupo de professores formados pela Bath Spa e comanda o módulo educacional sobre Perspectivas Internacionais em Educação Infantil no curso de graduação de Estudos em Educação. Antes, trabalhou em escolas, em vários níveis, desde a educação infantil até os anos iniciais do ensino fundamental, tanto na Inglaterra quanto na Escócia, em diversos cargos, inclusive professora de habilidades avançadas em ciências e criatividade e vice-diretora.

Mary ffield trabalhou alguns anos em educação infantil e nos anos iniciais do ensino fundamental, inclusive como assistente social, líder de grupo e professora. Interessou-se pela formação de professores enquanto apoiava e orientava professores estagiários em sala de aula. Depois disso, foi professora titular e líder de programa do PGCE no Newman University College, em Birmingham, e na Bath Spa University, onde criou um curso em tempo parcial sobre educação infantil, em estreita colaboração com um centro infantil local e uma escola dos anos iniciais do ensino fundamental. Seus interesses de pesquisa incluem a educação para o desenvolvimento e a cidadania, área na qual tem contribuído para criar manuais de ensino, bem como as primeiras experiências profissionais dos professores recém-qualificados (NQT, *newly qualified teachers*).

Tor Foster é professora titular de inglês para os anos iniciais do ensino fundamental do PGCE, na Bath Spa University. Lecionou em escolas de ensino fundamental e médio e foi professora consultora antes de se transferir ao ensino superior. Coordenou o curso de pós-graduação em Educação nos anos iniciais na University of the West of England. Desde que se transferiu para a Bath Spa University, tem sido responsável pela parte do conhecimento em língua inglesa no curso do PGCE. Seus interesses de pesquisa são o recrutamento e a retenção bem-sucedidos de professores do sexo masculino para os anos iniciais do ensino fundamental, bem como a criatividade no currículo de língua inglesa.

Darren Garside ingressou na profissão docente em 1999, após uma breve carreira em bibliotecas acadêmicas, organizações políticas e consultoria administrativa. Ingressou na Bath Spa University em 2007, depois de completar o mestrado em ensino sobre a dinâmica conversacional das sessões de Filosofia para Crianças (P4C, *Philosophy for Children*). Inicialmente, participou da equipe de inglês do PGCE e hoje é importante membro do programa de Estudos em Educação e Infância, com especialização em filosofia da educação. Em seu período na BSU, desenvolveu seus interesses em lecionar e pesquisar a P4C e a filosofia da educação, e atualmente explora como as metodologias da P4C podem ser usadas para aprimorar a aprendizagem na universidade. Está escrevendo sua tese de doutorado sobre o conceito da avaliação pedagógica dos professores no contexto do movimento da Filosofia para Crianças.

Agradecimentos

Os autores gostariam de fazer um agradecimento especial para as escolas, os diretores e os professores que ajudaram a escrever os estudos de caso contidos na obra, ao nos permitirem observar e discutir as práticas predominantes em suas salas de aula.

Jon Rees, St. Anne's Juniors, Bristol

Carol Rusby e Judith Smith, The Orchard Infant School, East Molesey, Surrey

Faye Kitchen e Caroline Harding, Bromley Heath Junior, South Gloucestershire

Keith Ledbury e Theresa Gee, Courtney Primary, South Gloucestershire

Sean Quinn e Janet Dixon, St. Anne's C of E Primary, South Gloucestershire

Sam O' Reagan, professor recém-qualificado

James Ridd, professor estagiário

Dan Wilson, St. Andrew's C of E Primary, Congresbury, North Somerset

Ian Rockey, Moorland's Infant School, Bath

Johannah Meggs, Acton Turville C of E Primary, South Gloucestershire

Jonathan Hannam, aluno destaque, Fordingbridge Junior School, Hants

Paul Jackson e Lisa Naylor, Gallions Primary School, Beckton, Londres

Carolyn Banfield e Katherine Morgan, St. John's C of E Primary, Midsomer Norton

Muitas ideias aqui apresentadas foram desenvolvidas com outras pessoas. Os autores gostariam de lhes agradecer seu apoio.

Anitra Vickery gostaria de agradecer a seu parceiro Mike Spooner, por seu apoio, incentivo e conselhos constantes, e também a Sarah, Pippa e Paul, por seu interesse motivador. Agradecimentos também a James Clarke e Monira Begum, da Sage, pelo apoio editorial.

Keith Ansell gostaria de agradecer às colegas Emma Asprey, Wendy Hanrahan, Carrie Ansell e Deborah Nicholson, da Bath Spa University.

Rebecca Digby gostaria de agradecer ao seu companheiro, Iain, e a sua família pelo apoio infinito.

Carrie Ansell e **Tor Foster** gostariam de agradecer a Penny Hay, diretora de pesquisa em 5x5x5 = criatividade, e a Catherine Lamont Robinson, artista de 5x5x5 = criatividade para o projeto "Escolas sem muros", do Teatro *the egg*, na cidade de Bath. Agradecem também a Deborah Nicholson, professora de língua inglesa e letramento, e Kendra McMahon, líder, junto com Carrie Ansell, do módulo "Aprendizagem, fala e ensino dialógico".

Introdução

O objetivo geral deste livro é apresentar uma síntese dos fatores que contribuem para transformar crianças em parceiros ativos de sua própria aprendizagem. O livro é um híbrido de manual prático e texto acadêmico, estabelecendo uma ponte entre o conhecimento com base na pesquisa e o empreendimento prático de ensinar por meio do resumo dos fundamentos teóricos e o fornecimento de modelos de aplicação prática.

Cada capítulo segue a mesma estrutura: inicia com uma revisão das pesquisas e opiniões publicadas e depois apresenta, na seção *Prática*, atividades para auxiliar na investigação prática de algumas das ideias principais. Cada capítulo também traz um estudo de caso e uma lista de ideias para leituras complementares. É importante notar que os estudos de caso, embora apresentem uma série de ideias inovadoras e vibrantes, não foram escolhidos para exemplificar "melhores práticas", mas para ilustrar como algumas escolas estão respondendo ao desafio de capacitar as crianças a assumir a responsabilidade por sua própria aprendizagem.

Todos os colaboradores deste livro são apaixonados pelo desenvolvimento da aprendizagem ativa nas salas de aula dos anos iniciais do ensino fundamental. Eles desenvolveram diferentes capítulos que analisam a aprendizagem ativa sob o prisma de diferentes disciplinas e de distintos aspectos da prática pedagógica, incluindo avaliação, questionamentos e uso da tecnologia da informação. Os Capítulos 1 a 10 enfocam o desenvolvimento das habilidades que sustentam a aprendizagem ativa por meio da discussão de estruturas de pensamento e filosofia para crianças. Ao reunir essas perspectivas diferentes, é possível identificar vários temas comuns e apreciar a consistência no pensamento sobre abordagens que levam à emancipação do aluno.

Pesquisas recentes sobre como as crianças aprendem resultaram em um conjunto de convicções sobre abordagens pedagógicas e concepção curricular amplamente compartilhado por muitas escolas. Essas convicções podem ser detectadas no âmbito de vários "movimentos" curriculares; por exemplo, currículo criativo, aprendizagem ativa, abordagem com base em indagação, personalização, avaliação em prol da aprendizagem, currículo centrado no aluno e novas áreas de atividade, como o desenvolvimento de habilidades interdisciplinares de pensamento e aprendizagem. Os princípios essenciais para transformar as crianças em parceiros ativos em sua própria aprendizagem e para enfatizar o desenvolvimento das habilidades de aprendizagem e das qualidades pessoais conectam todas essas ideias.

Este livro procura explorar esses princípios e fornecer, a professores estagiários e recém-qualificados, oportunidades para explorar uma gama de filosofias e estratégias para desenvolver a aprendizagem.

Limitações de tempo, prioridades concorrentes e outros desafios inerentes aos cursos de formação influenciam as oportunidades que os estagiários têm de estabelecer conexões entre suas próprias experiências como alunos, seu novo papel como professores principiantes reflexivos e a aprendizagem das crianças que eles ensinam. A obra pretende auxiliar novos professores a fazer essas conexões, reunindo a base teórica das ideias essenciais sobre aprendizagem eficaz, conectando os princípios da prática reflexiva com a aprendizagem das crianças e apresentando sugestões práticas para implementação nas salas de aula.

Sumário

1 Estruturas de pensamento 1
Anitra Vickery

2 Aprendizagem ativa na educação infantil 21
Mary ffield

3 Criando uma cultura de indagação 43
Anitra Vickery

4 Desenvolvendo as habilidades de questionamento de professores e alunos 67
Anitra Vickery

5 Professores reflexivos, crianças reflexivas 87
Anitra Vickery

6 Aprendizagem por meio da avaliação 105
Anitra Vickery

7 Aprendizagem ativa com as TICs 127
Keith Ansell

8 Habilidades de pensamento por meio da matemática 147
Anitra Vickery

9 Desenvolvendo as habilidades de pensamento e aprendizagem em ciências 173
Chris Collier e Rebecca Digby

10 Filosofia para crianças 195
Darren Garside

11 Falando e aprendendo por meio da linguagem e do letramento 217
Carrie Ansell e Tor Foster

Índice 241

1
Estruturas de pensamento

Anitra Vickery

Não posso ensinar nada a ninguém; só posso fazê-los pensar.
Sócrates

Panorama do capítulo

Durante muitos anos, o currículo dos anos iniciais enfatizou a aprendizagem passiva, e a criança era considerada um recipiente vazio que precisava ser preenchido com conhecimentos por meio de uma abordagem didática. Incentivar as crianças a serem ativas em relação à própria aprendizagem e ao desenvolvimento da cognição e da metacognição exige uma pedagogia muito diferente, uma pedagogia que saliente as habilidades de pensamento gerais. O desenvolvimento explícito das habilidades de pensamento pode ser oferecido de maneiras diferentes: por meio de programas concebidos especificamente e acrescentados ao currículo normal, do direcionamento do pensamento e do raciocínio a disciplinas específicas e de permear o currículo normal com a identificação e a criação de oportunidades em todas as aulas. Seja qual for a abordagem escolhida, o objetivo será permitir que as crianças participem ativamente no pensamento e aprendizagem de alta qualidade. Esforços para tornar a habilidade de pensamento uma característica central do currículo têm encontrado resistência. Existem opiniões rivais quanto a se as habilidades de pensamento podem ser ensinadas ou se elas são mais bem desenvolvidas por meio do conteúdo das disciplinas, e certos setores questionam se o ensino das habilidades de pensamento é um objetivo curricular legítimo.

INTRODUÇÃO

Este capítulo focalizará o papel das habilidades de pensamento no processo de aprendizagem e as diferentes abordagens para desenvolver as habilidades de pensamento.

A definição de pensamento ocupou acadêmicos em uma gama de campos, incluindo psicologia, sociologia, neurociência e filosofia, desde o início dos tempos. Cada um desses campos tem influenciado a criação de taxonomias, estruturas e definições das habilidades de pensamento. Modelos que podem servir de base para programas de desenvolvimento das habilidades de pensamento estão disponíveis em várias fontes diferentes. Esses modelos incluem as ideias de pensadores educacionais, como Dewey, Feuerstein e Bloom; programas que se concentram na implementação (p. ex., os cursos de Habilidades de Pensamento de Somerset [BLAGG; BALLINGER; GARDNER, 1988] e as Táticas de Pensamento *Top Ten* [LAKE; NEEDHAM, 1993]); programas que se baseiam nas habilidades de pensamento em matérias específicas (como a Aceleração Cognitiva pelo Ensino de Ciências, em inglês CASE – *Cognitive Acceleration through Science Education* [ADEY; SHAYER; YATES, 1989] e a Aceleração Cognitiva pelo Ensino de Matemática, em inglês CAME – *Cognitive Acceleration through Mathematics Education* [ADHAMI; JOHNSON; SHAYER, 1995]); além de movimentos que buscam acréscimos ao currículo tradicional, como filosofia para crianças (ver Cap. 10). Referência ao desenvolvimento das habilidades de pensamento também pode ser encontrada no Currículo Nacional (ENGLAND, 2013).

O capítulo identificará os conceitos comuns a toda uma gama de diferentes estruturas e irá sugerir como elas podem ser incorporadas no currículo. Também sugerirá como professores podem integrar as habilidades de pensamento em seu ensino por meio do estabelecimento de uma estrutura eficaz que ofereça suporte ao planejamento, à avaliação e à progressão. Considerará o papel do (a):

- desenvolvimento da metacognição e do pensamento por meio da apresentação do aluno;
- avaliação em prol da aprendizagem, incluindo autoavaliação e avaliação pelos pares;
- aprendizagem colaborativa e trabalho em grupo; e
- debate.

O capítulo termina com um estudo de caso sobre um professor dos anos iniciais do ensino fundamental que tem sido proativo em relação ao desenvolvimento de um maior foco no pensamento das crianças e no empoderamento das crianças como alunos ativos que assumem a responsabilidade por seu próprio desenvolvimento.

PROGRAMAS PARA O PENSAMENTO

Nos anos recentes, tem havido um aumento do interesse no ensino das habilidades de pensamento, em decorrência de uma maior compreensão sobre a aprendizagem e o funcionamento do cérebro (FISHER, 2005). Diversos programas que pretendem ajudar no desenvolvimento das habilidades de pensamento foram desenvolvidos, levando em conta essas novas evidências sobre o funcionamento do cérebro.

Dewey (1938) está associado a estruturas de reflexão em que os alunos são incentivados a refletir sobre o processo de aprendizagem, a fim de modificá-lo e aprimorá-lo (ver Cap. 5). Também está associado com a noção de educação experiencial (DEWEY, 1938). Rebecca Carver, adepta apaixonada da educação experiencial, desenvolveu o conceito do ABC da Educação Experiencial (Agência, *Belonging*, ou Pertencimento, e Competência), para proporcionar experiências memoráveis e significativas (CARVER, 1999). Ela considerava esses itens cruciais ao desenvolvimento de pensadores críticos e alunos para a vida inteira, acreditando que eles capacitavam o crescimento e o aprofundamento do pensamento crítico – características necessárias aos alunos em um mundo complexo. Carver (1999) argumentava que os elementos "ABC" apoiariam o desenvolvimento de indivíduos pensantes e descreve cada item da seguinte forma:

- **Agência** – representa o desenvolvimento da aprendizagem ativa, no qual as crianças são incentivadas a serem partícipes em sua própria aprendizagem. Elas são incentivadas a considerar e refletir sobre o seu pensamento no processo de resolução de problemas, a procurar e dar explicações e a serem criativas e imaginativas. Esse processo habilita as crianças a efetuar mudanças em suas próprias vidas e comunidades e a reconhecer que conseguem fazê-lo.
- ***Belonging*** **(Pertencimento)** – refere-se às crianças se reconhecerem como membros de grupos ou comunidades que compartilham os mesmos valores e objetivos. Elas realizam atividades que são significativas e relevantes a todos. Sentem-se seguras, reconhecem suas responsabilidades e aprendem a respeitar as necessidades e os interesses dos membros do grupo.
- **Competência** – refere-se à aprendizagem e à aplicação do conhecimento em diferentes áreas – cognitivas, físicas, artísticas, sociais e tecnológicas. As oportunidades para aplicação e reflexão são fornecidas pelos adultos e colegas com quem as crianças interagem; cada qual acrescenta à experiência do indivíduo.

Um dos programas mais conhecidos para o desenvolvimento do pensamento é o Enriquecimento Instrumental de Feuerstein (*Feuerstein's Instrumental Enrichment*, FIE) (FEUERSTEIN et al., 1980), que, na verdade, foi desenvolvido há cerca de 40 anos. O FIE foi desenvolvido por Reuven Feuerstein, psicólogo infantil, durante seus trabalhos com sobreviventes do holocausto. Ele acredita que a inteligência não é fixa e que as habilidades cognitivas das crianças podem ser desenvolvidas se elas aprenderem a pensar. O programa FIE foi implementado como um currículo, especialmente para crianças com necessidades de apoio adicional, em muitos países. Os professores adotam o papel de mediadores e ajudam as crianças a pensar e aprender, ajudando-as a filtrar e interpretar as informações de um conjunto de tarefas que focaliza funções cognitivas específicas. As tarefas que exigem o pensamento analítico tornam-se cada vez mais complexas e abstratas à medida que as crianças progridem no programa. As sessões são interativas, e espera-se que as crianças sejam ativas. Aqueles que recomendam o programa afirmam que as crianças são motivadas pelas tarefas e que desenvolvem estratégias para a resolução de problemas que podem ser aplicadas na vida real. No Reino Unido, o programa FIE foi modificado e aprimorado, quando Blagg, Ballinger e Gardner (1988) relatou a ausência de resultados positivos no desenvolvimento cognitivo das crianças nesse contexto. Os programas decorrentes desse aprimoramento foram o Curso de Habilidades de Pensamento de Somerset (BLAGG; BALLINGER; GARDNER, 1988), uma série de programas de pensamento genérico para crianças de 11 a 16 anos e as Táticas de Pensamento *Top Ten* (LAKE; NEEDHAM, 1993), que é apropriado para crianças de 5 a 11 anos. O conteúdo dos dois programas apoiava-se firmemente na teoria de Feuerstein. Esses programas visam a desenvolver as habilidades de classificação e seriação, concentrando-se na organização de ideias e fatos e na interpretação das inter-relações.

Filosofia para crianças

A filosofia para crianças (P4C) é amplamente utilizada em todas as salas de aula dos anos iniciais, em especial no que tange ao desenvolvimento de sua educação moral e social. Seu uso desenvolveu a qualidade dos questionamentos e dos debates entre as crianças. Acredita-se que se as crianças compreenderem o seu próprio pensamento, por meio da análise do pensamento (metacognição), elas irão melhorar e desenvolver sua capacidade de pensar (ver Cap. 10).

Taxonomia de Bloom

Essa taxonomia dividiu os objetivos de aprendizagem em três domínios – cognitivo (pensamento, intelecto), afetivo (sentimento, emoção) e psicomotor (fazer, prática) – e estabeleceu descritores de progresso em cada área. O objetivo era fornecer um equilíbrio entre aprender os três domínios e registrar o progresso em cada um. No domínio cognitivo, os objetivos variam desde conhecimento e compreensão até a aplicação das habilidades associadas com o pensamento crítico. A taxonomia fornece uma valiosa estrutura de classificação dos diferentes tipos de perguntas (BLOOM et al., 1956), que foi alterada e revisada por Lorin Anderson, estudante de Bloom (ANDERSON; KRATHWOHL, 2001) (ver mais detalhes no Cap. 4).

Habilidades de pensamento por meio de matérias separadas

Ciências, matemática e geografia são matérias para as quais existem programas bem avaliados com alvo no pensamento e no raciocínio. Programas de aceleração cognitiva em matemática e ciências (p. ex., CASE, Aceleração Cognitiva pelo Ensino de Ciências [ver Cap. 9], e CAME, Aceleração Cognitiva pelo Ensino de Matemática) visam a desenvolver as habilidades de pensamento por meio de perguntas que facilitam a "autodescoberta orientada". Esses programas são corroborados pelas teorias de Piaget e Vygotsky. Uma ênfase importante é colocada em ajudar as crianças a fazer a transição do pensamento concreto para o operacional, conforme descrito por Piaget. O papel do professor no programa é definido como operativo no que Vygotsky descreveu como a zona de desenvolvimento proximal (ZDP) ou a lacuna entre o que as crianças conseguem fazer sem ajuda e o que pode ser alcançado com a ajuda da intervenção. Os programas também reconhecem a importância da discussão entre colegas e promovem a ideia de alunos trabalhando em grupos para a resolução de problemas.

O Pensamento por meio da Geografia (LEAT; HIGGINS, 2002) iniciou um movimento entre os professores de geografia para se afastar de um currículo com base no conhecimento para uma abordagem que se centra na aprendizagem. Atividades associadas a esse conjunto de abordagem estabelecem ricos desafios cognitivos e andaimes[1] para a análise metacognitiva. Embora projetadas para alunos do 7º ao 9º ano do ensino fundamental e do ensino médio, elas podem ser usadas como modelo nas salas de aula dos anos iniciais do ensino fundamental.

A abordagem de infusão

O ACTS (*Activating Children's Thinking Skills,* Ativando as Habilidades de Pensamento das Crianças) (DEWEY; BENTO, 2009) foi implementado no currículo da Irlanda do Norte e usado inicialmente no 5º e 6º anos do ensino fundamental (crianças de 10 a 12 anos, na Inglaterra, *upper Key Stage 2*) para desenvolver as habilidades de pensamento. O programa emprega uma abordagem de infusão na qual a pedagogia do professor é desenvolvida paralelamente à capacidade da criança em explicitar seu pensamento. Nesse programa, as aulas são projetadas e planejadas pelos professores em todas as áreas do currículo, usando uma estrutura com base na taxonomia de habilidades de pensamento de Swartz e Parks (SWARTZ; PARKS, 1994; MCGUINNESS et al., 1995; MCGUINNESS, 1999; LEAT; HIGGINS, 2002). O programa inclui atividades de pensamento para:

- descobrir padrões;
- avaliar semelhanças e diferenças;
- tecer conjeturas e justificativas;
- raciocinar;
- considerar diferentes perspectivas;
- tomar decisões;
- criar processos para a resolução de problemas; e
- avaliar.

---

[1] N. de R.T.: Tradução do termo *scaffolding* (criar ou fornecer andaime, apoiar). No contexto educacional, esse termo refere-se a uma estratégia de ensino utilizada para auxiliar o aluno a alcançar um nível de aprendizagem mais avançado (dominar uma tarefa ou um conceito). O aluno recebe um suporte, é "criado um andaime" durante seu processo de aprendizagem, por meio de mediação e assessoramento adequados.

Swartz e Parks (1994) propuseram que as habilidades de pensamento sejam ensinadas usando uma gama de estratégias, incluindo as seguintes:

- Incentivar as crianças a trabalhar em colaboração, usando linguagem que torne visível seu pensamento.
- Modelar a linguagem por meio de exemplos no uso e na extensão de perguntas investigativas.
- Criar diagramas ou mapas mentais para orientar o pensamento de professores e crianças.
- Tornar as estratégias explícitas e incentivar as crianças a considerar quais elas usarão ao longo da atividade e, em seguida, refletir sobre o uso no final. Edward de Bono também defende a prática de determinadas estratégias para análise de tarefa que permitam que as crianças dividam os problemas em blocos gerenciáveis e se tornem pensadoras mais eficazes (DE BONO, 1992).

O currículo nacional promove o desenvolvimento de habilidades de pensamento e, na seção intitulada "Aprendizagem ao longo do currículo nacional", estabelece que: "Usando as habilidades de pensamento, os alunos podem se concentrar em 'saber como' além de 'saber o quê' – aprender a aprender". Divide as habilidades de pensamento em cinco áreas-chave que complementam as habilidades-chave e são incorporadas no currículo nacional.

O uso de perguntas-chave pela criança ou modeladas pelo professor poderia ser aplicado para ajudar a desenvolver estas habilidades:

- **Habilidades de processamento de informações** capacitam os alunos a classificar e a coletar informações relevantes, a sequenciar, comparar, contrastar e analisar as relações entre as partes e o todo.
    Qual é o problema?
    O que ele me diz?
    Como é semelhante ou diferente de...?
    Consigo perceber um padrão?

- **Habilidades de raciocínio** capacitam os alunos a apresentar motivos para opiniões e ações, formular inferências e fazer deduções, utilizar linguagem precisa para explicar o que eles pensam e a fazer julgamentos e tomar decisões informados por razões e evidências.
    Consigo explicar isto a um amigo?
    Consigo explicar isto ao meu professor? (Linguagem mais precisa)
    Sei de alguma coisa além disto?

- **Habilidades de indagação** capacitam os alunos a fazer perguntas relevantes, a questionar e definir problemas, a planejar o que fazer e como

pesquisar, a prever resultados e antecipar consequências, bem como a testar conclusões e a aprimorar ideias.
O que eu preciso fazer e por quê?
Por onde posso começar minha indagação?
O que acho que vai acontecer?
Consigo testar isso?

- **Habilidades de pensamento criativo** capacitam os alunos a gerar e a ampliar ideias, sugerir hipóteses, a aplicar a sua imaginação e a procurar resultados inovadores e alternativos.
Existe outra maneira de fazer isso?
O que vai acontecer se eu...?

- **Habilidades de avaliação** permitem que os alunos avaliem as informações, julguem o valor do que eles leem, ouvem e fazem, desenvolvam critérios para julgar o valor dos trabalhos e das ideias próprias e alheias e tenham confiança em seus julgamentos.
Eu poderia ter abordado isto de uma forma diferente/melhor?
O que poderia fazer para melhorá-lo (a)?

Todas essas estruturas ajudam a dar forma e substância à ideia de um programa que visa desenvolver as habilidades de pensamento. Elas compartilham muitas características comuns e talvez o aspecto que una todas elas seja o objetivo de que a aprendizagem deva ser transferível e deva equipar as crianças do século XXI para a tarefa de pensar produtivamente ao longo da vida inteira.

ENSINANDO AS HABILIDADES DE PENSAMENTO

O que significa ensinar as crianças a pensar? Como podemos ser explícitos sobre o que isso significa e envolve?

Existe uma série de definições para o termo *habilidades de pensamento*, algumas das quais suscitaram certa controvérsia. A definição de que as habilidades de pensamento são um conjunto de habilidades que capacitam as pessoas a pensar de maneiras diferentes para diferentes fins é aceita de modo geral (FISHER, 2010). As habilidades de pensamento podem ser descritas como técnicas e estratégias que desenvolvem o pensamento de alta qualidade, mas, na prática, o que isso significa? Para que as crianças aprendam de uma forma mais significativa, desenvolvam as estratégias descritas nas estruturas acima referidas, sejam mais flexíveis e fundamentadas em suas decisões, então é necessário mostrar a elas como fazer isso. As habilidades de raciocínio ou questionamento podem ser ensinadas por meio de modelagem, e se essas habilidades forem praticadas suficientemente, elas se tornam parte de um *"kit* de ferramentas para o pensamento" que ajuda as crianças a entender o mundo.

Criando tarefas

Ao passo que uma grande variedade de tarefas deve ser oferecida às crianças, é possível identificar certos ingredientes-chave que promovem o desenvolvimento das habilidades de pensamento. Os ingredientes principais incluem:

- Tarefas que tenham um grau de incerteza, tarefas abertas que exigem o esforço das crianças para compreender a tarefa antes de escolher uma estratégia para encontrar uma solução.
- Acesso a quaisquer recursos que possam ser utilizados.
- Oportunidades para participar de questionamentos e debates.
- Estruturas que permitam às crianças refletir sobre e explicar o seu processo de indagação.
- Tempo para apresentar os resultados e o processo a seus pares. Isso deve incluir uma reflexão sobre a eficácia do processo seguido e o que mudaria se eles fossem repetir a tarefa.

O desenvolvimento das habilidades de pensamento se baseia em ser capaz de tornar o pensamento visível. Para fazer isso, claramente será necessário ajudar as crianças a desenvolver uma linguagem que possa ser usada para descrever o pensamento delas. Você pode desenvolver a linguagem por meio de modelagem, de intervenção e orientação do debate e do incentivo à colaboração e à reflexão. Assim, você desenvolverá a metacognição de todos os alunos. Dê tempo e crie oportunidades para que as crianças façam isso. Construa um tempo para o debate e a reflexão ao longo do dia, para que as crianças estejam frequentemente pensando sobre seu pensamento.

As crianças vão à escola com ideias preconcebidas sobre uma gama de tópicos, incluindo sobre si mesmas e a sua capacidade para aprender e contribuir de forma significativa. Você terá de desfazer essas percepções por meio de diálogos socialmente construídos ou debates com colegas e outros adultos, bem como construir novos conhecimentos e entendimentos por meio de atividades e de ensino informado. Para você, é importante considerar como os adultos que interagem com as crianças podem facilitar o pensamento e também como eles podem julgar se as crianças estão pensando e qual é a qualidade desse pensamento. Se você apresentar desafios cognitivos que instiguem as crianças a pensar de modo mais profundo e sistemático, você desenvolverá as habilidades de pensamento que as capacitarão a atender as exigências do futuro incerto do século XXI. Todas as pessoas mundo afora vão precisar dessas habilidades para serem bem-sucedidas em um mundo cada vez mais complexo (FISHER, 2010).

O AMBIENTE DE PENSAMENTO

Independente de como o pensamento for ensinado – seja por meio de disciplinas separadas, seja em todas as áreas de currículo, seja por meio de programas especialmente concebidos –, esse ensino precisa acontecer em um ambiente de questionamento, debate e descoberta: um ambiente que tenha um etos positivo, no qual o currículo seja suficientemente desafiador e flexível (ver Cap. 3).

O ambiente que é mais adequado para esse fim é um ambiente construtivista, onde sejam geradas interações de alta qualidade entre o professor e as crianças. Deve ser um ambiente em que haja uma atitude de mente aberta em relação ao pensamento e ao conhecimento, onde as crianças estejam preparadas a correr riscos ao expressar opiniões e a refletir sobre as opiniões dos outros. Dessa forma, as crianças começam a valorizar o processo de pensamento, tanto de si próprias como de seus pares. O programa Pensando Juntos (*Thinking Together Programme*, DAWES; MERCER; WEGERIF, 2000) foi desenvolvido a partir dessa premissa.

Wallace e Adams (1993) projetaram um círculo de resolução de problemas, chamado de TASC (Pensando Ativamente em um Contexto Social, do inglês *Thinking Actively in a Social Context*), que pode ser usado pelas crianças para orientar suas abordagens para resolver problemas. Consiste em vários itens dispostos em círculo para que as crianças possam ser lembradas sobre algumas das estratégias que elas podem usar para resolver um problema e observar quais delas realmente são usadas. As estratégias são identificadas sob oito subtítulos, mostrados na Figura 1.1. Você pode sentir que seria mais significativo se as estratégias ou abordagens para a resolução de problemas fossem discutidas com as crianças e formuladas por elas. O processo de pensamento seria mais transparente e poderia mudar conforme o tema a ser investigado. Você poderia incentivar as crianças a criar um mapa mental ou um diagrama de sua jornada de pensar que tornaria visível o pensamento delas e seria um veículo para o debate. É importante criar um espaço dedicado para exibir sua "jornada de pensamento e aprendizagem".

Larkin (2002) sugere que essa forma de análise incentivaria as crianças a tecer as perguntas que incentivariam o pensamento. Como ferramenta de suporte, Devereux (2002) fornece uma lista de perguntas-chave para as crianças da educação infantil que talvez você queira usar inicialmente para modelar os processos de pensamento.

- *O que vai acontecer se você...?*
- *Você já pensou em...?*
- *Qual é o seu problema?*
- *Como você pode descobrir sobre...?*
- *O que acontece quando você testa?*
- *Por que você acha que isto vai acontecer?*
- *Como você pode corrigir isto?*

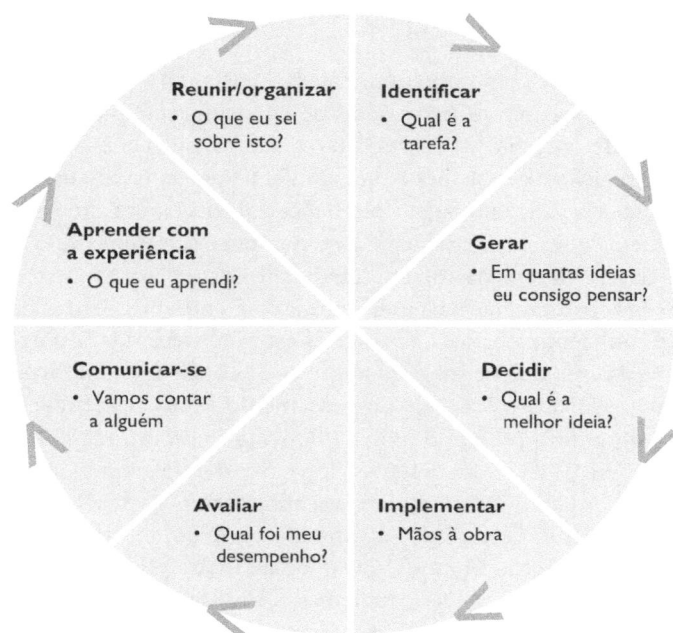

Figura 1.1 Estratégias para a resolução de problemas.

Pesquisas recentes sobre o funcionamento do cérebro nos informam que a maior parte do desenvolvimento cerebral ocorre antes de a criança completar os 6 anos de idade. Isso tem enormes implicações no papel de pais e professores e no lugar das atividades que fornecem desafios cognitivos em todo o currículo.

O papel do adulto

O papel do adulto no desenvolvimento do pensamento é crucial. Dewey (1938) acredita que os professores desempenham um papel muito importante na moldagem e na criação das experiências das crianças, por meio de suas interações com as crianças. Você precisa ser proativo em relação ao desenvolvimento de oportunidades para trabalho colaborativo em que existam interações adequadas e intervenções oportunas de todos os adultos. O diálogo é essencial para o desenvolvimento das habilidades de pensamento. É por meio do diálogo que as crianças começam a tomar consciência sobre os seus próprios pensamentos e os de outras pessoas e a entendê-los. Você pode ajudar esse processo, ao planejar, de modo consciente, oportunidades para o debate e a reflexão ao longo do dia. Os adultos envolvidos nessas oportunidades precisam conhecer bem as crianças, de modo a se estabelecer um ambiente de confiança; um ambiente que promova o debate, a criatividade, a reflexão e a capacidade de correr riscos. Você deve tentar incutir em seus ajudantes adultos a percepção de aproveitar toda e qualquer oportunidade para mencionar as palavras e expressões associadas com o pensamento, como aprender pensando, pensar, "colocar seus chapéus de pensamento", avaliar seu pensamento e refletir sobre o seu pensamento e sua aprendizagem.

Benefícios de uma abordagem explícita para o desenvolvimento das habilidades de pensamento

Todas as crianças, independentemente da idade e do desempenho, irão se beneficiar de uma educação que enfoca o desenvolvimento das habilidades de pensamento. Essa abordagem fornecerá oportunidades para que as crianças se envolvam no planejamento de seu trabalho e sejam criativas e reflexivas. Ela deve produzir alunos mais focados e cada vez mais conscientes de si e dos outros como alunos, bem como desenvolver uma disposição por curiosidade, perseverança, confiança e reflexão.

A estrutura a seguir define os recursos que sustentam a criação do ambiente em que as habilidades de pensamento irão florescer. Cada vez que você planejar uma unidade de trabalho ou aula, considere cada uma das três áreas ilustradas a seguir na Figura 1.2 e se assegure de levar em conta todas as áreas que promoverão o pensamento.

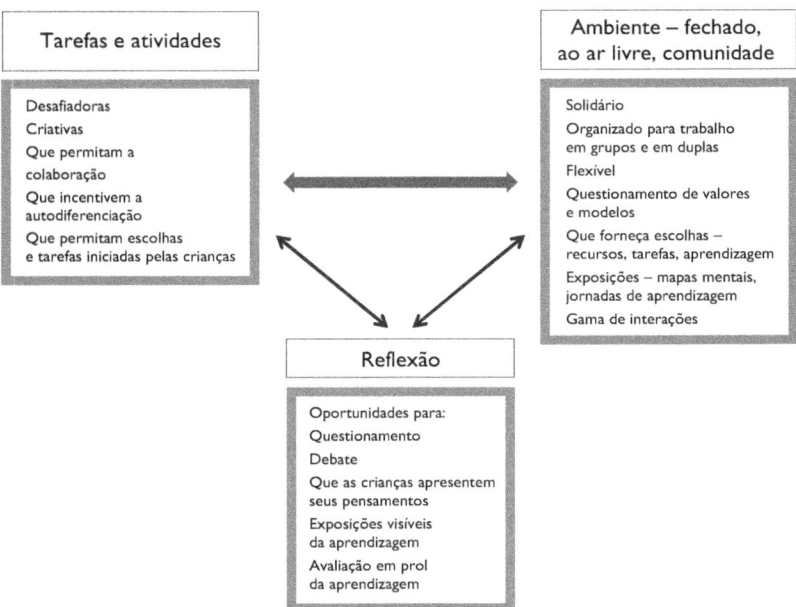

Figura 1.2 Criando um ambiente que incentive o desenvolvimento das habilidades de pensamento.

ESTUDO DE CASO

Este estudo de caso focaliza o trabalho de Jon, vice-diretor de uma escola municipal de ensino fundamental. Na ocasião do estudo de caso, Jon estava no cargo há dois anos. A escola apresentava corpo discente mesclado, com a maioria dos alunos de ascendência britânica branca. O número de alunos considerados elegíveis para merenda escolar gratuita está abaixo da média nacional, e o número de alunos com necessidades educativas especiais e/ou deficiências está acima da média.

O prospecto da escola descreve uma filosofia de ensino e aprendizagem, listando objetivos que consideram o ambiente tecnológico cada vez mais complexo em que vivemos. A escola redesenhou o seu currículo para atender às necessidades do século XXI, reconhecendo que a educação deve ser mais do que apenas adquirir conhecimentos. Seu currículo com base em competências visa a desenvolver alunos independentes e eficazes que abracem a resolução de problemas.

O vice-diretor é apaixonado por capacitar as crianças a desenvolver uma estrutura de pensamento que irá apoiá-las em sua abordagem de qualquer problema que possam encontrar. Ele acredita firmemente em equipar as crianças com capacidades que durem para toda a vida. Tem sido motivado por sua filosofia pessoal e influenciado pela pesquisa que conduziu sobre aprendizagem ativa, explorando as ideias de Bono, Claxton, Pardoe e a estrutura TASC de Wallace. Também participou de oficinas sobre o desenvolvimento da aprendizagem ativa. Ao ser nomeado vice-diretor da escola, tornou-se também coordenador de avaliações. Esse novo cargo desenvolveu seu interesse na avaliação da aprendizagem e sua convicção de que as crianças precisam saber avaliar seu próprio trabalho e assumir a responsabilidade pelo desenvolvimento de sua própria aprendizagem. Ele queria que as crianças conduzissem sua própria aprendizagem e que elas e os professores se sentissem desafiados, motivados e equipados para fazer isso.

A escola tem a política de usar afirmações "Eu posso" e um mural de aprendizagem para tornar visível a aprendizagem; no entanto, Jon sentiu que esses recursos não estavam sendo usados tão ativamente quanto possível. Decidiu criar uma estrutura para incentivar as crianças a se tornarem mais ativas em relação à aprendizagem delas. Queria desenvolver a perseverança, a confiança, o trabalho em equipe, a reflexão e a criatividade nas crianças e, para esse fim, criou uma estrutura chamada de "Alunos com Poder". Essa estrutura torna visíveis as características dos alunos ativos e sugere como as crianças podem desenvolver essas características para assumir a responsabilidade por sua própria aprendizagem.

- *Alunos com Poder buscam maneiras de melhorar.*
  Por exemplo: lançam mão dos critérios de sucesso.

- *Alunos com Poder procuram formas criativas de resolver problemas.*
  Por exemplo: são corajosos e tentam algo novo.

- *Alunos com Poder dão e aceitam ideias.*
  Por exemplo: desenvolvem as ideias dos outros, aprimorando-as e aplicando-as.
- *Alunos com Poder ajudam a equipe.*
  Por exemplo: ajudam a resolver conflitos.
- *Alunos com Poder assumem a responsabilidade pela sua aprendizagem.*
  Por exemplo: respondem e fazem perguntas.
- *Alunos com Poder falam sobre sua aprendizagem.*
  Por exemplo: explicam como encontraram a resposta.
- *Alunos com Poder nunca desistem.*
  Por exemplo: nunca dizem "Não sei!". Em vez disso, arriscam um palpite.

A estrutura supracitada apresenta as sete áreas do "Aluno com Poder"; no entanto, o exemplo embaixo de cada área representa apenas uma ilustração do que cada uma inclui. Jon apresentou a ideia ao corpo docente, realizando reuniões para garantir a compreensão tanto da filosofia quanto do processo, e os professores ficaram entusiasmados. Os professores utilizavam os materiais de Jon e trabalhavam com suas próprias turmas para desenvolver os "Alunos com Poder". Eles apreciaram a oportunidade de compartilhar a aprendizagem com sua turma e isso lhes deu certa autonomia. Porém, ao trabalhar com as turmas durante o período de Preparação, Planejamento e Avaliação (PPA) dos professores, Jon teve a oportunidade de ver como o programa se desenvolvia com as crianças de toda a escola.

Cada característica foi introduzida separadamente. Jon criou planos de aula e apresentações em *PowerPoint* para fazer isso. A primeira característica, "buscar maneiras para melhorar", foi introduzida por meio de uma atividade prática com palitos. As crianças eram convidadas a mover pequenas bolas macias de um recipiente para outro usando palitos. Eram incentivadas a discutir maneiras para melhorar seus desempenhos. Classificava-se essa tarefa com palitos no nível 3, e as crianças eram solicitadas a sugerir de que modo a atividade poderia ser diferente para um nível inferior, digamos, 1, e um nível superior, digamos, 6. O exercício de nivelamento era feito na tentativa de ajudar os alunos a perceber toda a "jornada de aprendizagem", de modo que pudessem perceber como você consegue evoluir em uma habilidade. Esse exercício em particular capacitava-os a pensar sobre como evoluir de um estágio ou nível para o outro, buscando a melhoria.

Cada característica da estrutura tem sido explorada de forma semelhante, usando atividades de resolução de problemas práticos como ponto de partida. As crianças estão extremamente entusiasmadas com o projeto "Alunos com Poder". O entusiasmo das crianças garante que os pais escutem muito a expressão "Alunos com Poder", e o tópico também é compartilhado na seção dos pais no *site* da escola, que afirma: "Incentivamos as crianças a se responsabilizar por sua própria aprendizagem, a se envolver tanto quanto possível em rever a maneira pela qual elas aprendem e a refletir sobre a forma como elas aprendem".

A compreensão das crianças sobre essas características está se tornando visível ao longo de todo o currículo, não apenas nas sessões específicas de "Aprendizagem com Poder". Por exemplo, quando Jon estava acompanhando uma aula de educação religiosa sobre Moisés, as crianças observaram que o herói bíblico utilizou a segunda característica dos "Alunos com Poder", no sentido de que estava sendo criativo e buscando maneiras inovadoras de resolver os problemas.

Jon também elaborou cartões que alocam funções em equipes para desenvolver a eficácia dos trabalhos em grupo. Essas funções têm nomes que soam bem às crianças, como "Capitão" para a pessoa que coordenará a equipe. Os cartões contêm sugestões claras de como as crianças podem desempenhar a sua função. Esses cartões de função na equipe estão ligados intimamente à estrutura dos "Alunos com Poder", de modo que, à medida que as crianças os utilizam, elas adquirem uma compreensão mais profunda das habilidades associadas. A relação entre o que as crianças consideram "copiar" e colaboração vem sendo examinada por meio de debates.

Agora, a abordagem da "Aprendizagem com Poder" está em seu segundo ano, mas Jon já não é responsável pelo PPA e, por isso, será mais difícil para ele monitorar o programa. Jon garante que todos os novos membros do pessoal são apresentados à filosofia e à prática, por meio dos materiais que ele criou. Ele pretende continuar a desenvolver uma abordagem mais ativa em relação à aprendizagem, e o seu objetivo final é permitir que as crianças lidem de modo confiante com qualquer situação que possa se apresentar ao longo de suas vidas.

Reflexão sobre o estudo de caso

- Em sua opinião, quais são os pontos fortes da introdução do programa "Aluno com Poder" para

    a) as crianças?
    b) os professores?

- O que você faria para garantir a possibilidade de transferência das características do projeto "Aluno com Poder" para todo o currículo?
- Em sua percepção, quais aspectos do programa "Aluno com Poder" têm maior probabilidade de serem eficazes?
- Como essa abordagem se compara com a experiência em sua escola?

 PRÁTICA

Prática 1: Resolvendo problemas

Atividade 1

Muitas vezes, as crianças não conseguem resolver um problema, porque não entendem o que supostamente devem descobrir e não têm nenhuma estratégia para uma abordagem sistemática. Ajude as crianças a conceber uma série de "perguntas rápidas" para solucionar o problema.

- Em suas próprias palavras, me diga o que sabe.
- O que você não sabe?
- O que podemos fazer primeiro?
- Você acha que usar alguns recursos ou fazer um desenho do problema poderia ajudar?

Ao adotar esse procedimento, talvez você descubra que muitas crianças estão prontas para lidar com os problemas de modo independente, em grupos ou duplas, antes de pedir a sua ajuda.

Atividade 2

As crianças podem desenvolver o questionamento e o raciocínio por meio da prática e da modelagem. Trabalhe ao lado das crianças para resolver um problema que exige uma abordagem sistemática, modelando cada estágio claramente. Apresente problemas semelhantes às crianças e observe a sua abordagem.

As crianças são capazes de trabalhar sistematicamente ao longo de uma gama diferente de problemas?

Atividade 3

Apresente às crianças uma seleção de jogos que irá ajudá-las a desenvolver suas estratégias de resolução de problemas. As crianças parecem motivar-se pela ideia de um jogo, em especial se isso envolve trabalho em duplas ou em grupo. Existem vários jogos de tabuleiro que exigem uma abordagem estratégica de resolução de problemas para jogar e vencer, disponíveis na Internet. É importante incorporar esses jogos no currículo habitual.

As crianças reconhecem as habilidades que estão desenvolvendo durante essas sessões?

Há uma evolução perceptível nas abordagens que as crianças aplicam à resolução dos problemas, em consequência dessas sessões?

Atividade 4

Apresente às crianças problemas reais que surgem fora do ambiente da escola.

- Redesenhe o terreno da escola para incluir uma zona tranquila, um pequeno teatro ao ar livre, um jardim, uma área para jogos com bola e áreas para jogos menos turbulentos, como pular corda ou amarelinha.
- Organize e crie espaços apropriados e estandes para um evento de arrecadação de dinheiro.
- Desenvolva estratégias para ser mais ambientalmente amigável:
  - monitorar o uso da água;
  - gerenciar a reciclagem;
  - monitorar o uso da eletricidade.

As crianças se tornam mais conscientes sobre as questões ambientais?

As habilidades de organização e processamento de informações se desenvolvem e são aplicadas em outras situações?

Atividade 5

Além de serem uma fonte de entretenimento, os quebra-cabeças ajudam a desenvolver o pensamento racional. O processo de montar um quebra-cabeça também aprimora a coordenação mão-olho e a consciência espacial. Para completar um quebra-cabeça, as crianças precisam considerar a forma, comparar o tamanho, a cor e o padrão de cada peça e ver como ela se conecta à outra peça. Elas também usam técnicas de tentativa e melhoria e desenvolvem a sua memória visual. A tarefa pode levar dias para ser completada e, assim, se esse processo for compartilhado, as habilidades de colaboração e debate serão desenvolvidas ao longo do processo.

Prática 2: Desenvolvendo o debate

Para participar ativamente em qualquer debate, as crianças precisam estar bem informadas sobre o assunto a ser discutido, serem boas ouvintes, respeitarem as opiniões dos outros, estarem preparadas para defender opiniões e refletir sobre outros pontos de vista antes de tomar uma decisão. A extensão em que as crianças serão capazes de fazer isso dependerá de sua idade, o número de vezes que elas participaram dessa atividade e sua compreensão sobre as regras de participação. Se as crianças forem apresentadas gradativamente a esse processo, podem se tornar pensadores críticos bastante sofisticados por volta do 5º ou 6º ano do ensino fundamental (na Inglaterra, *upper Key Stage 2*).

Atividade 1

Sugira às crianças que avaliem um filme ou um programa de televisão e discutam os méritos da obra em tópicos específicos, como valor de entretenimento,

qualidade da atuação e assim por diante. Incentive-as a desenvolver um viés menos pessoal, apresentando fatos para apoiar afirmações e pedindo-as para comentar pontos de vista opostos.
As crianças encontram dificuldades para mudar seu ponto de vista original?

Atividade 2

Incentive as crianças a criticar programas de *software* educacional; primeiro, elaborando perguntas que lhes permitam determinar a utilidade do programa, e depois utilizando na prática o programa para ver quantos pontos são abordados. Os méritos do programa, em seguida, podem ser discutidos entre os colegas.
Aos poucos, as crianças tornam-se mais exigentes em relação aos programas que usam ou o elemento "diversão" supera quaisquer reservas sobre o mérito educacional?

Atividade 3

Leia uma história que tenha uma questão ou dilema moral e incentive as crianças a discutir seus sentimentos em relação à história (consulte mais ideias no Cap. 10). De modo alternativo, apresente os personagens de um conto de fadas, como "Chapeuzinho vermelho", e peça às crianças que justifiquem as ações desses personagens e debatam sobre qual deles desperta mais solidariedade.
As crianças encontram razões convincentes para justificar a escolha delas?

Atividade 4

Envolva as crianças em uma crítica ao trabalho de crianças anônimas ao longo de todo o currículo. Incentive-as a discutir como a criança poderia melhorar o trabalho e quais estratégias elas adotariam para capacitá-las a fazê-lo.
As crianças se tornam mais proficientes em analisar seus próprios trabalhos, bem como o trabalho de seus colegas?

Prática 3: Conscientizando as crianças sobre os estágios de sua aprendizagem

Atividade I

Incentive as crianças a criar os seus próprios objetivos de aprendizagem nas aulas ao analisar o que a turma aprendeu ou que assunto foi apresentado na aula anterior. No começo das aulas, dê um tempo para trocar ideias sobre isso.
Quanta orientação você precisa dar?
As crianças estão preocupadas em "adivinhar o que está na cabeça do professor"?

Atividade 2

Ao final de um tópico ou unidade de trabalho, peça às crianças que façam previsões sobre qual será o próximo nível ou estágio de aprendizagem.
Isso ajuda a fixar o "panorama"?
As crianças se surpreendem com o aumento na quantidade necessária de conhecimentos ou discernimento para a fase seguinte?

RESUMO

Ao longo deste capítulo, você entrou em contato com uma série de estruturas, taxonomias e teorias sobre como desenvolver as habilidades de pensamento. Isso fornece uma gama de ideias para criar a abordagem e o ambiente certos para promover as habilidades de pensamento dentro de sua sala de aula. Foi enfatizada a importância do desenvolvimento das interações para aumentar o diálogo, bem como a necessidade de avaliação e reflexão. Também foram dadas sugestões sobre como o professor pode ser proativo na fase de planejamento, a fim de garantir que existam muitas oportunidades para permitir que as crianças sejam reflexivas em sua aprendizagem e sobre a rota que a aprendizagem vai tomar. Existem fortes indícios de que o ser pensante, o solucionador de problemas, desenvolverá a capacidade de ser flexível e criativo, alcançando sucesso no trabalho em equipe ou independente. Essas habilidades são altamente valorizadas na sociedade de hoje e serão absolutamente necessárias no mundo futuro de tecnologia avançada.

LEITURAS COMPLEMENTARES

DE BONO, E. *Six Frames:* for Thinking about Information. Londres: Vermillion, 2008.
Este livro ilustra a técnica de "seis estruturas" de Edward de Bono, na qual ele nos apresenta exercícios para que possamos direcionar nossa atenção de forma consciente.

BURTON, L. *Thinking things through:* problem solving in mathematics. Oxford: Basil Blackwell Limited, 1989.
Esta obra é um guia prático para resolução de problemas matemáticos que oferece aconselhamento sobre o processo, além de uma gama de atividades matemáticas com resolução de problemas.

FISHER, R. *Teaching children to think*. Cheltenham: Nelson Thornes, 2005.
Este livro fornece ideias práticas sobre como desenvolver a aprendizagem e o pensamento em todas as crianças. Robert Fisher avalia as principais conclusões da pesquisa e descreve diferentes formas de ensinar as habilidades de pensamento.

HOOKS, B. *Teaching critical thinking practical wisdom*. Abingdon: Routledge, 2010.
Esta obra aborda alguns temas polêmicos que os professores enfrentam dentro e fora da sala de aula. É um livro envolvente que contém uma série de ensaios acessíveis.

LEICESTER, M. *Teaching critical thinking skills*. Londres/New York: Continuum International Publishing Group, 2010.

Este livro explica os elementos essenciais do pensamento crítico e contém histórias ilustrativas para ajudar na aplicação de ideias abstratas, como raciocínio e reflexão.

MACLURE, S.; DAVIES, P. (Ed.) *Learning to think:* thinking to learn. Oxford: Pergamon Press, 1991.

Este livro explora três diferentes convicções sobre a promoção do pensamento em sala de aula: a abordagem de competências, o modelo de infusão e a convicção de que o currículo atual fornece oportunidades para desenvolver o pensamento.

MOSELEY, D. et al. *Frameworks for thinking:* a handbook for teaching and learning. Cambridge: Cambridge University Press, 2005.

Este manual oferece conselhos práticos sobre a utilização de estruturas de ensino, aprendizagem e avaliação, com foco em processos de pensamento.

REFERÊNCIAS

ADEY, P. S.; SHAYER, M.; YATES, C. *Thinking science:* student and teachers' materials for the case intervention. Londres: Macmillan, 1989.

ADHAMI, M.; JOHNSON, D. C.; SHAYER, M. *Thinking maths:* the curriculum materials of the Cognitive Acceleration through Mathematics Education (CAME) Project – Teacher's Guide. Londres: CAME Project/King's College, 1995.

ANDERSON, L. W.; KRATHWOHL, D. R. (Ed.). *A taxonomy for learning, teaching and assessing:* a revision of bloom's taxonomy of educational objectives. New York: Longman, 2001.

BLAGG, N.; BALLINGER, M.; GARDNER, R. *Somerset thinking skills course handbook.* Oxford: Basil Blackwell, 1988.

BLOOM, B. S. et al. *Taxonomy of educational objectives:* Handbook 1 Cognitive Domain. New York: David McKay, 1956.

CARVER, R. L. Carver's conceptual framework of experiential education. *The Ontario Journal of Outdoor Education,* v. 12, n. 2, 1999.

DAWES, L.; MERCER, N.; WEGERIF, R. *Thinking together:* a programme of activities for developing skills in KS2. Birmingham: Questions Publishing, 2000.

DE BONO, E. *Teach your child to think.* Londres: Penguin, 1992.

DEVEREUX, J. Developing thinking skills through scientific and mathematical experiences in the early years. In: MILLER, L.; DRURY, R.; CAMPBELL, R. (Ed.) *Exploring Early Years Education and Care.* Londres: David Fulton, 2002.

DEWEY, J.; BENTO, J. Activating children's thinking skills (ACTS): the effects of an infusion approach to teaching thinking in primary schools. *British Journal of Educational Psychology,* v. 79, 2009.

DEWEY, J. *Experience and education.* Nova York: Macmillan, 1938.

ENGLAND. Department for Education. *The National Curriculum.* 2013. Disponível em: <https://www.gov.uk/government/collections/national-curriculum>. Acesso em: 8 jul. 2015.

FEUERSTEIN, R. et al. *Instrumental Enrichment: An instrumental programme for cognitive modifiability.* Baltimore: University Park Press, 1980.

FISHER, R. Thinking skills. In: ARTHUR, J.; CREMIN, T. (Ed.) *Learning to teach in the primary school*. 2. ed. Abingdon: Routledge, 2010.

FISHER, R. *Teaching children to think*. 2. ed. Cheltenham: Stanley Thornes, 2005.

LAKE, M.; NEEDHAM, M. *Top ten thinking tactics*. Birmingham: Scholastic, 1993.

LARKIN, S. Creating metacognitive experiences for 5 and 6 year old children. In: SHAYER, M.; ADEY, P. (Ed.). *Learning intelligence:* cognitive acceleration across the curriculum from 5–15 years. Buckingham: Open University Press, 2002.

LEAT, D.; HIGGINS, S. The role of powerful pedagogical strategies in curriculum development. *The Curriculum Journal*, v. 13, n. 1, 2002.

MCGUINNESS, C. et al. Developing children's thinking: a tale of three projects. *Irish Journal of Psychology*, v. 16, n. 4, 1995.

MCGUINNESS, C. *From thinking skills to thinking classrooms:* a review and evaluation of approaches for developing pupils' thinking. Nottingham: DfEE Publications, 1999.

SWARTZ, R.; PARKS, D. *Infusing the teaching of critical and creative thinking in elementary instruction*. Pacific Grove: Critical Thinking Press, 1994.

WALLACE, B.; ADAMS, H. B. *TASC:* thinking actively in a social context. Oxford: AB Academic Publishers, 1993.

2

Aprendizagem ativa na educação infantil

Mary ffield

> *Por que não transformar as escolas em lugares em que as crianças sejam permitidas, incentivadas e (se e quando elas pedirem) ajudadas a explorar e a compreender o mundo ao seu redor [...] de maneiras que levem em conta os interesses delas?*
> John Holt

Panorama do capítulo

Este capítulo explora algumas das características distintivas da aprendizagem das crianças pequenas. Examina o papel da motivação intrínseca na aprendizagem ativa e o papel exercido pelas pessoas envolvidas na educação infantil em sustentar a motivação das crianças, apoiar o seu desenvolvimento e, ao mesmo tempo, capacitá-las a seguir as suas próprias linhas de interesse. Utiliza um estudo de caso para exemplificar como as escolas e os professores podem trabalhar criativamente com espaços e recursos, a fim de otimizar a aprendizagem ativa da criança, além de incluir algumas sugestões de estratégias práticas para os profissionais em seus próprios locais de trabalho. Junto com as referências, o capítulo traz sugestões de leituras complementares para esclarecer e ampliar alguns dos temas explorados no capítulo.

INTRODUÇÃO

A citação de John Holt que abre este capítulo consta na obra de Roland Meighan, publicada em 1994, *Freethinkers' Guide to the Educational Universe* (Guia dos livres pensadores para o universo educacional). A editora, Educational Heretics Press, foi criada em resposta ao crescimento do controle central e da normatização das práticas de ensino, "[...] com o objetivo de questionar os dogmas da educação em geral e da prática docente em particular" (MEIGHAN, 1994). Muitos educadores "livres pensadores" continuam preocupados; no entanto, nos últimos 20 anos, por meio do questionamento, da influência e da persistência de muitos especialistas em educação infantil, tem havido uma mudança na prática da educação infantil. Este capítulo demonstrará como e por que, pelo menos nas salas de aula de nossas crianças mais jovens, o modelo de Holt de aprendizagem, com base nas aspirações da criança, já não é mais herético, mas é cada vez mais compartilhado entre os profissionais docentes e os formuladores de políticas.

Em uma obra sobre aprendizagem ativa, a inclusão de um capítulo dedicado à aprendizagem na educação infantil sugere que há algo distinto e diferente nas crianças pequenas como aprendizes. E há mesmo. As crianças começam a vida como aprendizes – aprendizes poderosos, investigativos, conduzidos pelas necessidades, aplicando todos os sentidos, as ferramentas comunicativas e os processamentos cognitivos de que dispõem para compreender um mundo inteiramente novo. Nada é tomado por garantido ou conhecido – tudo tem de ser descoberto desde o início. Quando as crianças chegam pela primeira vez no ambiente da educação infantil, elas são aprendizes fortes e experientes, acostumadas a aprender e a explorar por meio de seus sentidos, a fazer perguntas e a construir o seu próprio entendimento. Os professores da educação infantil têm o privilégio de trabalhar com uma turminha que quer saber, quer entender e quer fazer. Este capítulo explorará como a força dessa competência e dessa motivação pode ser sustentada, como a aprendizagem ativa se insere no contexto da educação infantil e o papel dos professores de educação infantil em apoiar a aprendizagem ativa.

Outras características das crianças pequenas como aprendizes são cruciais para reconhecer se estamos trabalhando adequadamente com elas. Com base em experiências e habilidades linguísticas limitadas, elas buscam significados em um mundo complexo. Para participar plenamente, precisam ampliar sua experiência ativa e encontrar maneiras de expressar sua curiosidade, de modo que consigam fazer conexões entre o conhecido e o ainda não conhecido. Vamos rever algumas teorias sobre o desenvolvimento cognitivo e da linguagem e como essas teorias se relacionam com a aprendizagem ativa e fornecem informações para a prática docente na educação infantil. Vamos considerar o lugar de jogos e brincadeiras na aprendizagem ativa e como o ambiente contribui para a aprendizagem das crianças, à medida que elas interagem nesse ambiente. Para fins deste capítulo, vamos considerar que a "educação infantil" vai até o começo do 1º ano do ensino fundamental (por volta dos 5 anos de idade na Inglaterra), embora esse ponto de corte seja um tanto arbitrário. A prática de manter a abordagem de aprendizagem da educação infantil para crianças de até 6 ou 7 anos, em países como Dinamarca e França (DAVID, 1993), sugere que existem alternativas para a estrutura da educação infantil/1º e 2º anos do ensino fundamental que provocam considerável tensão nas escolas da Inglaterra. O reconhecimento de que as crianças desenvolvem e amadurecem em ritmos diferentes nos leva a considerar o valor das abordagens pedagógicas da "educação infantil" para crianças além da idade de 5 anos.

SUSTENTANDO A MOTIVAÇÃO

Há muito tempo se reconhece que as crianças são aprendizes ativos e indagadores. Esse reconhecimento consta no relatório revisado sobre educação infantil do ministério da educação britânico (UNITED KINGDOM, 2012), que inclui, juntamente com as áreas de aprendizagem, um conjunto de características para uma aprendizagem eficaz. As características, definidas em termos do que as crianças fazem à medida que aprendem, classificam-se em:

- brincadeira e exploração;
- aprendizagem ativa; e
- criação e pensamento críticos.

Elas estão intimamente ligadas a envolvimento, motivação e pensamento. De acordo com o guia facultativo sobre educação infantil, intitulado *Development Matters in the EYFS*[1] (EARLY EDUCATION, 2012), a aprendizagem ativa, que está relacionada com a motivação, preocupa-se com o envolvimento profundo das crianças nas atividades de aprendizagem que realizam, persistindo diante do desafio e reconhecendo e valorizando o sucesso. A motivação dos alunos da mais tenra idade é expressa com clareza e sentimento por Geertz (2001, p. 22): "[...] o desejo de compreender a si mesmo e aos outros, o impulso para entender o que afinal está acontecendo". Moyles conecta motivação, atividades de aprendizagem e teoria ao descrever que a criança é ativa como aprendiz e criadora de significados:

> A criança aprende ao fazer suas próprias conexões físicas com o mundo, por meio de explorações sensoriais, esforço pessoal, experiências sociais e busca ativa de significado a partir de experiências. Isso foi estabelecido pelas teorias de psicólogos e educadores como Froebel, Montessori, Isaacs, Steiner, Vygotsky e, mais tarde, Piaget e Bruner. (COLLINS; INSLEY; SOLER, 2001, p. 11).

A aprendizagem ativa, portanto, não está preocupada apenas com o "fazer" que observamos constantemente nas crianças pequenas, embora estar fisicamente ativo é algo intrínseco ao seu comportamento de aprendizagem. Está profundamente preocupada com a busca das crianças por significado e maestria, com o esforço delas para assumir o controle de si mesmas e de seu mundo e, assim, conseguir participar plenamente dele. Analise a criança que aprende a andar. Não importa quantas vezes ela cambaleia e cai, a menos que haja algum comprometimento físico para caminhar, ela vai acabar conseguindo, pois percebe que caminhar é uma habilidade necessária. Ela não conclui que é muito difícil nem que não é boa nisso. O fracasso não é contemplado.

A combinação da motivação intrínseca com a autoconfiança permite que as crianças se envolvam ativamente como aprendizes em seu ambiente imediato e com novas ideias e habilidades. Talvez seja mais fácil de reconhecer esse potencial ao tra-

---

1 N. de T.: EYFS: *Early Years Foundation Stage*.

balhar com crianças mais novas, antes de elas serem imersas em um currículo construído externamente. Wrigley (2006), ao explorar as razões para a falta de interesse de algumas crianças da classe trabalhadora na aprendizagem escolar, comenta que

> [...] na comunidade, aprender, muitas vezes, se assemelha a um modelo de treinamento em que habilidades específicas são adquiridas em situações reais, longe das necessidades e desejos genuínos. A aprendizagem escolar normalmente inverte isso. (WRIGLEY, 2006, p. 69).

A motivação que brota de "necessidades e desejos genuínos" é forte e intrínseca e é uma das ferramentas mais poderosas para professores, se você consegue reconhecer sua importância e aproveitar a energia que ela gera.

RECONHECENDO ALUNOS PODEROSOS

Permitir às crianças se beneficiarem de suas próprias características e atitudes de aprendizagem positivas depende de nossas próprias convicções sobre as crianças e seu potencial. Um dos princípios globais do novo documento sobre educação infantil é que "[...] toda criança é uma criança única, que está constantemente aprendendo e pode ser resiliente, capaz, confiante e segura de si" (UNITED KINGDOM, 2012, p. 3). Essa imagem da criança reflete a filosofia e a prática de Loris Malaguzzi (VALENTINE, 2003), o fundador do sistema pré-escolar da cidade de Reggio Emilia, na Itália, que se tornou um modelo de boas práticas em muitas regiões do Reino Unido (THORNTON; BRUNTON, 2010). A abordagem de Reggio Emilia baseia-se na imagem de que as crianças são "[...] ricas, fortes e poderosas [...] Elas têm o potencial, a plasticidade, o desejo de crescer, a curiosidade, a capacidade de se surpreender e o desejo de se relacionar com outras pessoas e de se comunicar" (EDWARDS, 1998). A convicção de que as crianças são aprendizes poderosos é a pedra angular das práticas que confiam nas crianças e lhes dão ouvidos; elas constroem seu próprio currículo por meio de projetos de longo prazo, nos quais trabalham apoiadas, de modo colaborativo, por artistas e professores qualificados.

Hart et al. (2004) exploram o impacto sobre o sistema de educação do Reino Unido da tradicional convicção na inteligência definida, que informa boa parte das práticas escolares. A noção de inteligência definida tem levado muitos professores e escolas a definir as crianças pela capacidade e a ensinar de acordo com isso (HART et al., 2004). Apesar do que sabemos sobre o ritmo de desenvolvimento diferencial e sobre os distintos interesses das crianças (PENN, 2008) e sobre as características dos diferentes tipos de aprendizagem (EAUDE, 2011, ver Cap. 4), muitas turmas iniciais da educação infantil são organizadas em "grupos de capacidade". Embora muitas vezes isso seja apenas uma estratégia de gestão, certos professores a aceitam como verdade em relação aos pontos fortes e ao potencial das crianças. Assim, em vez de visualizar "crianças únicas", esperam encontrar "[...] três níveis de capacidade, normalmente distribuídos no grupo" (BALL, 1986 apud HART et al., 2004, p. 22). Um corpo significativo de pesquisa, começando com o estudo de Rosenthal e Jacobson

(1968), *Pygmalion in the Classroom*, alertou os professores para o impacto das expectativas do professor sobre os alunos. As pesquisas de Meighan (2007) e de Wilkinson e Pickett (2010) estabeleceram o quanto é crucial manter não só uma atitude positiva para os alunos, mas também uma percepção positiva do que eles são e do que podem ser. O impacto das expectativas percebidas nos alunos é conhecido como a "profecia autoconcretizada" (NASH, 1973 apud HART et al., 2004). Os alunos internalizam as mensagens por trás do "currículo oculto" e as ajustam conforme suas próprias expectativas. Seu comportamento e seu desempenho melhoram ou pioram de acordo com as expectativas percebidas daqueles que eles consideram os "especialistas".

Com muita rapidez, os pequenos alunos percebem que em certas coisas eles são considerados inaptos, lentos ou desinteressados. A motivação das crianças para entender e controlar a si mesmos e ao mundo pode ser prejudicada pela perda de autoconfiança. O resultado pode ser uma dependência crescente do professor como especialista, não só em termos de como a aprendizagem ocorre, mas também em relação ao que deve ser aprendido. A motivação que envolve a "sede de saber" é embotada, e as crianças tornam-se passivas ou alienadas. No entanto, os profissionais que acreditam mesmo que todas as crianças são aprendizes ativos e poderosos descobrem maneiras de aprimorar os interesses e a curiosidade das crianças. Eles reconhecem as necessidades das crianças em termos de conhecimento e habilidades e apoiam o seu desenvolvimento por meio de atividades relevantes, fornecendo os devidos andaimes.

PERSPECTIVAS TEÓRICAS

O século XX presenciou um crescente interesse na cognição e no desenvolvimento cognitivo, com proeminentes teóricos incluindo Skinner, Pavlov, Vygotsky, Bruner e Piaget. Um resumo útil pode ser consultado na introdução da obra de Wood (1988), *How Children Think and Learn* (Como as crianças pensam e aprendem). Um dos mais influentes em dirigir a atenção para as crianças como agentes de sua própria aprendizagem foi Jean Piaget, e, para discutir as características especiais da aprendizagem das crianças, é útil analisar o impacto na prática educacional das teorias de Piaget e seus críticos (WOOD; ATTFIELD, 2005, ver Cap. 2). O modelo de Piaget considerava que o desenvolvimento cognitivo era inato, progressivo e relacionado com a idade. Utilizando uma série de experimentos, ele se convenceu de que as crianças progrediam em estágios, desde conceitos simples até complexos e desde modos de pensar concretos até abstratos. Ele acreditava que o movimento de um estágio para outro depende da "prontidão" inata da criança, ligada a faixas etárias específicas. Encarava as crianças como alunos que se envolviam na aprendizagem conectando as novas experiências com os conhecimentos anteriores, lidando com conceitos cada vez mais abstratos, à medida que elas amadureciam. Sua teoria de estágios percebia a evolução das crianças, movendo-se desde a dependência de trabalhar com objetos concretos até o envolvimento com representações simbólicas e pensamento abstrato.

Um elemento da teoria de Piaget sobre o desenvolvimento cognitivo ainda amplamente aceito é que as crianças aprendem inicialmente por meio de ações autodirigidas e que sua capacidade de pensamento abstrato depende da experiência concreta anterior. Em cada estágio, "[...] a Teoria de Piaget sobre o desenvolvimento cognitivo colocava a ação e a resolução de problemas autodirigida no coração da aprendizagem e do desenvolvimento" (WOOD; ATTFIELD, 2005, p. 39).

As teorias de Piaget foram criticadas e aprimoradas por, entre outros, Donaldson (1978), Meadows (1993) e Smilansky e Shefataya (1990), cujo trabalho tem reconhecido uma relação mais aberta entre as idades e os estágios e a maneira diferente que as crianças respondem à resolução de problemas em diferentes situações. Donaldson (1992) demonstrou a importância do contexto, que os pequenos alunos dependem do trabalho em situações reconhecíveis e familiares, a fim de compreenderem novos desafios, e que a incapacidade da criança para completar uma tarefa não pode ser relacionada à "prontidão", mas sim ao fato de a tarefa ou as expectativas fazerem sentido para a criança. Desafiar a noção de "prontidão" inata permite que os professores de educação infantil reavaliem o seu papel no desenvolvimento das crianças. Os professores já não sentem que devem esperar que as crianças estejam "prontas", conforme a sua idade. Na escola do estudo de caso, um professor da educação infantil comentou: "A gente não espera a prontidão acontecer". Se já não "esperam a prontidão acontecer", os professores podem ser ativos na criação e na construção de contextos que sejam significativos para os alunos, além de apoiá-los adequadamente para enfrentar novos desafios. Bruner expressa a importância de reconhecer a fase (atual e potencial) de desenvolvimento da criança: "Na condição de professor, você não espera a prontidão acontecer; você a promove ou fornece andaimes para ela, aprofundando os poderes da criança no estágio atual em que você a encontra" (BRUNER, 1996, p. 120). Com o envolvimento prático, profundo e ativo com novas aprendizagens em um nível, a criança se envolve de modo mais fácil e profundo com o mesmo domínio de aprendizagem no nível seguinte.

A fim de compreender suas experiências, as crianças precisam representar para si mesmas e, às vezes, para os outros, o que elas sabem. Bruner (2006) categoriza três modos de representar a experiência, relacionadas ao desenvolvimento, mas não exclusivas dele. De acordo com o modelo de Bruner (2006), quando as crianças representam primeiramente sua compreensão, ou lembrança, por meio de ações, elas estão no *modo ativo*. A criancinha que balança os braços para representar um neném está se comunicando, mas também está se lembrando do neném. O *modo icônico* é a representação por meio de meios visuais. Antes que consigam usar a linguagem com eficácia, as crianças podem reconhecer que uma imagem representa um objeto real, mesmo se elas não sabem o nome do objeto. Muitas crianças são expostas constantemente a estímulos visuais, por meio da televisão e de computadores, e podem ter uma ampla gama de compreensão icônica. O *modo simbólico* é a representação da experiência por meio de símbolos – particularmente a linguagem escrita e falada. Embora os pequenos alunos consigam usar todos os três modos para demonstrar experiência e entendimento, algumas crianças da educação infantil, cujo uso da linguagem é menos fluente e cujo vocabulário é mais limitado, vão confiar mais no modo ativo para recordar e representar a experiência. Vão precisar ser fisicamente ativas a fim de se envolver com a aprendizagem.

O desenvolvimento da neurociência e a nossa crescente compreensão sobre o funcionamento do cérebro fornecem ainda mais credibilidade às teorias que se baseiam na observação, elaboradas por pesquisadores anteriores.

À medida que a arquitetura do cérebro se torna mais complexa, as crianças evoluem no modo como usam seu poder cerebral. Ao aprender algo novo, os alunos iniciantes usam muita energia mental na concentração, na atenção e na percepção. Com a prática, as crianças atingem níveis crescentes de maestria, liberando energia para controlar processos e resultados e transferir conhecimento por meio de contextos. (WOOD; ATTFIELD, 2005, p. 67).

Quem trabalha com crianças pequenas vai reconhecer a imagem da criança totalmente concentrada no tatuzinho-de-jardim embaixo de um tronco, nas rodas de um carro em miniatura ou no livro ilustrado, imersa em uma experiência nova, olhando, sentindo e ouvindo, muitas vezes alheia ao ambiente ao redor. O cérebro da criança é ativo na aprendizagem, à medida que explora seus sentidos.

O LUGAR DA LINGUAGEM

Dependemos muito da linguagem para compartilhar informações e compreensão. A linguagem nos permite ser sociais, expressar nossas necessidades e desejos, transmitir nossos pontos de vista e compreender a vida de outras pessoas. A linguagem também desempenha um papel fundamental nos processos cognitivos. Até mesmo na condição de alunos experientes, às vezes falamos em voz alta para recordar instruções ou resolver problemas complexos. Vygotsky considerava a linguagem uma "ferramenta psicológica essencial" para o pensamento e a aprendizagem (WOOD; ATTFIELD, 2005). O modelo de Vygotsky de linguagem e desenvolvimento cognitivo apresenta a linguagem como originária da interação social, enquanto o pensamento origina-se da experiência sensorial direta. Ele sugere que, por volta da idade de 2 anos, os dois aspectos de desenvolvimento se mesclam e um novo modelo linguístico de cognição começa a emergir, à medida que o discurso se torna internalizado e o pensamento se torna verbal. Vygotsky propôs que a criança é capaz de direcionar e controlar seu próprio pensamento pelo uso da linguagem. Outros teóricos, como Piaget e Wells, percebem uma relação diferente entre o desenvolvimento da linguagem e da cognição, mas há um consenso de que a linguagem e o pensamento estão estreitamente ligados e que a linguagem é uma ferramenta vital para a aprendizagem (WELLS, 2009).

Além de utilizar a linguagem para permitir e apoiar o pensamento, a fim de se comunicar na sala de aula ou no ambiente, professores e alunos dependem muito de falar, explicar, descrever, instruir, questionar, bem como de ler e escrever em todas as suas formas. Em geral, no contexto da educação infantil, há uma grande diversidade de competência linguística, o que é significativo para os professores que estão facilitando o processo de pensar e comunicar-se das crianças. Muitas crianças de 4 e 5 anos de idade ainda são alunos principiantes em termos de linguagem e também em termos de usuários da linguagem para a aprendizagem. Um objetivo fundamental para os professores de educação infantil é desenvolver as habilidades de comunicação e de linguagem das crianças, mas, junto com isso, também estão trabalhando para capacitar a evolução das crianças em todas as áreas de aprendizagem, seja qual for seu nível de competência linguística ou confiança. Muitas vezes, as crianças que têm vantagem são aquelas que, em casa, são apoiadas e incentivadas a falar, e é importante reconhecer que talvez isso não se correlacione com classe social – cuidado com os estereótipos e as profecias autoconcretizadas (TIZARD; HUGHES, 2002; FEILER, 2005), mas poucas crianças nessa fase desenvolvem as sutilezas da inferência ou conseguem articular com palavras seus processos de pensamento. Aquelas crianças que chegam a seu primeiro ambiente educacional com menos experiência no uso de linguagem ou que estão acostumadas a usar uma linguagem diferente da sala de aula, necessitam de apoio especial para que sua participação na aprendizagem não seja dificultada pelas limitações de seu vocabulário e conhecimento semântico.

Quando as crianças são fisicamente ativas na sua aprendizagem, elas são capazes de representar o seu entendimento de maneiras menos dependentes do idioma, por exemplo, por meio de imitações ativas, desenhos, montagens e construções. Essa documentação da aprendizagem pelas crianças lhes permite demonstrar, revisar e ampliar a sua aprendizagem (EDWARDS, 1998). Profissionais que trabalham ao lado delas são capazes de observar suas compreensões e incertezas sem a mesma dependência da linguagem. Além de falar, ouvir, ler e escrever, a aprendizagem ativa envolve outras representações poderosas que são ferramentas necessárias na educação infantil.

O AMBIENTE ATIVO

O ambiente de aprendizagem, tanto fechado quanto ao ar livre, tem recebido muita atenção, em especial desde que o ministério da educação britânico identificou o "ambiente propício" como tema crucial na prática da educação infantil (UNITED KINGDOM, 2008). No material facultativo com diretrizes sobre a nova educação infantil no Reino Unido (EARLY EDUCATION, 2012), o ambiente propício, juntamente com os outros temas, está conectado às características para a aprendizagem eficaz. Entre as diretrizes que descrevem o que os profissionais devem fornecer em relação ao ambiente, algumas são particularmente relevantes para que as crianças se tornem aprendizes ativos:

- Organize espaço flexível no interior e no exterior, onde as crianças possam explorar, construir, mover-se e interpretar papéis.
- Planeje experiências de primeira mão e desafios apropriados para as crianças.
- Observe o que desperta a curiosidade das crianças, procurando sinais de envolvimento para identificar a aprendizagem que é intrinsecamente motivada.
- Assegure-se de que as crianças tenham tempo e liberdade para tornar-se profundamente envolvidas nas atividades.
- Construa oportunidades para as crianças brincarem com os materiais antes de usá-los em tarefas planejadas.
- Estabeleça as condições favoráveis para a riqueza de jogos e brincadeiras: espaço, tempo, recursos flexíveis, escolha, controle, relacionamentos carinhosos e incentivadores.

No estudo de caso deste capítulo, a escola demonstrou como você pode usar os espaços de aprendizagem criativamente, a fim de fornecer muitos dos recursos de um ambiente propício mencionados. As crianças se beneficiam com a flexibilidade de abordagem e o comprometimento dos profissionais com o profundo envolvimento dos alunos, oportunidades frequentes para as crianças serem ativas e períodos substanciais de escolha e liberdade. Isso foi equilibrado por uma sensação de segurança gerada por rotinas e familiaridade, bem como pelas relações positivas entre os professores e as crianças (ver a seguir). As crianças começavam cada dia sendo informadas sobre quais tarefas tinham de fazer e onde encontrar os recursos para executá-las. Essa tarefa inicial fazia parte da rotina diária, e as crianças se adaptaram confortavelmente a ela, conversando umas com as outras sobre a atividade e outros assuntos. Essa liberdade dentro de uma rotina lhes deu algum controle e, ao mesmo tempo, estabeleceu a segurança de familiaridade, além de permitir que o professor cumprimentasse os pais e as crianças no início do dia.

Aprendizagem ativa com jogos e brincadeiras

O relatório Tickell sobre EYFS (TICKELL, 2011), que resultou nas revisões sobre educação infantil no Reino Unido, em 2012, inspira-se amplamente no trabalho de Evangelou et al. (2009), descrevendo os jogos como o processo em que as crianças constroem ativamente o conhecimento e a compreensão, e a importância do jogo como

> [...] um contexto para as crianças reunirem seus entendimentos atuais e, com flexibilidade, combinar, aprimorar e explorar suas ideias de formas imaginativas. Representar experiências por meio de jogos imaginativos sustenta o desenvolvimento do pensamento narrativo, a capacidade de ver de outras perspectivas e o pensamento simbólico. (EVANGELOU et al., 2009, p. 58).

Os jogos têm sido proverbiais na aprendizagem da educação infantil por muitos anos, seu lugar na pedagogia alicerçado na obra de pioneiros como Dewey, Froebel e Steiner, e desenvolvido e apoiado pela obra de Moyles (2005), Fisher (2002), Macintyre (2011) e Chazan (2002), entre muitos outros. Porém, o local e a natureza dos jogos não estão livres de controvérsias e, com o maior escrutínio dos resultados no contexto da educação infantil, está em desenvolvimento um foco sobre o equilíbrio entre as atividades iniciadas pelas crianças e as atividades guiadas por adultos (SYLVA, 2010), bem como sobre a contribuição fornecida pelos jogos de fluxo livre para a experiência geral de aprendizagem das crianças. Grieshaber e McArdle (2010) e Wood e Attfield (2005) abordam outros questionamentos significativos sobre, por exemplo, a imparcialidade e a naturalidade dos jogos, o acesso aos jogos e o trabalho com jogos. Aqui não é o lugar para analisar essas questões com profundidade. Em vez disso, reconhecendo que uma definição de jogos é problemática, consideraremos o valor para crianças de ter a liberdade para escolher; para andar, correr e escalar; para fingir e imaginar; para fazer e desenhar; para usar ferramentas e outros recursos; para falar e cantar e, às vezes, gritar. Essas são algumas das coisas que as crianças fazem enquanto jogam e brincam, e todas fazem parte de serem ativas na sua aprendizagem.

As palavras-chave ao discutir os jogos em relação à aprendizagem ativa são escolha, posse e controle. Em geral, as atividades lúdicas são aquelas escolhidas e geridas pelas próprias crianças, e as crianças controlam o processo e os resultados. A autonomia vivenciada durante essas atividades permite que as crianças sigam suas próprias linhas de indagação, pratiquem habilidades ligadas à sua própria experiência, em seu próprio ritmo, e busquem suas próprias soluções para os problemas. Os benefícios para as crianças de assumir a responsabilidade pela tomada de decisões, pela resolução de problemas e por avaliar suas ações são realçados no estudo longitudinal da abordagem High/Scope nos Estados Unidos (WEIKART, 1978). O estudo mostrou que adultos que vivenciaram essa experiência na educação infantil pareciam, de acordo com uma série de critérios, tornar-se adultos mais competentes socialmente do que seus pares.

Enquanto jogam, as crianças demonstram envolvimento em todas as áreas de aprendizagem, em vez de "trabalhar de acordo com o currículo". Um exemplo disso é descrito no estudo de caso, em que as crianças encenam em conjunto a história que escreveram, desenvolvendo aspectos de colaboração, troca de papéis e empatia (desenvolvimento pessoal e socioemocional); escaladas e corridas (desenvolvimento físico); narrativas, descrições e debates (comunicação e linguagem).

Como é a aprendizagem ativa?

Crianças da educação infantil, nos níveis iniciais, são expostas a uma infinidade de experiências e expectativas que elas têm para explorar, entender e dominar. Quando o professor pede aos alunos para "fazer um círculo", a criança que abre os braços e começa a rodopiar está seguindo as instruções com base em suas experiências prévias. A sua chegada a um ambiente educacional formal lhe apresenta uma nova cultura e uma nova linguagem e, para funcionar bem nesse ambiente, a criança deve inicialmente explorá-lo como explorou todo o seu mundo – utilizando os seus sentidos e utilizando as experiências prévias para interpretar as novas.

À medida que as crianças fazem conexões entre as experiências, elas podem começar a generalizar e, conforme expresso por McShane (1991), colocar "blocos de aprendizagem em conjuntos maiores", permitindo-lhes ordenar e gerenciar o que aprenderam. A criança que "rodopia" para fazer um círculo observa, escuta e descobre que certas instruções (fazer uma fila, levantar a mão, fazer um círculo, encontrar o seu lugar) são específicas do contexto e significam uma forma particular de atividade em sala de aula, mas também se relacionam de maneira particular com seu conhecimento prévio do mundo. O professor eficaz, observando a interpretação inicial "equivocada", nota que a criança sabe o que é um círculo, chama a atenção da criança para o que outras crianças estão fazendo e incentiva a criança a olhar ou mesmo a andar ao redor do círculo e reconhecê-lo nesse formato diferente. A percepção ativa do círculo nesse formato diferente amplia a compreensão da criança sobre a "circularidade" de um círculo, e a criança pode participar de forma mais plena e independente da vida da sala de aula. A aprendizagem é reforçada e a motivação é sustentada.

O papel dos professores na aprendizagem ativa

Uma parte importante do papel do professor é estimular ideias e fazer conexões na aprendizagem das crianças enquanto trabalha ao lado delas, por meio de perguntas, fornecendo recursos e fazendo sugestões em resposta às ideias infantis. Esse tipo de envolvimento exige que o professor ou assistente seja observador e reativo, seguindo os passos da criança e sendo "copesquisador" (EDWARDS, 1998).

> Um modelo que considera que as crianças exercem um papel central na sua própria aprendizagem também precisa reconhecer que os próprios professores são alunos, em vez de meros transmissores do conhecimento existente. (COLLINS; INSLEY; SOLER, 2001, p. 19).

A pesquisa de Sylva (2010), o projeto *Eficácia na educação infantil e nos anos iniciais*, destacou a importância de envolver as crianças no pensamento compartilhado sustentado. Além de planejar isso durante o ensino guiado por adultos, à medida que os professores participam dos jogos ao lado das crianças, eles sustentam e compartilham o pensamento das crianças, acompanhando a liderança das crianças na conversação, na modelagem da curiosidade e na formulação de perguntas, sugerindo recursos adicionais ou alternativos. O corpo docente precisa estar alerta em relação aos indicadores das linhas de pensamento das crianças, ouvindo e observando com atenção.

Isso não equivale a dizer que os professores não exercem um papel na liderança e na orientação da aprendizagem (SYLVA, 2010). No estudo de caso a seguir, a coordenadora da educação infantil expressa claramente seu comprometimento em desenvolver habilidades e estratégias nas crianças para que elas consigam aplicar essas habilidades e estratégias em seu dia a dia. Ela foi observada conduzindo uma sessão com a turma inteira montando quebra-cabeças. Ficou claro que essa atividade era guiada pelo professor, mas a orientação foi além de mostrar às crianças como fazer os quebra-cabeças. As estratégias de ensino e aprendizagem incluíam escolha dos quebra-cabeças mais interessantes, questionamentos, percepção para as bordas das peças, orientação para procurar "a próxima peça" na imagem, riso, modelagem e debate de estratégias. Isso a permitiu trabalhar com crianças individuais que tinham diferentes níveis de experiência em montar quebra-cabeças, apoiando-as com o ensino de estratégias adequadas a cada uma e facilitando o seu envolvimento ativo, tanto físico e cognitivo, na atividade.

Esse é um exemplo do que Bruner descreve como "criar andaimes" para os alunos – dando-lhes o nível adequado e o tipo de suporte para capacitá-las a trabalhar de forma independente com uma tarefa. O professor intervinha em graus diferentes e de maneiras diferentes com crianças diferentes, dependendo de sua interação com a tarefa. Eaude (2011) cita o ponto de vista de Greenfield: "[...] a criação de andaimes [...] não envolve simplificar a tarefa. Em vez disso, mantém a tarefa constante e ao mesmo tempo simplifica o papel do aluno pela intervenção do professor, em diversos graus". Após essa sessão de 15 minutos, várias crianças escolheram continuar com os quebra-cabeças e trabalharam divertidamente em conjunto para montar quebra-cabeças cada vez mais complexos, utilizando as estratégias que vinham desenvolvendo junto com o professor.

Vygotsky (1978) identificou o ponto em que o aluno está quase pronto para trabalhar autonomamente, mas ainda precisa de certo apoio, como a "zona de desenvolvimento proximal", e é nessa zona que os professores conseguem trabalhar de forma mais eficaz com os alunos. Assim, os alunos conseguem avançar para um trabalho mais independente, "criando andaimes" para a sua própria aprendizagem e a dos colegas, até que a nova aprendizagem seja internalizada. Também é crucial que os professores, por meio do estilo de sua criação de andaimes, permitam e incentivem as crianças a continuar a assumir a responsabilidade pela sua própria aprendizagem (DWECK; LEGGETT, 1988). A posse da aprendizagem só acontece com aprendizagem profunda, que depende da construção ativa do entendimento.

Um princípio global da educação infantil é que as crianças aprendem a ser fortes e independentes por meio das relações positivas (EARLY EDUCATION, 2012). As relações entre crianças e professores contribuem de modo significativo para a segurança e a sensação de bem-estar das crianças, especialmente quando elas saem do círculo do lar e da família. Novos estudos em neurologia forneceram percepções sobre como as mudanças no estado emocional influenciam as partes do cérebro que afetam a aprendizagem. Quando nos sentimos ameaçados ou indefesos, o hormônio cortisol inibe a memória e o pensamento. A substância química dopamina, liberada no cérebro quando nos sentimos confiantes, seguros e felizes, alavanca a memória, a atenção e a resolução de problemas (WILKINSON; PICKETT, 2010, p. 115).

A área pessoal, social e emocional da aprendizagem tem sido identificada como uma das "[...] principais áreas que são particularmente cruciais para despertar a curiosidade e o entusiasmo das crianças para a aprendizagem, para construir sua capacidade de aprender e para estabelecer relações e prosperar" (EARLY EDUCATION, 2012). A principal maneira com a qual as crianças aprendem a construir relacionamentos eficazes, a entender seus próprios sentimentos e os sentimentos dos outros, a colaborar e compartilhar, é por meio das relações que elas têm com os outros. As ações e as atitudes dos adultos são os modelos de interação a partir dos quais as crianças constroem sua compreensão sobre o seu próprio valor e sua própria posição no mundo.

ESTUDO DE CASO

A escola Orchard, especializada em educação infantil, situa-se em Surrey. A unidade prepara as crianças para o ensino fundamental; funciona em três níveis com 90 alunos, três professores e três assistentes; e tem espaço interno bastante pequeno, disposto em forma de três salas de aula, todas as quais conduzem a uma área central, além de uma grande área ao ar livre acessível a todas as três salas de aula. A natureza do "espaço geográfico" é importante para a maneira que a aprendizagem acontece, na medida em que tem gerado pensamento criativo pelo pessoal docente sobre como o ambiente pode ser usado. Foram feitas escolhas em relação à organização do espaço e do tempo que refletem a forte filosofia de aprendizagem ativa na educação infantil empregada pela equipe da escola.

A política de educação infantil da escola inclui como "princípios de aprendizagem": *"o desenvolvimento da independência, por meio de desafio, consolidação, elogios e incentivos; atividades práticas e significativas que estimulam todos os sentidos (das crianças); atividades iniciadas pelas crianças, em que consigam aprender umas com as outras e explorar ideias e interesses em profundidade; uso criativo do ambiente de aprendizagem interno e externo"*. Os "princípios de ensino" complementares incluem: *"interagir e apoiar as crianças de modo a afetar positivamente suas atitudes em relação a [...] sua aprendizagem; ensino de estratégias para ajudar as crianças a aprender a investigar, a explorar e a resolver problemas; ensino direto de habilidades para permitir que as crianças se tornem pensadoras criativas, capazes de correr riscos"*.

A fim de maximizar as oportunidades para as crianças se desenvolverem como aprendizes ativos, a área interna da educação infantil foi desenvolvida como um espaço compartilhado, com quatro "nichos", cada qual sediando recursos e estímulos para uma área de aprendizagem. As três salas de aula sediam comunicação, linguagem e letramento (*Communication, Language and Literacy*, CLL); Resolução de problemas, raciocínio e numeralização (*Problem Solving, Reasoning and Numeracy*, PSRN); e conhecimentos e compreensão do mundo (*Knowledge and Understanding of the World*, KUW), enquanto a área central está focada no desenvolvimento criativo (*Creative Development*, CD). As crianças, em turmas de 30, têm uma sala de aula "base" e seu professor específico, mas, na maior parte do dia, são organizadas e gerenciadas em grupos de 15, com assistentes de ensino assumindo um importante papel junto com os professores, no ensino ou na orientação das crianças nos diferentes nichos ou na área externa. Em cada nicho designado, as atividades de aprendizagem orientadas por adultos são conduzidas por um professor ou um assistente, com foco particular nas áreas de aprendizagem: comunicação, linguagem e letramento; resolução de problemas, raciocínio e numeralização; conhecimentos e compreensão do mundo; desenvolvimento criativo. Quando não estão envolvidas em atividades guiadas por adultos, as crianças têm um tempo com liberdade de escolha, no qual se locomovem livremente entre os nichos e a área externa, onde um leque de recursos está disponível, alguns em andamento, alguns conectados a temas atuais, e a sua atividade e a sua aprendizagem são apoiadas pelos dois adultos restantes. A área ao ar livre foi construída à prova de intempéries. No piso, foi instalada uma grama sintética e foram criadas áreas de uso flexível, com a disponibilidade de várias pequenas cabanas que as crianças conseguem adaptar para seus próprios fins.

A organização e a utilização dos espaços de aprendizagem evocam a abordagem de Reggio Emilia para a aprendizagem na educação infantil (EDWARDS, 1998), com o ateliê sendo um recurso central que as crianças podem acessar livremente para expressar, ampliar e documentar sua aprendizagem. Em cada nicho, o ensino e os recursos apoiam o desenvolvimento da aprendizagem das crianças nessa área, e elas são livres para acessar os recursos de aprendizagem da sua escolha. A coordenadora da educação infantil expressa um forte compromisso em "desenvolver as habilidades e as estratégias das crianças, de modo que elas possam *aplicá--las*", e esse princípio é evidente na prática em todos os aspectos da aprendizagem, com as crianças conectando ativamente os novos conhecimentos e habilidades à medida que progridem ao longo do dia. Os exemplos seguintes indicam como as crianças estão fazendo essas conexões.

- As crianças tinham aprendido sobre formas 3-D. Mais tarde, ao ar livre, a criança A escolheu uma folha, enrolou em forma de cone e disse: "Fiz uma casquinha de sorvete". Pegou fita crepe no nicho do desenvolvimento criativo (CD) para fixar o cone.
- As crianças tinham tido uma sessão de escrita de histórias com o professor no nicho de comunicação, linguagem e letramento (CLL). Mais tarde, ao ar livre, a criança B usou as fantasias e o equipamento de escalada para reconstruir a história com um amiguinho.
- As crianças estavam trabalhando com o conceito de dobrar os números. Mais tarde, no nicho de desenvolvimento criativo, a criança C fez uma rede de pesca, e, em seguida, adicionou uma rede do outro lado da estaca: "Fiz uma rede dupla. Vou pegar o dobro de peixes!".

- As crianças tinham criado e observado um experimento para descobrir o que as plantas precisam para crescer. Mais tarde, lá fora no jardim natural, a criança D rolou um pequeno tronco à procura de insetos e observou uma planta amarelada: "Hum, aqui não tem luz suficiente. Então por que as formigas são pretas?". Ela indagou isso a um adulto nas proximidades, iniciando um debate sobre a capacidade de as formigas e as plantas se locomoverem.

Apesar da aparente complexidade de organização, as crianças têm clara confiança no uso de rotinas e sistemas que lhes permitem acessar toda a área da educação infantil para a sua aprendizagem. Essa confiança parece derivar em parte da familiaridade com as rotinas e em parte do etos de indagação independente na qual a prática é construída. Por exemplo:

- No nicho de conhecimentos e compreensão de mundo (KUW), no começo do dia as crianças foram incentivadas a rever o progresso de seus experimentos em andamento e a falar no assunto entre si e com os adultos.
- As crianças escolheram como registrar seus resultados, e o professor mostra a elas alguns exemplos de registros.
- As crianças coletaram seus próprios recursos de escrita e ajudaram umas às outras em suas tentativas de escrever cartas – a criança A declarou: "Não consigo fazer um 'N' direito". E a criança B deu a dica: "Primeiro sobe e depois desce".
- Durante o "Tempo de livre escolha", as crianças no nicho de desenvolvimento criativo foram observadas desenhando, de modo independente, planos para suas miniaturas e comparando-as com os planos.

Muitas vezes, os professores instigavam as crianças a ponderar: "Como vocês vão fazer isso?" e "Como vocês vão saber?". Os professores da educação infantil reconhecem o potencial e a capacidade das crianças pequenas de pensar em sua própria aprendizagem. Elas oferecem a liberdade para as crianças fazerem suas próprias conexões, criando o ambiente e o etos que constroem alunos ativos e confiantes.

Reflexão sobre o estudo de caso

- O que você pensa sobre o uso do espaço físico na área de educação infantil?
- Existe um "currículo oculto" em como o espaço é usado?
- Que atitudes e princípios das políticas se refletem na prática?
- Quais poderiam ser os desafios de trabalhar dessa forma em todos os níveis da educação infantil?
- Em sua opinião, que elementos da prática contribuiriam de modo mais eficaz para a aprendizagem ativa?

PRÁTICA

O guia facultativo sobre educação infantil (EARLY EDUCATION, 2012) contém muitas e valiosas sugestões práticas, relativas às características da aprendizagem eficaz e adequadas aos estágios de desenvolvimento, com os seguintes subtítulos.

- observar o que a criança está fazendo;
- o que os adultos podem fazer; e
- o que os adultos podem fornecer.

As sugestões a seguir se baseiam nesses princípios em áreas que foram abordadas no capítulo.

Prática 1: Sustentando a motivação

Atividade 1

Junto com seus registros individuais de atividades e desempenho, anote os interesses de cada criança e suas atividades prediletas. Ao planejar, use essas informações como pontos de partida ou contextos para atividades guiadas por adultos.

Outras crianças, além daquelas cujos interesses você planejou, responderam à atividade?

Algumas crianças têm uma gama mais ampla de interesses e preferências do que as outras?

Atividade 2

Observe um grupo de crianças brincando juntas. Identifique quais habilidades ou conhecimentos lhes ajudarão a aumentar a sua participação. Planeje um tempo para atuar como andaime nos "passos seguintes" e explicar às crianças a conexão com a atividade anterior.

As crianças usam e praticam a nova habilidade?
Voltam ao contexto anterior ou a usam em um novo contexto?
Teria sido melhor intervir imediatamente ou não?

Prática 2: Reconhecendo alunos poderosos

Atividade 1

Crie uma rotina para que as crianças escolham, planejem e revisem suas atividades. Na revisão, apoie as crianças em recordar o processo, bem como o produto.

Todas as crianças mantêm o plano delas?

O que você faz em relação à questão prática de que muitas crianças escolhem a mesma atividade ou recurso?

Para aquelas crianças que continuam voltando à mesma atividade ou recurso, você consegue adicionar ou modificar alguma coisa para ampliar a aprendizagem delas? Isso é válido?

Atividade 2

Crie espaços no ambiente em que possa ser mantido um "trabalho em andamento". Se não for móvel, avalie a possibilidade de deixá-lo no local durante um período de tempo combinado. Na hora da revisão, apoie as crianças no planejamento dos passos seguintes.

Quanta flexibilidade você pode fornecer de modo que as crianças possam completar uma atividade em seu próprio tempo?
Isso tem qualquer impacto na qualidade do processo ou produto?

Atividade 3

Para algumas atividades, divida a turma em duplas para uma criança ajudar a outra. Faça as crianças alternarem a tarefa de auxiliar e ser auxiliada. As crianças são inclinadas a "fazer" pela outra, então demonstre o processo de modelagem.

A escolha das duplas foi bem-sucedida?
Qual foi o impacto na autoestima de quem auxiliou e de quem foi auxiliado?
Crianças diferentes são boas em coisas diferentes?
Que habilidades as crianças utilizam para servir de andaime às outras?

Prática 3: Linguagem e desenvolvimento cognitivo

Atividade 1

Desenvolva um conjunto de sinais que você e as crianças usem para apoiar a comunicação sobre a aprendizagem, por exemplo, expressões faciais para "estou pensando" e "não entendo" ou linguagem corporal para "tenho uma ideia", "eu me lembro", "eu me esqueci", "vamos fazer de novo".

As crianças usam os sinais mais facilmente do que a linguagem?
Isso lhe torna mais consciente sobre os processos de pensamento das crianças?
Qual é o impacto disso no ritmo de interação?

Atividade 2

Forneça às crianças um conjunto de cartões ilustrados que elas queiram usar ou lhes permita elaborar seus próprios cartões. Cada vez que elas usam os cartões, você usa a palavra relevante no contexto de uma frase completa.

As crianças começam a usar frases ou continuam dependentes dos cartões?
Como você pode transformar esse ponto de partida em um diálogo?

Atividade 3

Cuide para que as palavras externamente introduzidas sejam familiares e significativas para as crianças, por exemplo, palavras de esquemas fonéticos. Use imagens e ações para estabelecer o significado.
Qual é o impacto disso no interesse das crianças?
As crianças usam as palavras novas em outros contextos?

Prática 4: Jogos e brincadeiras

Atividade I

Observe as crianças envolvidas em brincadeiras livres durante um turno inteiro. Anote todas as áreas de aprendizagem em que elas se envolvem e quantas decisões elas tomam.
Se a brincadeira livre é restrita a um período específico em seu contexto, por que isso acontece? O que isso revela sobre as atitudes em relação às brincadeiras?
Certas áreas do ambiente, como o pátio externo, são mais propícias à aprendizagem ativa com base em jogos e brincadeiras?
Algumas crianças são mais inclinadas a tomar as decisões do que as outras? O que você pode fazer em relação a isso?

Atividade 2

Planeje com antecedência o que vai fazer enquanto as crianças brincam. Pratique algumas estratégias para atuar como andaime na aprendizagem delas.
Como você decide quando intervir?
Sua intervenção modifica a brincadeira das crianças?
Algumas intervenções funcionam melhor do que as outras?

Atividade 3

Brinque ao lado de uma criança, deixando-a assumir o comando.
Você viu ou ouviu algo inesperado?
Isso teve qualquer impacto em sua relação com a criança?
A criança parecia ansiosa para ter você como companheiro de brincadeira ou fez isso a contragosto?

Prática 5: O ambiente propício

Atividade I

Assim como os recursos que estão prontamente disponíveis, empregue novos estímulos ligados às ideias que você tem escutado das crianças ou ligados à

aprendizagem orientada para adultos. Atraia a atenção das crianças para esses estímulos sem orientar muito de perto como eles podem ser usados.
Como as crianças os utilizaram? Fizeram suas próprias conexões com outra aprendizagem?
Os novos estímulos foram utilizados ao lado dos recursos existentes?
Podem fazer parte dos recursos habituais?

Atividade 2

Certifique-se de que os recursos estão disponíveis para as crianças, que elas sabem onde e como acessá-los e guardá-los. Faça as crianças rotularem os recipientes (com fotos e palavras). Acrescente fotografias das crianças utilizando os recursos.
Quais recursos são mais populares com quais grupos de crianças? Você sabe por quê? A localização de um recurso afeta o seu uso?
As crianças utilizam uma mescla de recursos em uma única atividade? O que isso revela sobre a aprendizagem delas?

Atividade 3

Durante uma semana de tempo bom, planeje fazer tudo ao ar livre. Observe o impacto disso no envolvimento e no comportamento de aprendizagem das crianças. Utilize suas observações para ajustar a distribuição das atividades ao longo de uma semana normal em toda a área interior e exterior.
As crianças e/ou os adultos são restringidos por visões tradicionais de ambientes internos e externos?
Quais são as restrições em seu ambiente em relação a fazer certas atividades em locais fechados ou ao ar livre?
Como você se sente no final da semana?

Prática 6: Ensino ativo para a aprendizagem ativa

Atividade 1

Desperte a curiosidade: faça perguntas em vez de dar respostas. Traga à sala de aula um item ou objeto sobre o qual você realmente não saiba. Pergunte às crianças o que elas pensam que é, o que pode ser, como funciona, etc.
Alguma criança que não costuma participar deu alguma sugestão?
Como você se sentiu ao não saber as respostas?
Isso desperta a curiosidade das crianças?

Atividade 2

Descreva o que está fazendo enquanto você trabalha em um problema.
Como as crianças participaram na resolução do problema?
O que você faz para garantir que sua linguagem seja significativa para as crianças? Se ela não for, elas conseguem participar plenamente na resolução do problema?

Atividade 3

Invente uma história sobre as crianças na classe, com base em coisas que você as observou fazer.
As crianças estavam interessadas? Elas contribuíram com a história? Como você pode usar a história como ponto de partida para o letramento e outras atividades?

RESUMO

As crianças são instintivamente ativas tanto do ponto de vista físico quanto do cognitivo à medida que compreendem o mundo ao redor delas para conseguir participar plenamente dele. Os pequeninos são aprendizes poderosos, intrinsecamente motivados a aprender, contanto que sua autoconfiança seja mantida e se sintam seguros para atuar no ambiente de aprendizagem. As crianças aprendem melhor por meio de uma combinação de atividades iniciadas pelas crianças e guiadas por adultos, em que são feitas conexões entre a aprendizagem anterior e as novas ideias. Gradativamente, as crianças tornam-se mais capazes de lidar com ideias abstratas à medida que conseguem organizar seu pensamento por meio da representação simbólica, mas, nos primeiros anos de educação formal, os alunos precisam de atividades práticas e concretas para conseguir explorar e expressar ideias. Muitas crianças pequenas não têm domínio suficiente da linguagem para aplicá-la como ferramenta de comunicação e pensamento, então decidem usar uma gama de estratégias e representações para aprender efetivamente. Os professores e demais profissionais da educação infantil exercem um papel essencial em manter a motivação das crianças, em proporcionar oportunidades para que as crianças explorem ideias e pratiquem novas habilidades e em criar andaimes para sua aprendizagem, por meio de intervenções adequadas e pensamento compartilhado sustentado.

LEITURAS COMPLEMENTARES

CRAFT, A. Creative thinking in the early years of education. *Early Years*, v. 23, n. 2, p. 143-154, 2003.
Estuda o trabalho criativo de crianças e adultos no contexto da sala de aula com objetivo de permitir que as crianças liberem seus pensamentos.

DRAKE, J. *Planning children's play and learning in the foundation stage*. 3rd ed. London: David Fulton Publishers, 2009.
Algumas ideias práticas para permitir a evolução da aprendizagem das crianças por meio de jogos e brincadeiras.

FOOT, M.; BROWN, T.; HOLT, P. *Let our children learn*. Nottingham: Education Now Publishing Co-operative, 2001.
Inspirador relato sobre crianças concretizando um projeto e sobre professores e crianças que aprendem juntos.

HIRST, K.; NUTBROWN, N. *Perspectives on Early Childhood Education*. Stoke-on-Trent: Trentham Books, 2005.
A Parte 2 explora algumas questões sobre como o gênero afeta a escolha da atividade pela criança.

JOHNSTON, H.; HALOCHA, J. *Early Childhood and primary education*. Maidenhead: Open University Press, 2010.
Valioso panorama sobre as teorias de diferentes aspectos do desenvolvimento, além de algumas instruções para refletir sobre o lugar dos jogos e brincadeiras.

REFERÊNCIAS

BRUNER, J. S. *The culture of education*. Cambridge: Harvard University Press, 1996.

BRUNER, J. S. *In search of pedagogy*: the selected work of Jerome S. Bruner. London: Routledge, 2006.

CHAZAN, M. *Profiles of play*. London: Jessica Kingsley, 2002.

COLLINS, J.; INSLEY, K.; SOLER, J. (Ed.). *Developing pedagogy, researching practice*. London: Paul Chapman Publishing, 2001.

DAVID, T. (Ed.). *Educational provision for our youngest children*: European perspectives. London: Paul Chapman Publishing, 1993.

DONALDSON, M. *Children's minds*. Glasgow: Fontana, 1978.

DONALDSON, M. *Human minds*: an exploration. London: Allen Lane, 1992.

DWECK, C.; LEGGETT, E. A social-cognitive approach to motivation and personality. *Psychological Review*, v. 95, n. 2, 1988.

EARLY EDUCATION. *Development Matters in the Early Years Foundation Stage*. London: Early Education, 2012.

EAUDE, T. *Thinking through pedagogy for primary and early years*. Exeter: Learning Matters, 2011.

EDWARDS, C. *The hundred languages of children*. 2nd ed. Westport: Ablex Publishing, 1998.

EVANGELOU, M. et al. *Literature review for the Early Years Foundation Stage*. London: DCSF, 2009.

FEILER, A. Linking home and school literacy in an inner city reception class. *Journal of Early Childhood Literacy*, v. 5, n. 2, p. 131-49, 2005.

FISHER, J. *Starting from the child*: teaching and learning from 3 to 8. 2nd ed. Maidenhead: Open University Press, 2002.

GEERTZ, C. Imbalancing act: Jerome Bruner's cultural psychology. In: BAKHURST, D.; SHANKER, S. G. (Ed.) *Jerome Bruner*: language, culture, self. London: Sage, 2001.

GRIESHABER, S.; MCARDLE, F. *The trouble with play*. Maidenhead: Open University Press, 2010.

HART, S. et al. *Learning without limits*. Maidenhead: Open University Press, 2004.

MACINTYRE, C. *Enhancing learning through play:* a developmental perspective for early years settings. 2nd ed. London: Routledge, 2011.

MCSHANE, J. *Cognitive development*: an information processing approach. Oxford: Blackwell, 1991.

MEADOWS, S. *The child as thinker:* the development and acquisition of cognition in childhood. London: Routledge, 1993.

MEIGHAN, R. *The freethinkers' guide to the educational universe*. Nottingham: Educational Heretics Press, 1994.

MEIGHAN, R. (Ed.) *A sociology of educating*. 5th ed. London: Continuum, 2007.

MOYLES, J. *The excellence of play*. 2nd ed. Maidenhead: Open University Press, 2005.

PENN, H. *Understanding early childhood:* issues and controversies. 2nd ed. Maidenhead: McGraw-Hill Education, 2008.

ROSENTHAL, R.; JACOBSON, L. *Pygmalion in the classroom*. London: Holt Rinehart and Winston, 1968.

SMILANSKY, S.; SHEFATAYA, S. *Facilitating play:* a medium for promoting cognitive, socioemotional and academic development in young children. Gaithersberg: Psychosocial and Educational Publications, 1990.

SYLVA, K. *Early Childhood Matters:* evidence from the effective pre-school and primary education project. London: Routledge, 2010.

THORNTON, L.; BRUNTON, P. *Bringing the Reggio Approach to your Early Years Practice*. Abingdon: Routledge, 2010.

TICKELL, C. *The Early Years*: foundations for life health and learning. London: DfE, 2011.

TIZARD, B.; HUGHES, M. *Young children learning*. 2nd ed. Oxford: Blackwell Publishing, 2002.

UNITED KINGDOM. Department for Children Schools and Families. *Early Years Foundation Stage*. London: DCSF, 2008.

UNITED KINGDOM. Department for Education. *Early Years Foundation Stage*. London: DfE, 2012.

VALENTINE, M. *The Reggio Emilia Approach to Early Years Education*. Scotland: Learning and Teaching, 2003.

VYGOTSKY, L. S. *Mind in society*. Cambridge: Harvard University Press, 1978.

WEIKART, D. *The Ypsilanti preschool curriculum demonstration project:* preschool years and longitudinal results. Ypsilanti: High/Scope Educational Research Foundation, 1978.

WELLS, G. *The meaning makers:* learning to talk and talking to learn. 2nd ed. Bristol: Multilingual Matters, 2009.

WILKINSON, R.; PICKETT, K. *The spirit level:* why equality is better for everyone. London: Penguin, 2010.

WOOD, D. *How children think and learn*. Oxford: Blackwell Publishers, 1988.

WOOD, E.; ATTFIELD, J. *Learning and the early childhood curriculum*. 2nd ed. London: Paul Chapman Publishing, 2005.

WRIGLEY, T. *Another school is possible*. London: Bookmarks, 2006.

3

Criando uma cultura de indagação

Anitra Vickery

> *Você pode ensinar ao aluno uma lição em um dia; mas se você puder ensiná-lo a aprender por meio da criação da curiosidade, ele continuará o processo de aprendizagem enquanto ele viver.*
>
> Clay P. Bedford

Panorama do capítulo

Este capítulo examina o caminho pelo qual a educação pode preparar melhor as crianças para um futuro desconhecido. Explora formas de desenvolver alunos ativos, com base na análise do etos da sala de aula, de diferentes modelos e abordagens para a aprendizagem, de relacionamentos na sala de aula e no ambiente físico. Compartilha ideias de como colocar as crianças no centro de sua própria aprendizagem. Atividades fornecem oportunidades para explorar, em primeira mão, alguns dos tópicos suscitados. Um estudo de caso apresenta uma escola que abraçou o desafio de equipar as crianças para que elas se tornem pensadores críticos. O capítulo termina com referências e sugestões de leituras complementares que permitirão ao leitor obter mais conhecimentos sobre as abordagens recomendadas e acessar mais atividades que podem ser usadas em sala de aula.

INTRODUÇÃO

O termo "cultura de indagação" neste capítulo significa um ambiente de aprendizagem que visa a desenvolver a curiosidade, a criatividade e o pensamento crítico das crianças. Um ambiente que ofereça às crianças a oportunidade de aprender por meio de explorar, questionar e conjecturar, no qual o professor realiza intervenções oportunas e ponderadas para orientar a aprendizagem e estimular interações e debates de qualidade. Um ambiente que incentive a independência e a resiliência das crianças; um ambiente em que as crianças se sintam apoiadas para investigar, cometer erros, aprimorar abordagens e ideias e, fundamentalmente, que os prepare para a vida no século XXI. O termo ambiente de aprendizagem inclui o espaço ao ar livre dentro da escola e da comunidade e o espaço virtual criado pela tecnologia. "A aprendizagem não deve ser limitada à sala de aula, por mais significativa e ativa que a sala de aula possa ser." (HART et al., 2004, p. 232).

Este capítulo segue a estrutura usada ao longo de todo o livro. Começa com uma breve discussão sobre como o ensino e a aprendizagem que ocorrem nas escolas de hoje irão equipar as crianças para o futuro. A seção seguinte explora como criar uma cultura de indagação, por meio da consideração de diferentes fatores que fornecem as bases para a aprendizagem ativa em sala de aula, incluindo:

- posicionamento das crianças no centro das decisões sobre a aprendizagem delas;
- aprendizagem modelada e entusiasmo compartilhado;
- espaço físico;
- aprendizagem ativa em todo o currículo;
- auxílio à indagação colaborativa;
- relação professor/criança;
- linguagem e debate;
- grupos eficazes; e
- desenvolvimento de um ambiente solidário.

Depois disso, há uma seleção de atividades projetadas para lhe dar oportunidades de explorar alguns dos tópicos discutidos. Um estudo de caso ilustra certas estratégias empregadas em uma escola para enriquecer e ampliar o ambiente de aprendizagem. Por fim, um resumo e algumas sugestões para leitura e estudo arrematam o capítulo.

CONTEXTO

Em 1856, o reformador educacional Joseph Payne já manifestava preocupações quanto aos testes frequentes do conhecimento infantil e defendia uma educação que "treinasse" a criança a formar hábitos de pensar (CLAXTON, 2008). Ainda hoje esse sentimento está sendo expresso pelos defensores da mudança educacional. Robinson (2010) acredita que o desenvolvimento do pensamento no seu sentido mais amplo não está incorporado na maior parte do ensino e que, nos últimos anos, tem havido uma resposta bastante superficial quanto à inclusão do pensamento no currículo.

O nosso sistema de ensino precisa responder ao desafio imposto pelos avanços tecnológicos, preparando as crianças de hoje para o futuro incerto que as espera. Se a tecnologia continuar a avançar, mesmo em ritmo igual ao dos últimos 10 anos, quando as crianças que hoje entram na educação infantil completarem suas vidas escolares, elas estarão vivendo em um mundo bem diferente. As crianças de hoje terão de enfrentar desafios desconhecidos usando tecnologias que ainda precisam ser criadas (CLAXTON, 2008).

As conclusões do relatório Delphi – importante pesquisa internacional que procurou definir o pensamento crítico (FACIONE, 1990) – sugeriram que o crescimento do interesse nas habilidades de pensamento dentro da comunidade educacional relacionava-se à conclusão de que o currículo tradicional não se adaptava às necessidades de uma sociedade em rápida transformação. O relatório também apresentou a opinião de 46 especialistas que exploram o termo habilidades de pensamento. A opinião geral foi de que as habilidades de pensamento são holísticas por natureza e que é importante desenvolver a atitude e o contexto social adequados para adquirir essas habilidades. Se aceitarmos essa conclusão, seria aconselhável desenvolver as habilidades de pensamento por meio de uma abordagem interdisciplinar.

Mais recentemente, as habilidades de pensamento têm sido supridas por meio de matérias específicas, como o programa CASE para ciências (ADEY; SHAYER; YATES, 1995) ou a filosofia para crianças (LIPMAN, 2003), mas não parecem estar incorporadas ao currículo nem sustentar a abordagem de ensino e aprendizagem.

O desenvolvimento do currículo centralizado na Inglaterra não resultou no aumento da proeminência do desenvolvimento das habilidades transferíveis, como aquelas relacionadas ao pensamento. Quando o currículo nacional apareceu pela primeira vez, em 1988, havia uma forte ênfase na aquisição de conhecimentos, embora diversas metas de desempenho ao longo do currículo se referissem a habilidades processuais e à aplicação dos conhecimentos. Naquela época, a aplicação da aprendizagem muitas vezes era concebida como uma área separada de estudo, com algumas escolas apresentando sessões semanais de investigações para ajudar as crianças a aprender a aplicar os fatos.

Muitos argumentam que o conteúdo dos testes do currículo nacional tem exercido um efeito desproporcional sobre como o tempo de ensino é usado e, por sua vez, criou a preocupação entre os professores em relação à quantidade de tempo que pode ser alocada ao ensino das habilidades de pensamento (JONES, 2008). Será que uma abordagem dominada por uma preparação para testes dará subsídios às crianças do século XXI para o futuro que vem pela frente? Claxton (2008) recomenda um foco diferente para nossas escolas. Ele usa o termo "aprendizagem epistêmica", defendendo que as escolas se concentrem nas formas de desenvolver pensadores críticos; uma aprendizagem focando no aprender, pensar e saber.

CRIANDO O AMBIENTE DE APRENDIZAGEM

O que é aprendizagem? O dicionário Merriam Webster (c2015) define aprendizagem da seguinte maneira:

- obter conhecimentos ou habilidades por meio de estudar, praticar, ser ensinado ou experimentar algo; fixar (algo) na memória por meio do estudo;

- ouvir ou ser informado de (algo);
- descobrir (algo);
- tornar-se capaz de entender (algo) pela experiência.

Então, qual a diferença entre uma simples aprendizagem e uma aprendizagem duradoura e eficaz? Clarke (2008) afirma que as crianças precisam de um ambiente estimulante e das habilidades para desenvolver e controlar sua própria aprendizagem. O ambiente deve fornecer estruturas e andaimes[1] para que todas as crianças possam adquirir as habilidades de "aprender a aprender" (WALLACE, 2001). Se aceitarmos que a inteligência não é fixa (FEUERSTEIN et al., 1980) e a capacidade de aprendizagem das crianças pode ser melhorada por meio de intervenções adequadas dentro de um ambiente capacitador, então é importante entender bem esses recursos.

"Todas as crianças nascem com dom para a aprendizagem, com curiosidade natural e impulso para descobrir as coisas por si mesmas [...]" (WALLACE, 2001, p. 1). Se isso é verdade, então nossa tarefa é recriar esse sentimento de curiosidade em toda e qualquer aprendizagem. Na discussão a seguir, observamos fatores que podem ser considerados os principais ingredientes para a criação de um ambiente que celebra e desenvolve alunos ativos.

Posicionamento das crianças no centro das decisões sobre sua própria aprendizagem

Pardoe (2009) recomenda que o professor discuta com as crianças a aprendizagem e o ambiente de aprendizagem que a turma deseja, a fim de estabelecer uma estrutura para desenvolver isso. As crianças também são convidadas a decidir sobre o que iria desenvolver ou limitar o seu envolvimento com o processo de aprendizagem e também sobre quais são as suas expectativas em relação ao professor. Essas ideias são registradas e esmiuçadas para que as crianças consigam criar o seu ambiente de aprendizagem e se tornar responsáveis pelo seu sucesso. A aprendizagem ativa torna-se realidade quando as crianças se envolvem no planejamento e na avaliação de sua aprendizagem. Se as crianças envolvem-se ativamente em fazer sugestões sobre o que devem estudar, com base em seus interesses tanto no mundo real quanto no imaginário, é mais provável que se sintam motivadas e mostrem dedicação. O ideal é que isso aconteça em todas as áreas do currículo e que, por fim, resulte em um currículo mais rico. O Currículo para a Excelência, implementado na Escócia em 2007, defende essa abordagem. Seus criadores sustentam que, por meio da aprendizagem ativa, as crianças desenvolvam-se como alunos bem-sucedidos, indivíduos confiantes, cidadãos responsáveis e colaboradores eficazes.

---

1 Ver N. de R.T. na página 5.

Aprendizagem modelada e entusiasmo compartilhado

O professor que demonstra grande interesse e entusiasmo por um tópico geralmente vai impregnar as crianças com esse entusiasmo (DAY, 2004). O professor apaixonado tenta incutir um amor pela aprendizagem, bem como entusiasmo pelo conteúdo. Ele demonstra atenção e ilustra como está aprendendo também, se não necessariamente sobre o conteúdo, sobre as crianças e as suas respostas à aprendizagem (HATTIE, 2012). Tudo o que você faz em sala de aula e os modos como você reage às situações serão observados e registrados pelas crianças (WRIGHT, 2006). É óbvio que um professor não consegue se entusiasmar por todo o conteúdo – chegaria exausto ao fim da semana –, mas a introdução de "especialistas" da comunidade que possam compartilhar as coisas pelas quais têm entusiasmo e pedir às crianças que façam o mesmo irá gerar interesse e motivação dentro da turma. A visita de um "especialista" tem a vantagem adicional de dar às crianças uma percepção mais profunda sobre a vida real e também ajuda a aprimorar e a concentrar seus questionamentos. Em geral, organizações de serviço público são muito solícitas para trabalhar com as escolas em uma gama de diversos temas, desde a polícia até o pessoal de ambulâncias. Da mesma forma, muitas empresas com frequência são voluntárias para estar envolvidas com as escolas; aproveite as oportunidades para aprimorar o currículo e dar vida à aprendizagem. As crianças são muito mais propensas a aprender se tiverem dedicação e motivação. Isso acontece quando a aprendizagem é contextualizada (WRIGHT, 2006). Na ausência de um verdadeiro especialista, talvez seja produtivo adotar a abordagem defendida por Heathcote e Bolton (1996), em que a turma se transforma em um grupo imaginário de especialistas. As tarefas planejadas permitem que as crianças desenvolvam sua aprendizagem, supondo o mesmo tipo de desafios e responsabilidades que os especialistas enfrentam.

Espaço físico

A distribuição do ambiente físico da sala de aula pode desempenhar um papel de relevância, facilitando a aprendizagem eficaz e aprimorando o ambiente de aprendizagem (DRYDEN; VOS, 2005). O projeto da sala de aula pode afetar significativamente a dedicação e a aprendizagem (HASTINGS; WOOD, 2002). A sala de aula deve ser organizada com o objetivo de refletir os diversos interesses e anseios das crianças e, é claro, ser um ambiente concebido para as crianças específicas daquela sala. Assim, deve levar em conta condições e estilos de aprendizagem preferenciais e ser tão estimulante quanto possível. Áreas de exibição, tanto em duas quanto em três dimensões, que celebrem o desempenho e reflitam o etos da aprendizagem nas salas de aula, podem melhorar a aprendizagem subliminarmente e promover a dedicação por meio de conteúdos e cores (GARNETT, 2005).

O sistema Reggio Emilia coloca grande ênfase no ambiente da sala de aula porque o considera "outro professor", no sentido de que pode motivar e desenvolver a curiosidade e a aprendizagem (KINNEY; WHARTON, 2008). Alguns professores destinam áreas diferentes da sala de aula a diferentes tipos de atividade. Assim, existem áreas para estudo em silêncio, debate e trabalho colaborativo, atividades práticas, áreas de computador, etc., bem como áreas para armazenamento, para facilitar o acesso às crianças e, assim, desenvolver a independência e evitar filas.

Mobília e uso do espaço

O projeto (*design*) da sala de aula funciona como afirmação do que os professores valorizam, e a organização do espaço deve permitir que a aprendizagem almejada aconteça. O professor pode ser criativo em relação ao espaço físico, mesmo se a sala de aula for antiga, construída na época em que pouca consideração ou reconhecimento se dava ao potencial impacto que o ambiente de aprendizagem tem na motivação e no desenvolvimento da aprendizagem. O espaço físico deve refletir o professor como aprendiz, bem como considerar a aprendizagem das crianças. É sempre útil refletir sobre sua própria experiência com áreas de espaço que lhe motivaram, mas também lhe fizeram sentir confiante e seguro, e tentar reproduzir alguns desses fatores em sua sala de aula. Também dê um toque pessoal com as cores, os objetos ou as plantas que você incluir. Comece com uma análise da planta baixa, da mobília e sua distribuição, as áreas de armazenagem e os quadros de exibição. Criar um ambiente empoderador requer tempo, estudo e experimentação (CULLINGFORD, 1995).

Deve-se estudar como a mobília da sala está organizada para permitir diferentes atividades e estilos de ensino e aprendizagem. Todas as salas de aula parecem conter mesas, mas algumas hoje também contêm almofadas e sofás macios, dando às crianças escolha de onde e como querem se sentar. Esses arranjos diferentes são cruciais no sentido de permitir diferentes formas de aprendizagem e também retransmitir mensagens essenciais sobre o etos da sala de aula (DUDEK, 2005). A consciência das crianças sobre o propósito e a aprendizagem obtidos de diferentes atividades pode se acentuar quando elas reconhecem que podem necessitar de diferentes arranjos espaciais na sala de aula (HASTINGS; WOOD, 2002). Ao longo do dia, haverá ocasiões em que as crianças vão aprender de modo individual, em grupos e com a turma inteira. Em outras ocasiões, bastante espaço é necessário para apresentações e atividades em grandes grupos e espaços que permitam que as crianças circulem pela sala. Organize a sala de aula para que essas configurações diferentes da mobília possam ser alteradas sem problemas. Certifique-se de que a área de armazenagem seja acessível, com rótulos claros e, por ser uma área possivelmente congestionada, esteja afastada do espaço das atividades de aprendizagem. O elemento importante em relação ao espaço de sala de aula é que nem tudo é predeterminado, mas há flexibilidade dentro de unidades de tempo para reorganizar o ambiente com o intuito de se adaptar à aprendizagem e permitir a criatividade (DUDEK, 2005). Essa frequente reorganização do espaço físico será uma novidade para as crianças que, por si só, deve tornar a sala de aula um lugar mais empolgante (GARNETT, 2005).

Cor

Cores diferentes podem ter um significativo impacto psicológico e fisiológico sobre a aprendizagem. A cor é usada de maneira eficaz com mapas mentais para auxiliar a memória e a recordação (SMITH; LOVATT; WISE, 2003) e cores diferentes se associam a ambientes calmos ou estimulantes (GARNETT, 2005).

Temperatura, iluminação e níveis de ruído

Estudos sugerem que quando as condições ideais para a aprendizagem das crianças são atendidas, então elas tendem a ser mais dedicadas e bem-sucedidas (JENSEN, 2000). Para facilitar isso, alguns fatores precisam ser levados em conta: temperatura, iluminação e nível de ruído. Tente variar as áreas de iluminação na sala de aula – luz natural, luz artificial e meia-luz – e permita que as crianças se acomodem onde se sintam mais confortáveis. Muitas vezes, as crianças que estão agitadas se acalmam e se concentram melhor quando se diminui a iluminação (KELLY, 2005). A temperatura também afetará a disposição das crianças para aprender. Sabemos, por experiência própria, que é mais difícil nos concentrarmos quando sentimos muito calor ou frio. Incentive as crianças a considerar suas roupas e sua posição na sala para ajudar nesse detalhe (MASLOW apud WRIGHT, 2006).

Algumas crianças preferem trabalhar em silêncio quando trabalham individualmente, e outras, com algum ruído ao fundo. Acredita-se que a música possa ser usada positivamente para promover a aprendizagem e desenvolver um ambiente propício à concentração (CAMPBELL, 1983). Crie estações com fones de ouvido para lidar com isso. As crianças que interagem nesse tipo de ambiente logo aprendem a apreciar que alunos diferentes têm necessidades diferentes e desenvolvem o respeito pelos outros.

Aprendizagem ativa em todo o currículo

Algumas matérias no currículo dos anos iniciais do ensino fundamental, por exemplo, ciências e o elemento investigativo da matemática, têm uma tradição mais forte de associação com uma abordagem de indagação. A maior parte do debate atual sobre o currículo centrou-se na inútil polarização entre conteúdo *versus* processo. Muitos educadores se preocupam que o currículo corre o perigo de se tornar dirigido ao conteúdo e, assim, não preparar nossos filhos a serem cidadãos confiantes e bem equipados para o século XXI. Portanto, a busca consiste em combinar harmonicamente o desenvolvimento das habilidades de pensamento e a aquisição de conhecimentos (JOYCE; CALHOUN; HOPKINS, 2009).

Três questões particularmente relevantes para esse tópico são retiradas da revisão de Cambridge, de 2006:

- Que espécies de experiências curriculares estarão mais bem adaptadas a satisfazer as diferentes necessidades das crianças durante as próximas décadas?
- Será que noções como "currículo básico" e "currículo principal" continuarão a ter validade e, caso positivo, quais matérias básicas e principais constituirão a fase inicial do ensino fundamental no século XXI?
- O que constitui um currículo significativo, equilibrado e relevante para os anos iniciais do ensino fundamental?

Essa revisão discutiu o Currículo Nacional, que é estatutário, e as Estratégias Nacionais para os Anos Iniciais do Ensino Fundamental, que eram não estatutárias, mas obrigatórias, e passaram a dominar o currículo após um tempo (MACGILCHRIST; BUTTRESS, 2005). Considerava-se que a aplicação e a indagação permeavam as estratégias nacionais. Nenhuma referência explícita sobre uma abordagem de indagação era feita nos documentos das Estratégias, nem sobre o treinamento que as introduzia, e a ênfase nesse elemento de experiência das matérias foi, em grande medida, perdida durante os anos iniciais de implementação. O sucesso da diretriz investigativa do currículo nacional havia sido erodido com a introdução das estratégias e o ensino de ciências nos anos iniciais sofreu um grande revés. A matéria de ciências deveria apresentar às crianças a oportunidade de explorar, indagar, investigar e raciocinar; no entanto, a introdução e as exigências dos testes de avaliação padrão (SAT, do inglês *Standard Assessment Test*) significavam que o conteúdo tornou-se mais relevante e mais valorizado do que a indagação e a compreensão científicas. O ensino e a aprendizagem de ciências deveriam proporcionar às crianças a oportunidade de trabalhar com seus colegas para investigar tópicos altamente relevantes para suas vidas, como sustentabilidade e saúde, para citar apenas dois tópicos globais.

Papert (1993) sugere que, em vez de ensinar às crianças algo sobre matemática, devemos ensiná-las a se comportar como matemáticos. Em todas as matérias, se as crianças são incentivadas a pensar como especialistas, elas desenvolvem um interesse na indagação e, assim, suas habilidades de fazer questionamentos. Claxton (2008) cita um intercâmbio entre uma professora e seus alunos em que ela os pede para pensar nas perguntas que uma cientista faria ao observar o comportamento dos ímãs. Dessa forma, ela estava desenvolvendo as habilidades de questionamento das crianças em um alto nível.

A ideia de se enfronhar no assunto ao se comportar como especialista pode funcionar em todo o currículo. As crianças podem se tornar escritores, geógrafos, *designers*, artistas e músicos. História e línguas são inerentemente temas de indagação; muitos debates e investigações podem resultar do estudo da literatura e dos períodos históricos. Por exemplo, a obra *Teaching Thinking Skills with Fairy Tales and Fantasy* (Ensinando as habilidades de pensamento com contos de fadas e fantasia) contém ideias e atividades para o desenvolvimento das habilidades como pensamento dedutivo e raciocínio usando contos de fadas (POLETTE, 2005). Também considere quanta indagação histórica pode resultar de uma visita ao cemitério local ou mesmo de uma caminhada em torno de um vilarejo bem estabelecido.

Em geral, a palavra "investigar" não é associada ao estudo da arte, a qual, muitas vezes, é percebida como matéria estética que incentiva uma apreciação passiva em vez de dedicação investigativa. Poderia ser muito mais emocionante investigar as influências sobre os estilos dos artistas, o desenvolvimento dos movimentos de arte e os efeitos das experiências com cores e diferentes meios de comunicação, em vez de replicar uma pintura no estilo de um artista conhecido.

Todas as disciplinas podem ser abordadas por meio de uma indagação ativa, se a abordagem for valorizada, incentivada e facilitada pelo professor. É importante que as crianças se dediquem ao processo de aprendizagem e reconheçam que os conteúdos podem ser os veículos para a exploração e não apenas fatos a serem absorvidos (HART et al., 2004). O foco deveria estar no estilo de aprendizagem, em vez de na matéria (CULLINGFORD, 1995).

Tradicionalmente, as matérias principais (*core subjects*, ou seja, em inglês, ciências e matemática) são ensinadas pela manhã. É importante reconhecer a mensagem intencional que está sendo transmitida às crianças sobre o valor atribuído a matérias específicas pelo lugar que você lhes dá ao longo do dia. As crianças devem estar cientes de que o currículo não é apenas uma série de fatos a serem aprendidos e desempenhos a serem medidos em conformidade com o que elas percebem que o professor quer. Queremos que as crianças sejam abertamente incentivadas a compartilhar sua curiosidade e seu amor inatos pela aprendizagem (MACGILCHRIST; BUTTRESS, 2005).

Auxílio à indagação colaborativa

O objetivo de todo o ensino deve ser desenvolver uma abordagem de indagação independente à aprendizagem que munirá as crianças com as duradouras habilidades da resiliência e do pensamento crítico (JOYCE; CALHOUN; HOPKINS, 2009). O objetivo final deve ser criar alunos autônomos, ou seja, crianças com a mente aberta, capazes de pensar por si mesmas e relacionar esse pensamento com as suas experiências (KELLY, 2005). Para isso, o professor precisará decidir, desenvolver e facilitar a cultura da sala de aula que mais bem desenvolva a aprendizagem de seus alunos. O ambiente de sala de aula influencia a autoestima, o desempenho e a participação das crianças, por isso é essencial entendê-lo direito. Isso pode ser negociado de modo que a ideia de aprender a aprender esteja no centro do currículo, e as crianças estejam ativamente envolvidas em sua própria aprendizagem.

Um modelo projetado para alcançar esse objetivo é a criação de uma sala de aula construtivista, que gere oportunidades de aprendizagem para as crianças adquirirem os conhecimentos e as habilidades de pensamento. As crianças podem ser agrupadas para buscar a aprendizagem colaborativa por meio de indagação e, assim, podem aprender ativamente e propiciar andaimes umas às outras. A compreensão resultante é maior do que a obtida por uma criança individualmente (KELLY, 2005). O trabalho colaborativo bem-sucedido também resulta em respeito mútuo e no desenvolvimento do crescimento pessoal e social (JOYCE; CALHOUN; HOPKINS, 2009). Além disso, quando as crianças colaboram para atingir um objetivo, elas começam a desenvolver a cooperação e um apreço pelos pontos fortes de cada colega. Em última análise, isso leva a um maior interesse na recompensa intrínseca, em vez de na recompensa extrínseca da aprendizagem. Elas começam a apreciar a oportunidade de aprender por si só, e essa qualidade vai equipá-los para a vida toda (SHARAN, 1990).

O professor precisa planejar oportunidades para indagação colaborativa – enquanto envolve ativamente as crianças no planejamento – que sejam adequadas às capacidades das crianças (DRYDEN; VOS, 2005). Para maximizar a aprendizagem, as oportunidades devem ser planejadas para usar o ambiente local e ampliado em que as crianças vivem. Dessa forma, será fácil de identificar quais são as características e os fatores ausentes de suas vidas. Logo, as visitas podem ser organizadas para tratar desses fatores, de modo que as experiências das crianças possam ser mais ricas, proporcionando-lhes um currículo mais equilibrado (DAVIES, 2006).

Uma sala de aula construtivista não significa que toda a aprendizagem seja buscada em grupos. É absolutamente crucial que sejam levados em conta os interesses e as diferenças individuais e que todos os indivíduos recebam a oportunidade de gerar suas próprias indagações. Permitir que a criança faça escolhas ativamente sobre sua aprendizagem e questione e debata ao longo das atividades de aprendizagem confirma o interesse e a expectativa que o professor devota a cada criança (MUIJS; REYNOLDS, 2011). Esse é um grande fator motivador para as crianças e ajuda a desenvolver maior autoestima, que é vital para a aprendizagem (JOYCE; CALHOUN; HOPKINS, 2009).

Relação professor-criança

Existem vários modelos de aprendizagem em operação nas escolas de hoje, mas é importante perceber que é a relação entre a criança e o professor que sustenta o sucesso da aprendizagem (JOYCE; CALHOUN; HOPKINS, 2009). Conhecer de verdade uma criança permite ao professor lidar com sensibilidade e propriedade diante de qualquer incidente que aconteça (HART et al., 2004). Isso significa conhecer os interesses, a cultura, as raízes, os estilos de aprendizagem preferidos para diversos elementos do currículo, bem como o desempenho das crianças nas diferentes fases. O apoio de um professor atencioso e capaz é de suma importância (DRYDEN; VOS, 2005). O humor é uma parte essencial do *kit* de ferramentas do professor; esse recurso desenvolve uma relação mais pessoal com a criança e pode afastar potenciais sentimentos negativos. E ajuda a aumentar a segurança da criança

(MACGILCHRIST; BUTTRESS, 2005). A confiança se estabelece quando as crianças acreditam no interesse dos professores e que eles estão aprendendo juntos.

Ao longo dos últimos 20 anos, desenvolveram-se amplos estudos sobre a função cerebral, e, com base nisso, os educadores sabem que cada criança tem um "[...] perfil psicológico e de aprendizagem único" (GARNETT, 2005, p. 41). Por conseguinte, abordagens multissensoriais para a aprendizagem têm sido defendidas, de modo que os professores consigam ativamente reconhecer, apoiar e celebrar as diferenças entre as crianças (WRIGHT, 2006). Cabe ao professor incentivar as crianças, abordando e apresentando a aprendizagem de modo a capacitá-las, bem como a garantir que os recursos físicos e a disponibilidade de espaço facilitem esses objetivos. Em essência, a tecnologia faz parte da cultura da sociedade e deve ser usada para apoiar a aprendizagem por meio de integrá-la à indagação (JOYCE; CALHOUN; HOPKINS, 2009). O professor irá desempenhar um papel fundamental de ensinar as crianças a usar toda essa tecnologia penetrante com sabedoria. As crianças devem ser ajudadas a reconhecer e compreender o viés potencial e as implicações morais trazidas pela tecnologia (SMITH; LOVATT; WISE, 2003).

Linguagem e debate

"Os alunos que participaram ativamente na aprendizagem por meio de debates, ensinos interativos, pesquisas ou experimentos independentes, mostraram-se mais propensos a transferir seus conhecimentos para outras situações." (MUIJS; REYNOLDS, 2011, p. 160).

Uma linguagem limitada é uma barreira à aprendizagem (CULLINGFORD, 1995). A linguagem e o pensamento são interligados (ALEXANDER, 2006); no entanto, a comunicação é mais difícil se uma criança não tem a necessária "linguagem da escola", portanto, o pensamento pode ser subentendido ou ridicularizado. Talvez uma criança não esteja familiarizada com a terminologia da escola e não tenha a prática, a exposição ou a interação necessárias com a linguagem no ambiente doméstico. Isso precisa ser levado em consideração no desenvolvimento das atividades discursivas. O debate tem a ver com aprender a ampliar as ideias e sustentar o pensamento, portanto, é essencial no desenvolvimento das habilidades de pensamento. Tem a ver com compartilhar ideias e respeitar os outros. Todas as crianças irão se beneficiar da oportunidade de estarem envolvidas no diálogo e no debate: falar, ouvir e responder; gerar aprendizagem ativa ao estilo construtivista e chegar ao consenso quando necessário por meio da negociação (LUXFORD; SMART, 2009). Essas habilidades precisam ser aprendidas; ao professor não basta incentivar o debate ou diálogo sem criar certas regras de envolvimento e modelagem. A interação precisa de uma estrutura que permita conversas ampliadas e boas habilidades de escuta para o professor e a criança, dando, assim, uma voz à criança (BEST; THOMAS, 2007). É importante considerar quais perguntas utilizar para desenvolver a conversação sustentada, porque, se não forem escolhidas com cuidado, elas podem encerrar uma conversa, em vez de ampliá-la (CULLINGFORD, 1995). Se as perguntas são propostas primordialmente pelo professor, elas podem se tornar associadas com respostas específicas, e a criança é inibida. As perguntas precisam ser autênticas e úteis, não um jogo de adivinhação sobre o que está na cabeça do professor (DAWES, 2011), caso contrário, as conversações serão breves e fechadas. O papel do professor é crucial (ALEXANDER, 2006), e grande parte disso pode ser ensinada por meio de modelagem e reflexão sobre a quantidade de incentivo que você está dando às crianças para que elas façam suas próprias perguntas. Responder a respostas erradas ou pontos negativos de forma a abrir a discussão é uma estratégia útil. "Os erros precisam ser bem-vindos" (HATTIE, 2012, p. 124; ver Cap. 4).

Grupos eficazes

Há muitas vantagens em dividir as crianças em grupos, tanto pragmáticas quanto filosóficas; no entanto, apesar da extensa literatura que existe sobre os benefícios do trabalho em grupo, por exemplo, Wallace et al. (2004) e Wegerif (2003), ainda não é prática comum distribuir as crianças em grupos para desenvolver a colaboração, mas sim para neutralizar as restrições da organização da sala de aula e a limitação dos materiais, para propiciar o bom comportamento ou para facilitar o ensino diferenciado (BLATCHFORD; BAINES, 2002).

Os defensores do trabalho em grupo têm argumentado que, como membros de um grupo do qual se exigem o debate e o compartilhamento de ideias a fim de resolver um problema, as crianças são expostas a diferentes pontos de vista, inclusive alguns que talvez elas não tenham percebido em outras situações. Da mesma forma, na medida em que elas têm de explicar sua abordagem e seu raciocínio, isso não só esclarece sua própria forma de pensar e desenvolve a metacognição, como também ajuda o desenvolvimento do conceito por todos os membros do grupo (HATTIE, 2012). Além disso, uma abordagem colaborativa usada em todo o currículo seria transferir a posse e o controle da aprendizagem às próprias crianças, à medida que fossem compartilhando a responsabilidade pela aprendizagem desenvolvida. Essa abordagem poderia ter um impacto importante na aprendizagem das crianças, aprimorando e aumentando a motivação e o envolvimento das crianças (BLATCHFORD; BAINES, 2002).

Ogden (2000) investigou as condições em que a colaboração e a cooperação podem ser desenvolvidas e a importância da idade e do contexto no desenvolvimento dessas habilidades. Ela acredita que a capacidade infantil de interagir, compartilhar ideias e contribuir de forma cooperativa e colaborativa depende de vários fatores. As descobertas dos estudos naturalísticos a informam que o contexto no qual as crianças interagem exerce grande influência em seu grau de colaboração e cooperação. Pesquisas anteriores sugerem que as crianças não têm a capacidade de apreciar que os outros podem ter diferentes convicções ou abordagens de raciocínio até terem atingido a idade de 6 ou 7 anos. Entretanto, a familiaridade do ambiente doméstico e as personalidades desse cenário resultam em uma capacidade de cooperar que não é percebida no ambiente escolar da educação infantil. Essa pesquisa sugere que, se os professores criarem as oportunidades no âmbito de um ambiente de apoio que incentive a interação, isso conduzirá ao desenvolvimento da cooperação e da colaboração. Cohen (1994) recomenda que as atividades de construção de equipes sejam implementadas em sala de aula antes que ocorra o trabalho cooperativo e colaborativo, para que as crianças possam começar a desenvolver as habilidades sociais necessárias. Ele também afirma que, para o grupo de trabalho ser bem-sucedido, as crianças devem primeiro ser ensinadas a ouvir, a responder a uma ideia e a apresentar ideias sem agredir ou dominar.

Se as crianças forem organizadas em grupos em que se espera a colaboração, elas podem compartilhar recursos, fornecer andaimes à aprendizagem dos colegas por meio do debate e aprender a cooperar. O arranjo das classes deve apoiar a colaboração, por isso, o espaço precisa ser organizado para que as crianças consigam facilmente fazer contato visual com a outra e para que cada criança esteja posicionada de modo a conseguir escutar e debater facilmente com os outros membros do grupo (HASTINGS; WOOD, 2002). Se as crianças são colocadas em grupos, as tarefas e a composição do grupo precisam ser avaliadas com cuidado. Em geral, considera-se que diferentes composições, como grupos por desempenho, por gênero ou por amizade, todas têm um lugar conforme a tarefa, desde que a tarefa seja do tipo que se presta à colaboração, em que cada membro do grupo tenha um papel tanto individual quanto coletivo (CULLINGFORD, 1995). Pode ser uma boa ideia começar com pequenos grupos de duas ou três crianças se as crianças não estiverem acostumadas com o debate, a cooperação ou a colaboração (JOYCE; CALHOUN; HOPKINS, 2009). Um grupo de quatro geralmente funciona bem – grupos maiores tendem a ser incontroláveis, e talvez certas crianças se sintam excluídas. É essencial, porém, que a composição dos grupos mude constantemente de acordo com as tarefas, os interesses e os pontos fortes dos indivíduos, pois isso permitirá às crianças aprender ao lado de colegas diferentes com diferentes talentos e temperamentos.

Desenvolvimento de um ambiente solidário

Sentir-se confiante é um pré-requisito importante para o envolvimento (HART et al., 2004). As crianças precisam sentir-se seguras (CULLINGFORD apud WEBB, 2006). Todas as crianças precisam se sentir membros valorizados na turma. Se o etos da sala de aula é tal que cada criança é incentivada a desenvolver a autoconfiança e que sua contribuição à aprendizagem e ao planejamento é valorizada, então se desenvolve um propósito comum de aprendizagem (JOYCE; CALHOUN; HOPKINS, 2009). Os pensamentos e as ideias das crianças precisam ser escutados e respeitados, de modo que a criança seja entendida por outras crianças e pelo professor. Os grupos de amizade podem mudar com frequência em toda escola, e as crianças que se sentem excluídas a qualquer momento podem se sentir tristes e inseguras. Em última análise, isso influencia a sua aprendizagem.

Um modelo de aprendizagem ativa que é apresentado em *Learning without Limits* (HART et al., 2004) descreve como o professor permite que as crianças se autodiferenciem escolhendo a tarefa ou o nível de tarefa com o qual se sentem confortáveis. Isso é essencial para que as crianças se sintam confiantes em relação a sua tarefa, mas obviamente precisa ser monitorado, de modo que as crianças sejam encorajadas a se desafiarem em um ambiente seguro.

A segurança emocional de cada criança é primordial para que elas participem como membro da equipe e recebam oportunidades de assumir o controle de sua própria aprendizagem. Um ambiente de apoio deve abraçar as atividades sociais, emocionais e intelectuais da aprendizagem, reconhecendo que as crianças às vezes relutam a assumir riscos em sua aprendizagem. Quem elas pensam que são e como elas são percebidas pelos seus colegas podem influenciar significativamente em quanta contribuição as crianças estão preparadas para fazer (KELLY, 2005). Se elas acreditarem que suas contribuições são valorizadas e importantes, elas se sentem seguras para verbalizá-las (ROSENTHAL; JACOBSON, 1968).

Em geral, crianças com autoestima elevada são seguras. Se as crianças acreditam que "não são boas" em algo, em geral não gostam daquilo. Contudo, se acreditam que têm algo a contribuir para o estudo de um assunto, o inverso é verdadeiro (WRIGHT, 2006). Usar perguntas fechadas para as quais existe uma resposta certa ou errada pode expor uma criança à insegurança; no entanto, se a reação do professor for positiva, apesar de a resposta estar errada, então a experiência talvez seja benéfica. Perguntas abertas impõem menos medo e sempre podem ser respondidas em referência a outra pessoa ou pessoas. Uma sala de aula onde sentir-se perplexo é aceitável transmite uma sensação de segurança; muitas vezes, esse fenômeno pode conduzir a interessantes diálogos ou áreas de investigação (HATTIE, 2012). Por fim, são os valores que o professor modela e projeta que dirigem o etos da sala de aula e criam um ambiente seguro (CRICK, 2006). Ouvir o professor falando que todos têm algo valioso a contribuir é um poderoso motivador (HART et al., 2004). Damasio (1999) confirmou a convicção de que existe um vínculo direto entre atitude e motivação. Sua pesquisa neurobiológica revelou o íntimo vínculo entre emoção e cognição, realçando, assim, que a autoestima exerce um grande impacto na capacidade e no desejo de aprender. A autoestima precisa de um ambiente seguro para se desenvolver.

ESTUDO DE CASO

Este estudo de caso analisa uma escola que acredita fortemente na aprendizagem personalizada e na representação da aprendizagem como uma aventura empolgante. A abordagem, o conteúdo e a experiência recebidos pelas crianças buscam torná-las dispostas a correr riscos com independência e aspirações.

A escola do 3º ao 6º ano situa-se em uma área semirrural, predominantemente branca e bastante rica. O foco do plano de desenvolvimento escolar é aumentar o envolvimento das crianças com as outras comunidades e transformá-las em alunos colaborativos. Uma das professoras foi nomeada líder de coesão comunitária e, nesse cargo, se esforça para garantir que as crianças experimentem situações que sua comunidade local talvez não seja capaz de fornecer, bem como se envolvam o máximo possível com diferentes elementos da comunidade local. Em outras palavras, a escola está interessada em preencher as lacunas na experiência das crianças, tornando-as mais bem preparadas para a vida no século XXI. Um exemplo disso foi convidar membros negros e asiáticos da polícia para executar uma série de oficinas com as crianças para graduar e influenciar positivamente a sua compreensão e empatia em relação a grupos multiétnicos. Essas oficinas foram seguidas por uma visita a uma mesquita, a um templo *sikh*, uma escola islâmica e um centro da comunidade asiática.

A escola também se envolvia em um projeto com um lar para a terceira idade local. As crianças consultaram as pessoas idosas sobre uma instalação de arte feita por seus artistas dotados e talentosos, além de plantarem cápsulas do tempo para as duas gerações. Existem planos para se envolver com comunidades internacionais, no intuito de desenvolver o respeito às diferenças entre os povos e suas culturas.

A escola tem investido em atividades que levam em conta os aspectos socioemocionais da aprendizagem que se concentram em as crianças questionarem a si e às outras e também no desenvolvimento do raciocínio e do pensamento, na convicção de que essa abordagem irá desenvolver indivíduos solidários e analíticos. A escola também usa o programa dos "Seis chapéus do pensamento", criado por de Bono (DE BONO, 2000), para facilitar o debate eficaz por meio da criatividade e da colaboração.

Os professores sentem-se apoiados por meio de observação constante. A observação dos colegas não acontece automaticamente, mas seria bem-vinda se solicitada. Há uma estreita relação entre os professores, e as crianças enxergam e apreciam a interação e o humor que a permeia. Reuniões de pessoal tendem a se concentrar no desenvolvimento de aprendizagem e consistem em compartilhar ideias e informações. Por exemplo, com base em informações das autoridades locais sobre o desenvolvimento do questionamento em matemática, a equipe docente pediu que suas avaliações de professores monitorassem a frequência do ensino didático em oposição ao ensino por meio do questionamento. Depois, os resultados foram debatidos, e, por meio da colaboração, foram realizadas melhorias no questionamento.

A escola quer criar um ambiente de confiança. A palavra confiança é usada e aparece com frequência na aprendizagem. As crianças são ensinadas ativamente a não abusar da confiança e que a boa aprendizagem requer confiança.

O espaço de sala de aula claramente espelha a abordagem da escola em relação à aprendizagem. As salas de aula são criadas com diferentes mobílias para trabalhos em grupo ou individuais independentes, além de fornecer áreas confortáveis e diferentes arranjos de mesas. Os níveis de iluminação, ruído e temperatura são monitorados e escolhidos. Exposições incentivam uma jornada de aprendizado, e a compreensão individual das crianças é provocada no início de um tópico para que sua aprendizagem seja focada e relevante. A escola acredita que a atitude das crianças em relação à aprendizagem é auxiliada por seu reconhecimento óbvio dos diferentes estilos de aprendizagem e o fato de que cada criança seja permitida a desenvolver sua individualidade. As crianças são incentivadas a aprender com pessoas diferentes, embora inicialmente isso possa ser direcionado. Durante a primeira semana do ano escolar, as crianças são incentivadas a pensar nas características de um bom aluno e como, durante as experiências específicas de aprendizagem, as crianças podem encontrar indivíduos que possam ser classificados como "aceleradores" ou "bloqueadores". Um "acelerador" é alguém que capacita a criança a aprender. O termo é usado para descrever uma criança focada na tarefa e preparada para trabalhar de forma colaborativa. Um "bloqueador" impede a aprendizagem por atrapalhar ou não conseguir se concentrar na tarefa, impedindo a concentração dos colegas. As crianças são convidadas a fazer escolhas sensatas sobre com quem elas trabalham e onde se sentam. Nessas circunstâncias, elas podem se afastar dos "bloqueadores". As crianças debatem o que precisam fazer para ser um aluno bem-sucedido, usando um modelo e o guia fornecido por uma oficina sobre aprendizagem bem-sucedida pela consultora Diana Pardoe (PARDOE, 2009). A "roda pirata" (abordagem cíclica em etapas para resolução de problemas) é usada para orientar as diferentes etapas de resolução de problemas e conclui com uma reflexão sobre o processo e a atividade.

O vocabulário para a aprendizagem bem-sucedida é compartilhado por toda a escola. É exibido nas salas de aula e promovido verbal e visualmente na assembleia de celebração, em que o sucesso não é vinculado com a habilidade. As crianças e os professores são incentivados a cultivar altas expectativas em relação a si e aos outros. As correções são produtivas e positivas. São focadas em seguir em frente e preencher a lacuna, como são todas as interações sobre aprendizagem. A abordagem desta escola foi construída com a convicção de promover o desenvolvimento de crianças independentes e confiantes, que estarão equipadas com a resiliência necessária para enfrentar o futuro incerto do século XXI.

Reflexão sobre o estudo de caso

- O que esta escola está fazendo para desenvolver uma cultura de indagação?
- Quais aspectos você sente que têm maior probabilidade de serem eficazes?
- O que você sente que está faltando?
- Como isso se compara às experiências de sua escola?
- Descreva e discuta o leiaute da sala de aula das escolas em sua experiência.
- O leiaute é importante?
- Exposições na sala de aula podem incentivar a aprendizagem independente? Como?

PRÁTICA

Prática 1: Colocando as crianças no centro das decisões sobre sua aprendizagem

Atividade 1

Apresente uma área de estudo para as crianças e deixe-as mostrar sua base de conhecimento por meio de exercícios. Gere grupos de discussão para compartilhar conhecimentos e interesses e crie áreas de indagação. Assim você dá ouvido às crianças e uma voz na sua aprendizagem.

O fato de a aprendizagem seguir o interesse das crianças as torna mais motivadas e dedicadas?

Atividade 2

Inspecione o ambiente local e incentive as crianças a sugerir uma ideia para um projeto que irá melhorar as instalações ou as redondezas, por exemplo, a área comercial local. Crie grupos para pesquisar diferentes áreas, por exemplo, instalações de estacionamento, gama de lojas, demografia de clientes e instalações para pessoas com deficiência, e peça-lhes para sugerir melhorias.

A comunidade local mostra interesse no projeto?
É difícil organizar o projeto?

Atividade 3

Use o formato de pergunta, pesquisa e celebração, por exemplo, "O quanto a vida de uma criança no século XXI é diferente da de uma criança no século XIX?". Permita que os grupos escolham os temas para explorar com certa intervenção e orientação do professor.

Essa abordagem motiva todas as crianças?

Prática 2: O espaço físico

Atividade 1

Reorganize a mobília na sala de aula para fornecer áreas com diferentes tipos de iluminação e disposições das classes. Por meio da discussão, incentive as crianças a escolher adequadamente.

Isso requer um nível de maturidade das crianças que elas podem desenvolver por meio do debate, ou o professor precisa dar ordens?

Atividade 2

Aloque áreas de exibição específicas para as crianças e lhes dê tempo para criar.
As crianças desenvolvem um senso de responsabilidade e uma abordagem mais organizada?
Incentive exposições colaborativas que ilustrem a aprendizagem, bem como algumas para revelar interesses e *hobbies*.
As crianças mostram mais orgulho por seus trabalhos e desenvolvem mais responsabilidade para fazê-los?
Todas elas se tornam mais informadas sobre as crianças da turma?

Atividade 3

Altere a disposição da mobília na sala de aula com bastante frequência para permitir que aconteçam diferentes tipos de atividade.
As crianças ficam ansiosas para fazer as mudanças?
Isso exige muita organização e, por isso, é perturbador?
Isso torna a sala de aula um ambiente mais empolgante e empoderador?

Prática 3: Aprendizagem ativa em todo o currículo

Atividade 1

Crie oportunidades para as crianças trabalharem com artistas, escritores, engenheiros locais, etc.
As crianças aprendem a olhar as coisas de perspectivas diferentes?

Atividade 2

Crie a ideia de as crianças se tornarem "especialistas" e peça-lhes para abraçar a ideia em assuntos diferentes.
O nível de questionamento se torna mais profundo e mais focado?

Atividade 3

Incentive as crianças a se de dedicarem a indagações genuínas, como desenvolver um orçamento pesquisando tipos de culturas, solos e custos.
É possível alcançar a dedicação de todas as crianças se a indagação é escolhida por elas?

Atividade 4

Simule um achado arqueológico exibindo artefatos referentes a um período específico na história e incentive as crianças a investigar em equipes para descobrir o período e a relevância dos artefatos.

Quanta intervenção é necessária para facilitar a investigação e a aprendizagem resultantes?

Atividade 5

Apresente às crianças uma linguagem codificada desconhecida para decodificar e explorar uma "civilização perdida". Incentive-as a compará-la com uma antiga civilização conhecida.
A indagação se sustenta até que ponto?
É possível alocar grandes períodos de tempo para permitir investigações completas?

Prática 4: Linguagem e debate

Atividade 1

Use a dramatização para modelar como os debates ultrapassam a fase contraditória e desafiadora, na qual não há consenso sobre a decisão, para outra fase em que o acordo é alcançado.
Peça às crianças para avaliar o processo e sugira que elas criem regras de envolvimento em que cada criança tem a palavra e um acordo é alcançado por meio da colaboração.
Monitore a eficácia desse processo e decida se ele precisa ou não de modelagem constante.
Reorganizar os grupos ajuda a evitar a dominância por algumas crianças?

Atividade 2

Filme as crianças participando dos debates e analise o vídeo.
Isso faz as crianças refletirem sobre suas interações e ajustarem a sua participação?

Atividade 3

Crie o papel de observador em cada grupo de discussão para retroalimentar o sucesso do grupo ao possibilitar:

- a participação;
- a colaboração;
- o respeito; e
- o pensamento ampliado.

As crianças refletem sobre a informação e depois desenvolvem a qualidade do diálogo?

Atividade 4

Tente evitar o efeito de "pingue-pongue" de perguntas e respostas, incluindo outras crianças na elaboração das ideias.
As crianças apresentam um debate mais sustentado?

Prática 5: Desenvolvendo um ambiente solidário

Atividade 1

Transfira o controle sobre alguns conteúdos para as crianças. Permita que as crianças investiguem tópicos que lhes interessam.
As crianças estão mais comprometidas com a aprendizagem?
Essa abordagem desenvolve a autoestima?

Atividade 2

Compartilhe sua falta de conhecimento sobre um assunto específico e modele a criação de uma lista de coisas que você gostaria de descobrir. Incentive as crianças a fazer isso por si próprias, criando investigações autênticas.
As crianças estão mais preparadas e confiantes em dizer que não sabem ou estão travadas?

Atividade 3

Crie a tradição de as crianças perguntarem umas às outras para responderem a uma pergunta cuja resposta elas não têm certeza (ligue para um amigo).
Isso aumenta o envolvimento das crianças ou elas se sentem intimidadas?

Atividade 4

Concentre-se em elogiar a aprendizagem, em vez da habilidade.
As crianças reconhecem que o esforço e o processo são mais importantes que o resultado?

Atividade 5

Tente envolver plenamente os pais no desenvolvimento do pensamento de seus filhos, usando um livro de comentários para facilitar o debate sobre uma indagação com base no ambiente doméstico, por exemplo, como podemos medir a quantidade de água que a família usa na manhã de domingo?
Monitore a reação e o comprometimento dos pais.
Tente aumentar o envolvimento dos pais solicitando-lhes que sugiram tópicos para investigação.

RESUMO

Os professores necessitam preparar as crianças de hoje para um futuro muito diferente daquele dos pais delas. Para isso, as crianças precisam tornar-se pensadores independentes, empáticos e criativos. Essas qualidades podem ser desenvolvidas pela imersão das crianças em um ambiente que valoriza essas características. O ambiente precisa motivar e desafiar, além de engendrar sentimentos de segurança. Trabalhar em colaboração com o professor e outras crianças, dentro de uma expectativa de responsabilidade compartilhada para a aprendizagem, fornece um bom ponto de partida. Adicione a isso a expectativa e a concretização da confiança, da sensibilidade e da tolerância, e o professor tem boas chances de desenvolver cidadãos responsáveis para o século XXI.

LEITURAS COMPLEMENTARES

CLARKE, S. *Active learning through formative assessment*. London: Hodder Education, 2008.
O Capítulo 3, "The ideal learning culture" (A cultura de aprendizagem ideal) se concentra na obra de Carol Dweck e no desenvolvimento de uma mentalidade de crescimento.

COHEN, D. *How the child's mind develops*. Abingdon: Routledge, 2002.
Interessante, divertida e acessível, a obra resume muitas questões sobre desenvolvimento cognitivo.

DAWES, L. *Creating a speaking and listening classroom*. Abingdon: Routledge, 2011.
Apresenta muitas ideias práticas para desenvolver a conversação e a escuta em sala de aula.

POLETTE, N. *Teaching thinking skills with fairy tales and fantasy*. Westport, CT: Teacher Ideas Press, 2005.
Explora e desenvolve o pensamento por meio dos contos de fadas.

STARICOFF, M.; REES, A. *Start Thinking:* daily starter to inspire thinking in the primary classroom. Birmingham: Imaginative Minds, 2006.
Uma gama de breves "aperitivos" que podem ser usados na hora da chamada para incentivar as habilidades de pensamento.

UNITED KINGDOM. *The Scottish Government*. A curriculum for excellence building the curriculum 2: active learning: a guide to professional development. Edinburgh: The Scottish Government, 2010.

WALLACE, B. (Ed.). *Teaching thinking skills across the primary curriculum: a practical approach for all abilities*. London: David Fulton, 2001.
Uma coletânea de atividades ligadas ao currículo nacional que irá desenvolver sistematicamente nas crianças as habilidades de resolução de problemas.

WARREN, C. *Bright ideas:* speaking and listening games. Leamington Spa: Scholastic, 2004.
Uma abundância de boas ideias para jogos, cobrindo todos os aspectos da conversação e da escuta.

REFERÊNCIAS

ADEY, P. S.; SHAYER, M.; YATES, C. *Thinking science:* the curriculum materials of the CASE project. London: Thomas Nelson and Sons, 1995.

ALEXANDER, R. J. *Towards dialogic teaching:* rethinking classroom talk. York: Dialogos, 2006.

BEST, B.; THOMAS, W. *Everything you need to know about teaching:* but are too busy to ask. London: Continuum International Publishing Group, 2007.

BLATCHFORD, P.; BAINES, E. The SPRinG Project: the case for group work in schools. *Institute of Education, University of London.* [S. l: s. n], 2002. Disponível em: <http://www.spring-project.org.uk>. Acesso em: 20 jul. 2015.

CAMPBELL, D. G. *Introduction to the musical brain.* 2nd ed. St Louis, MO: MMB Music Inc, 1983.

CLARKE, S. *Active learning through formative assessment.* London: Hodder Education, 2008.

CLAXTON, G. *What's the point of school?* Oxford: Oneworld Publications, 2008.

COHEN, E. Productive small groups. *Review of Educational Research,* v. 64, n. 1, p. 1-36, 1994.

CRICK, R. *Learning power in action:* a guide for teachers. London: Paul Chapman, 2006.

CULLINGFORD, C. *The effective teacher.* London: Cassell, 1995.

DAMASIO, A. *The feeling of what happens: body and emotion in the making of consciousness.* New York: Harcourt Brace Jovanovich, 1999.

DAVIES, S. *The essential guide to teaching.* Harlow: Pearson Education Limited, 2006.

DAWES, L. *Creating a speaking and listening classroom.* Abingdon: Routledge, 2011.

DAY, C. *A passion for teaching.* London: Routledge, 2004.

DE BONO, E. *Six thinking hats.* London: Penguin Books, 2000.

DRYDEN, G.; VOS, J. *The new learning revolution:* how Britain can lead the world in learning, education and schooling. Stafford: Network Educational Press, 2005.

DUDEK, M. *Children's Spaces.* Oxford: Architectural Press, 2005.

FACIONE, P. A. *Critical thinking:* a statement of expert consensus for purposes of educational assessment and instruction. San Jose: The California Academic Press, 1990.

FEUERSTEIN, R. et al. *Instrumental enrichment:* an intervention programme for cognitive modifiability. Baltimore: University Park Press, 1980.

GARNETT, S. *Using brainpower in the classroom 5 steps to accelerate learning.* London: Routledge, 2005.

HART, S. et al. *Learning without limits.* Maidenhead: McGraw-Hill, 2004.

HASTINGS, N.; WOOD, K. C. *Reorganising primary classroom learning.* Buckingham: Open University Press, 2002.

HATTIE, J. *Visible learning for teachers:* maximising impact on learning. Abingdon: Routledge, 2012.

HEATHCOTE, D.; BOLTON, G. M. *Mantle of the expert approach to education.* Harlow: Heinemann, 1996.

JENSEN, E. *Brain-based learning the new science of teaching and training.* London: Corwin Press, 2000.

JONES, H. *Thoughts on teaching thinking:* perceptions of practitioners with a shared culture of thinking skills education. *Curriculum Journal*, v. 19, n. 4, p. 309-324, 2008.

JOYCE, B.; CALHOUN, E.; HOPKINS, D. *Models of learning tools for teaching.* 3rd ed. Maidenhead: Open University Press, 2009.

KELLY, P. *Using thinking skills in the primary classroom.* London: Paul Chapman Publications, 2005.

KINNEY, L.; WHARTON, P. *An encounter with Reggio Emilia: children's early learning made visible.* Abingdon: Routledge, 2008.

LEARNING. In: DICTIONARY Merriam Webster. [S. l: s. n], c2015. Disponível em: <http://www.merriam-webster.com/dictionary/learning>. Acesso em: 31 jul. 2015.

LIPMAN, M. *Thinking in education.* 2nd ed. Cambridge: Cambridge University Press, 2003.

LUXFORD, H.; SMART, L. *Learning through talk.* London: Routledge, 2009.

MACGILCHRIST, B.; BUTTRESS, M. *Transforming learning and teaching.* London: Paul Chapman Publishing, 2005.

MUIJS, D.; REYNOLDS, D. *Effective Teaching:* evidence and practice. 3rd ed. London: Sage, 2011.

OGDEN, L. Collaborative tasks, collaborative children: an analysis of reciprocity during peer interaction at Key Stage 1. *British Educational Research Journal*, v. 26, n. 2, p. 211-26, 2000.

PAPERT, S. *Mindstorms:* children, computers and powerful ideas. 2nd ed. New York: Basic Books, 1993.

PARDOE, D. *Towards successful learning:* furthering the development of successful learning and teaching in schools. 2nd ed. London: Network Continuum, 2009.

ROBINSON, K. Changing Education Paradigms. *TED*. [S. l. : s. n], 2010. Disponível em: <http://www.ted.com/talks/ken_robinson_changing_education_paradigms.html>. Acesso em: 20 jul. 2015.

ROSENTHAL, R.; JACOBSON, L. *Pygmalion in the classroom.* London: Holt Rinehart and Winston, 1968.

SHARAN, S. *Cooperative learning:* theory and research. New York: Praeger, 1990.

SMITH, A.; LOVATT, M.; WISE, D. *Accelerated learning:* a user's guide. Stafford: Network Educational Press, 2003.

WALLACE, B. *Teaching thinking skills across the primary school.* London: David Fulton Publishers, 2001.

WALLACE, B. et al. *Thinking skills and problem-solving:* an inclusive approach. London: David Fulton, 2004.

WEBB, R. (Ed.). *Changing teaching and learning in the primary school.* Maidenhead: McGraw Hill, 2006.

WEGERIF, R. *Literature review in thinking skills, technology and learning.* Bristol: NestaFuturelab/Open University, 2003.

WRIGHT, D. *Classroom karma:* positive teaching, positive behaviour, positive learning. Abingdon: Routledge, 2006.

4

Desenvolvendo as habilidades de questionamento de professores e alunos

Anitra Vickery

À arte de propor uma pergunta deve ser atribuído maior valor do que à de respondê-la.
George Cantor

Panorama do capítulo

Este capítulo explora o papel do questionamento no desenvolvimento da aprendizagem ativa. Ao longo do capítulo, consideramos o desenvolvimento da arte do questionamento tanto para professores quanto para alunos, por meio da discussão dos fatores que, de acordo com as pesquisas e as opiniões publicadas, influenciam a eficácia do questionamento. Os fatores analisados incluem tipos de perguntas, desenvolver as crianças como questionadores, assuntos afetivos e habilidades e estratégias dos professores. O leitor é incentivado a experimentar e refletir sobre as diferentes abordagens e técnicas. Um breve estudo de caso descreve a abordagem que uma escola está adotando para desenvolver seu uso de questionamento eficaz. O capítulo termina com o resumo, as sugestões para leituras complementares e as referências.

INTRODUÇÃO

Este capítulo mantém a estrutura usada em todo o livro. Inicia com uma breve discussão sobre como o questionamento contribui para o objetivo geral de promover a aprendizagem ativa. Em seguida, é feita uma revisão da pesquisa e do pensamento sobre fatores que afetam a eficácia do questionamento e um breve debate sobre como um currículo pode basear-se em torno do questionamento. Da mesma forma, o capítulo contém sugestões de atividades para experimentar que lhe darão oportunidades para explorar alguns dos tópicos discutidos. O capítulo encerra com um estudo de caso sobre uma escola que está trabalhando para desenvolver as habilidades de questionamento, um resumo e algumas sugestões para leitura e estudo.

POR QUE O QUESTIONAMENTO É IMPORTANTE?

A aquisição de uma habilidade de questionamento eficaz pode ter um valor significativo na educação e na vida de uma criança. O desenvolvimento das habilidades de questionamento permitirá que as crianças investiguem efetivamente os elementos físicos, sociais e morais do mundo ao redor delas; e essas habilidades, uma vez adquiridas, serão transferidas para a vida adulta (DUFFY, 2003). Sem dúvida, a capacidade de tecer perguntas eficazes vai ajudar professores e crianças a melhorar a qualidade da aprendizagem e consiste em um importante elemento na resolução de problemas (DE BONO, 1992). O ato de propor ou responder perguntas envia uma mensagem clara para as crianças de que queremos que elas sejam partícipes ativas em sua própria aprendizagem. As crianças precisam transformar o questionamento em uma parte substancial de suas vidas (CLAXTON, 2008).

As pessoas fazem perguntas se elas realmente querem aprender alguma coisa. Portanto, conclui-se que o ensino e a aprendizagem devem envolver professores e alunos falando e fazendo perguntas. A qualidade dessas interações e o seu impacto na aprendizagem dependerão da qualidade e da eficácia das perguntas e do nível de interesse do aluno. É de crucial importância despertar a curiosidade natural da criança e estar ciente das maneiras pelas quais ela pode ser desenvolvida, em especial se, por qualquer motivo, ela tem sido sufocada. As crianças não se sentirão motivadas a fazer perguntas ou a participar de investigações se não forem curiosas (JOHNSTON, 2005). Os resultados dos estudos estabeleceram que o desempenho elevado não depende apenas do estilo de questionamento; no entanto, muitos estudos mostram que o aumento do número das perguntas de ordem superior exerce uma influência significativa no desempenho do aluno. O questionamento eficaz pode melhorar o desempenho (ASKEW et al., 1997); no entanto, é muito importante que os professores variem sua abordagem em relação ao questionamento, usando uma variedade de formatos e tipos de perguntas para incentivar o envolvimento das crianças (BEST; THOMAS, 2007).

REVISANDO A PESQUISA

No intuito de desenvolver o questionamento, vamos analisar fatores que têm influência comprovada nisso. Em cada caso, pesquisas fornecem percepções sobre os tópicos que surgem. Vamos avaliar os seguintes tópicos:

- Classificação das perguntas:
  - tipologia das perguntas; e
  - o papel dos diferentes tipos de perguntas.
- Desenvolvimento de questionadores bem-sucedidos:
  - modelagem;
  - professores reflexivos – crianças reflexivas; e
  - assuntos afetivos – instituindo uma cultura solidária em sala de aula.
- Habilidades e estratégias do professor:
  - intervenção eficaz;
  - planejamento para o questionamento;
  - tempo de espera; e
  - estratégias de questionamento alternativas.

Classificação das perguntas: uma tipologia das perguntas

A fim de desenvolver a utilização de perguntas em sala de aula, é necessário ser capaz de monitorar e refletir sobre como elas estão sendo usadas. Muitas vezes, as seguintes características são usadas para classificar perguntas:

- de ordem superior ou inferior;
- abertas ou fechadas; e
- gerenciais ou instigantes.

Cada par de termos pode ser visto como os extremos opostos do espectro. Cada espectro pode ser usado para avaliar o impacto provável das perguntas e formar uma pergunta adaptada a uma finalidade específica.

Questões de ordem superior e inferior

Considere a progressão dos tipos de perguntas, conforme sugeridos por Bloom et al. (1956) em sua taxonomia dos objetivos educacionais (ver Fig. 4.1). Essa estrutura foi projetada para ajudar os professores a classificar os seus objetivos e metas. A taxonomia de Bloom baseia-se na ideia de que nem todos os objetivos e os resultados da aprendizagem têm mérito igual. Se os professores estiverem familiarizados com essa taxonomia, eles serão capazes de garantir um equilíbrio na aprendizagem, por meio da escolha de objetivos que permitirão abordar todos os níveis da taxonomia. Embora as ideias de Bloom et al. (1956) não tenham recebido aprovação universal, sua taxonomia tem sido usada e adaptada por muitos educadores.

Durante a década de 1990, um ex-aluno de Bloom, Lorin Anderson, fez uma revisão instrumental na taxonomia, adequando-a aos alunos e professores do século XXI.

- Conhecimento – este nível mais baixo é a recuperação direta da memória e consiste em recordar o material anteriormente aprendido.
- Compreensão – exige a interpretação da informação e a capacidade de explicar. As palavras "como" e "por que" são frequentemente utilizadas neste nível e eles começam a estimular a indagação.
- Aplicação – capacidade de usar as informações em um contexto diferente para resolver um problema.
- Análise – inferência com provas para apoiar a inferência. Lidar com as complexidades dos materiais dividindo-os em partes.
- Síntese – remontar as peças para criar novas estruturas com base em estruturas e conhecimentos prévios. Aqui, temos de dar às crianças a liberdade para capacitá-las a experimentar novas ideias e abordagens.
- Avaliação – é a etapa em que são feitos os julgamentos e a validade do trabalho é conferida.

Figura 4.1 Taxonomia de Bloom et al. (1956)

Os novos termos são definidos assim:

- **Lembrar**: Reter, reconhecer e recordar conhecimentos relevantes da memória de longo prazo.
- **Entender**: Construir significado a partir das mensagens orais, escritas e gráficas, por meio de interpretação, exemplificação, classificação, resumo, inferência, comparação e explicação.
- **Aplicar**: Executar ou usar um procedimento por meio de execução ou implementação.
- **Analisar**: Fracionar o material em partes constituintes, determinando como as partes se relacionam entre si e a uma estrutura ou finalidade geral por meio de diferenciação, organização e atribuição.
- **Avaliar**: Fazer julgamentos com base em critérios e padrões, por meio de verificação e crítica.
- **Criar**: Juntar elementos para formar um todo coerente ou funcional; reorganizar elementos em um novo padrão ou estrutura por meio de geração, planejamento ou produção (ANDERSON; KRATHWOHL, 2001, p. 67-68).

O Currículo Nacional do final da década de 1990 continha uma lista de cinco habilidades de pensamento principais a serem incorporadas ao longo do currículo: habilidades de processamento de informações, de raciocínio, de indagação, de pensamento criativo e de avaliação. A capacidade de questionar é o cerne de todas essas habilidades (Confira Prática 1: Lista para criar perguntas de ordem superior).

Os níveis mais elevados das taxonomias incluem todas as habilidades cognitivas e empregam níveis superiores de habilidades de questionamento. Em geral, as crianças incentivadas a se tornarem envolvidas e bem-sucedidas nos níveis mais elevados das taxonomias são aquelas capazes de se adaptar facilmente a novas situações.

Existe uma tendência de pensar que as taxonomias são hierárquicas e/ou sequenciais. Essa percepção pode se originar das ideias de Piaget (PIAGET, 1928), que acreditava que as crianças pequenas não desenvolvem a habilidade de pensamento abstrato até ficarem um pouco mais velhas (WILKS, 2005). Se o pensamento for visto como um processo, em vez de um produto, isso pode capacitar os professores a considerá-lo um processo criativo e crítico que combina os nossos questionamentos com o questionamento dos outros (LIPMAN, 2003). Simplesmente não é o caso de que as crianças evoluem e só devem ser expostas a habilidades de questionamentos de nível inferior. Nem de que as crianças mais velhas evoluem dessas etapas e desenvolvem habilidades de nível mais alto. Perguntas abertas e fechadas, de ordem inferior e superior, podem e devem ser usadas com todas as crianças.

Todas as crianças pequenas têm a capacidade de pensar e raciocinar. No entanto, existe uma variação em até que ponto elas são capazes de verbalizar seus pensamentos. Não devemos pressupor que elas são incapazes de raciocinar, porque não dominam a linguagem. Para certas crianças, o pensamento pode ser primordialmente interno. Não devemos pressupor que, como a criança não parece ser curiosa, ela não está analisando nem investigando. As crianças pequenas podem fazer um número incrível de perguntas durante o dia, mas acredita-se que as crianças tendem a fazer perguntas não necessariamente para saber a resposta, e sim para se comunicarem. Assim, à medida que a linguagem e a curiosidade se desenvolvem e a criança é incentivada a tentar compreender o mundo pelo uso de perguntas indagadoras e exploratórias, elas precisam ser incentivadas a falar sobre suas percepções.

O papel das perguntas de ordem inferior

Perguntas de ordem mais elevada são essenciais para desenvolver o pensamento e a razão (ASKEW et al., 1997), mas o termo ordem inferior em oposição à ordem superior soa quase pejorativo. Perguntas de ordem superior não têm prioridade sobre as de ordem inferior, apenas servem a propósitos diferentes. É importante reconhecer que os dois tipos devem ser usados. Perguntas de ordem inferior, em que as crianças são solicitadas a mostrar que se lembram, são uma parte necessária e desejável da avaliação. Se uma professora fizer perguntas de ordem inferior para revelar o ponto de partida da atividade, logo ela estará preparada para envolver as crianças no nível certo e também estar ciente dos possíveis lapsos ou lacunas existentes no conhecimento (ver Prática 2: Mapeando conhecimentos).

Perguntas de ordem inferior são fáceis de fazer durante a aula, e, muitas vezes, esse processo ajuda a dinamizar a aula, enquanto perguntas de ordem superior, por exigirem que as crianças pensem e raciocinem, podem levar mais tempo e interromper o fluxo da aula. Perguntas de ordem superior precisam ser planejadas, portanto, não é surpreendente que elas ocorram muito menos em uma aula do que as que simplesmente avaliam a recordação e a absorção dos fatos.

Perguntas abertas e fechadas

Algumas crianças acreditam que todas as perguntas são perguntas fechadas. Isso acontece porque, quando alguns professores fazem uma pergunta, seja ela fechada ou aberta, eles já têm uma resposta específica em suas cabeças, e nenhuma outra resposta que a criança forneça estará correta. Muitas vezes, isso pode resultar na falta de envolvimento das crianças no processo, pois elas acreditam que têm pouca chance de "adivinhar" a resposta necessária ou podem ficar inseguras em relação à compreensão ou ao conhecimento sobre os quais antes tinham confiança. Um exemplo de prática que me foi relatado confundiu tanto as crianças que elas acreditaram que o que se pensava ser correto em um dia com certeza podia ser diferente no próximo. Uma professora pediu à turma que lhe desse dois números que somados alcançavam dez. Crianças diferentes forneceram respostas como 8 + 2, 6 + 4, 7 + 3 e, uma por uma, foram informadas de que a resposta estava errada, pois não era a que professora queria. Ela queria que um menino com baixo desempenho lhe desse a resposta de 5 + 5, e, quando ele o fez, ela afirmou que estava correto. Esse exercício deixou várias crianças inseguras em relação aos seus conhecimentos. Elas também começaram a formar a concepção errônea de que respostas matemáticas podem ser corretas um dia e incorretas no próximo.

Perguntas gerenciais e instigantes

Hastings (2003) afirma que professores fazem duas perguntas por minuto e até 400 por dia. Porém, essas perguntas tendem a ser procedurais, vinculadas à gestão da sala de aula. O Projeto Leverhulme dos Anos Iniciais do Ensino Fundamental realizou uma pesquisa sobre questionamento com os professores e relatou que, pela amostragem, as 1.000 perguntas feitas podiam ser classificadas em gerenciais (57%), de ordem inferior (35%) e de ordem superior (8%). Isso sugere que, a menos que os professores monitorem o alcance e o formato de seu questionamento, eles poderiam incorrer na concepção errônea de que utilizam o questionamento de forma eficaz para promover a aprendizagem, quando, na realidade, a maioria das perguntas pouco acrescenta à qualidade do discurso em suas salas de aula.

Desenvolvendo questionadores bem-sucedidos

Modelagem

O questionamento eficaz precisa ser modelado. Se isso acontecer, e as perguntas investigativas e de ordem superior fizerem parte do repertório do professor, então é bem provável que as crianças sejam estimuladas a fazer igual ao se depararem com algum problema. Vygotsky escreve que, usando uma abordagem que combine demonstração e apoio ao aluno, os professores podem ajudar as crianças a desenvolver níveis mais elevados de pensamento por meio do questionamento eficaz (LEE; SMAGORMSKY, 2000). A habilidade do professor em modelar o questionamento pelo envolvimento no diálogo e em ampliar esse diálogo e adequá-lo às crianças é significativa e não pode ser subestimada. Para um professor, não é uma tarefa simples desenvolver ou modificar uma pergunta fraca de um aluno em uma que seja eficaz para o desenvolvimento do pensamento (PETTY, 2009). Isso exige diálogo cuidadosamente construído e ampliado para aprimorar o pensamento. As interações entre o professor e a criança precisam ser desafiadoras e sustentadas, em vez de superficiais e rotineiras.

Professores reflexivos – crianças reflexivas

A capacidade de refletir de forma significativa é uma habilidade desejável para qualquer educador, já que isso lhes permite desenvolver e aperfeiçoar sua prática profissional. O processo de reflexão exige pensamento e questionamento sistemáticos. Refletir sobre seu papel como questionador requer o conhecimento e a transparência em relação ao que você está tentando alcançar e os processos que lhe permitirão ser bem-sucedido.

Uma estratégia que talvez lhe ajude a refletir sobre o uso de perguntas é criar um mapa mental para perguntas que auxiliariam o conhecimento e o desenvolvimento da compreensão de cada tópico que você vai ensinar. Para começo de conversa, isso poderia ser bem rudimentar. Incluiria:

- exercícios de evocação para avaliar o conhecimento – em geral, perguntas fechadas;
- exercícios de evocação para avaliar a compreensão – perguntas abertas e investigativas (essas perguntas-chave devem ser construídas e anotadas); e
- perguntas direcionadas para ajudar a diferenciação – ampla gama de perguntas.

Em seguida, isso pode progredir para a construção de perguntas-chave pelos professores para provocar ideias e pensamentos. No intuito de refletir plenamente sobre a quantidade e a natureza do questionamento em que um professor se envolve, ele poderia monitorar ativamente o uso de diferentes tipos de perguntas, refletindo sobre o impacto que elas exercem na aprendizagem das crianças. Pode ser útil solicitar o apoio adulto que você dispõe para trabalhar isso em sala de aula.

Da mesma forma, para que as crianças se tornem alunos ativos, elas também precisam refletir sobre como, por que e em que nível elas se envolveram com a aprendizagem e onde querem chegar. Elas precisam fazer julgamentos sobre sua aprendizagem e avaliar a aprendizagem dos outros se forem solicitadas a se autoavaliarem ou avaliarem os colegas. Criar critérios de sucesso ajudará nesse processo; no entanto, essas habilidades precisam de uma base sólida de questionamento. A habilidade de usar perguntas investigativas adequadas é algo que precisa ser ensinado, e isso é mais bem alcançado por meio da modelagem e do uso frequente.

Assuntos afetivos – instituindo uma cultura solidária em sala de aula

O questionamento deve fazer parte da experiência cotidiana da criança; contudo, a pesquisa sugere que isso pode criar grande ansiedade em algumas crianças (ANDERSON, 2000). As crianças que são inseguras temem serem perguntadas sobre algo a que não saibam responder, porque isso pode expô-las ao ridículo e, assim, baixar ainda mais a sua autoestima. Isso pode ser agravado ainda mais por um professor bem-intencionado que vai adiante muito rápido por medo de envergonhar a criança. As crianças adotam todos os tipos de estratégias de evasão quando as perguntas são feitas para a turma inteira. Por exemplo, algumas demoram para erguer a mão até terem a certeza de que a professora já escolheu outro aluno; algumas ficam em cima do muro, erguendo a mão até a metade; e outras abaixam a mão, porque cansam de esperar (MEASOR; WOODS, 1984). É de extrema importância remover, ou pelo menos minimizar, o estresse associado com fazer e responder perguntas. Estratégias como habilitar as crianças a discutir em duplas ou em grupos antes de responder ou proporcionar-lhes um recurso pessoal, como uma minilousa na qual anotam uma resposta, parecem diminuir a ansiedade. Outra observação do Projeto Leverhulme foi a de que as perguntas foram principalmente dirigidas a indivíduos, em vez de grupos (DUNNE; WRAGG, 1994).

A resolução de problemas em grupo desenvolve a segurança entre os participantes, porque eles podem consultar uns aos outros. Também promove o debate por meio do desafio suscitado pelas perguntas investigativas que surgem durante a busca da resolução dos problemas. O trabalho em grupo colaborativo, que é facilitado, permite que as crianças interajam umas com as outras e tenham algum controle sobre sua aprendizagem. Os participantes aprendem uns com os outros e se apoiam entre si; assim, a interação com o professor tende a ser de ordem superior, em vez de gerencial.

Se, de antemão, as crianças forem avisadas de que terão de fazer uma pergunta durante uma sessão, elas começam a perceber e a aceitar o valor colocado no questionamento. Isso pode ser conseguido apresentando-lhes a imagem de um grande ponto de interrogação no início da sessão. Em seguida, elas podem elaborar uma pergunta a ser feita ao final, tanto por meio da consulta com as outras, quanto de forma independente. Essa estratégia ajuda a envolver as crianças na aula e garante que elas sejam alunos ativos, em vez de passivos, além de reconhecer as contribuições dos questionadores relutantes.

Algumas escolas têm uma visão bastante extrema de como as crianças indicam que estão preparadas para responder a uma pergunta e proíbem a abordagem de erguer a mão (BEST; THOMAS, 2007). Parece que é desejável uma diversificação nas abordagens e também que o ambiente da sala de aula desempenhe um papel significativo. Se as crianças se sentem seguras em seu ambiente e os erros são encarados sob um prisma positivo como ponto de partida para debates e investigações, logo a maioria das crianças vai considerar as sessões de perguntas e respostas uma parte normal do processo de ensino e aprendizagem. É útil se o professor monitora a quem as perguntas são propostas e como estas são diferenciadas para garantir que sejam adequadamente ajustadas ao desenvolvimento dos indivíduos. Uma estratégia de uso comum nesse processo é o uso de palitos de pirulito. Os nomes das crianças são escritos em palitos de cores diferentes com cores específicas reservadas para meninas ou meninos, de modo que o professor possa abordar o elemento do gênero. Assim, escolher um palito aparenta ser aleatório, e as crianças aceitam que isso vai acontecer. A vantagem dessa abordagem é que o professor tentará perguntar o mesmo número de perguntas para meninos e meninas. Da mesma forma, o fato de as crianças saberem que essa abordagem vai ser utilizada as lembra de que realmente precisam se concentrar no conteúdo da aula no caso de serem indagadas sobre o mesmo. Também exige que o professor considere a diferenciação e direcione as perguntas de modo que o desempenho e as necessidades de cada criança sejam levados em conta. A desvantagem de usar essa estratégia o tempo todo é que pode haver um desequilíbrio devido a sua aleatoriedade e talvez algumas crianças não sejam perguntadas, ou em raras ocasiões, no decurso de uma semana. Os professores teriam de anotar quais crianças não tiveram a oportunidade de responder e restabelecer o equilíbrio, garantindo a utilização de outras abordagens.

Lidar com as concepções errôneas com as quais você se depara ao questionar ou corrigir pode ser difícil com uma criança insegura. Identificar as crianças que cometeram erros pode provocar essas emoções negativas em algumas crianças incapazes de se envolver com o processo de reaprendizagem (KOSHY, 2000). Uma estratégia para lidar com o assunto é usar o dispositivo da criança "desconhecida", permitindo que as crianças se tornem o professor e utilizem os erros das crianças "desconhecidas" como ponto de partida para um debate sobre erros e soluções (SPOONER, 2002). Consulte, na Prática 3: Criando na sala de aula uma cultura que incentive e valorize as perguntas, mais estratégias que explorem o desenvolvimento de um ambiente de sala de aula em que as crianças são incentivadas a fazer e a responder perguntas.

Estratégias e habilidades do professor

Intervenção eficaz

Hoje existe uma ênfase bem maior na aprendizagem por meio de jogos e no desenvolvimento das habilidades de falar e ouvir do que antigamente. Isso permite que os professores aproveitem as oportunidades para desenvolver o entusiasmo e a curiosidade natural dos pequenos alunos. Todos os professores têm oportunidades de exibir a ignorância socrática (transmitindo a necessidade e o desejo autênticos por uma explicação) (FISHER, 2008), questionando ou comentando as buscas e interações das crianças de maneira que elas sejam incentivadas a pensar sobre suas ações. Isso não só lhes permite desenvolver o pensamento e a aprendizagem, mas também lhes dá oportunidades para aprender de forma independente. A habilidade nessa abordagem varia de acordo com o momento e o grau de intervenção do professor. Propor uma pergunta estudada no momento certo, dando tempo e espaço para que a criança a contemple, é uma arte que vale a pena cultivar.

Planejamento para o questionamento

A criação de perguntas de ordem superior ou perguntas de indagação exige estudo cuidadoso. Alguns professores abordam esse problema concebendo o que às vezes são chamadas de "atividades de extensão", que tendem a envolver algum tipo de resolução de problemas. Essas atividades fornecem oportunidades às crianças para aplicar seus conhecimentos e desenvolver o raciocínio, mas as desvantagens são que apenas certas crianças alcançam essa fase da aula e que as crianças perdem os elementos modeladores e discursivos. Os professores devem aprimorar isso na fase de planejamento, propondo a si próprios uma série de perguntas-chave. Essa é uma arte que, quando dominada, é uma parte muito importante do "*kit* de ferramentas do professor" (BEST; THOMAS, 2007). Em primeiro lugar, o que as crianças podem ganhar a partir do ensino desse tópico? Como elas podem aprofundar o assunto e incentivar o desenvolvimento em termos de raciocínio e reflexão sobre o processo e a aprendizagem? Que estímulos e perguntas poderiam ser incluídos para desenvolver o raciocínio e a aprendizagem verdadeiros?

Tempo de espera

O tempo que um professor espera depois de propor uma pergunta, antes de seguir em frente ou fornecer uma dica, é extremamente importante, pois isso pode influenciar significativamente o número e a qualidade das respostas. Sabe-se que o tempo de espera de muitos professores é inferior a 1 segundo (BLACK; WILIAM, 1998). Se o tempo for muito curto, então vai haver um limite ao número de possíveis respondentes e, se for muito longo, corre-se o risco de que as crianças desistam, porque estão entediadas com a espera. Os professores devem avaliar o tempo de espera com base no tipo da pergunta, mas também estar cientes da ansiedade que cenários de perguntas e respostas "relâmpago" podem criar. Como mencionado antes, é importante criar um ambiente seguro na sala de aula, onde fazer perguntas seja tão valorizado quanto respondê-las, e as respostas "erradas" sejam aplicadas produtivamente. Perguntas de ordem inferior que exigem apenas a recordação de um fato conhecido ou desconhecido não se beneficiariam de um longo tempo de espera, mas perguntas de ordem superior, que necessitam de um tempo para pensar ou debater, demandariam um tempo de espera maior. Perguntas de ordem superior serão menos ameaçadoras se forem debatidas em grupos ou feitas ao final de uma aula ou jornada, de modo que as crianças tenham tempo e oportunidade para considerar as opções e debater com os outros.

Estratégias de questionamento alternativas – afirmações provocativas

Afirmações, em vez de perguntas de nível superior, também podem ser bem-sucedidas em incentivar e desenvolver o raciocínio. Dillon (1988) sugere que o pensamento e a razão podem ser desenvolvidos mais efetivamente propondo afirmações provocativas. Ele acredita que as crianças que se envolvem em um debate centrado em uma afirmação provocativa podem mostrar maior envolvimento e participação, resultando em conexão e pensamento mais profundos e ricos. Considere, por exemplo, as afirmações: "Os perímetros de todos os retângulos têm um valor numérico diferente da área" ou "qualquer objeto que pesa menos de 5 g irá flutuar na água". As crianças terão de pesquisar e desafiar essas afirmações. Esse processo automaticamente irá estimular o debate, o pensamento e o raciocínio. A prática de as crianças explicarem as suas abordagens e conclusões lhes permite considerar seu pensamento e, assim, desenvolver a metacognição.

Um currículo com base no questionamento?

Em resposta às restrições percebidas nas iniciativas governamentais em numeralização e letramento, muitas escolas hoje estão adotando uma abordagem mais criativa para o currículo. Elas estão introduzindo "currículos criativos", que elas acreditam que vão tornar a aprendizagem um processo que desenvolve a criatividade, a curiosidade e a indagação. A abordagem usada para aplicar ao currículo, em vez do conteúdo do currículo, afetará a aprendizagem que acontece e o fato de a aprendizagem se sustentar ou não. Se um currículo for envolvente, promovendo o pensamento e raciocínio, ele deve contribuir para produzir cidadãos ativos, capazes de resolução de problemas no futuro. Está ao alcance do professor aprimorar e enriquecer as oportunidades de aprendizagem por meio da criação de salas de aula com base na indagação, em que o bom questionamento é modelado e utilizado para desenvolver a criatividade. Professores inspiradores criam alunos inspirados. Uma pergunta bem apresentada pode aumentar a extensão na qual os alunos estão motivados e ativamente envolvidos em sua própria aprendizagem. Presenciei aulas estimulantes em que a maior parte do conteúdo consistia em perguntas. Hoje em dia, o currículo de algumas escolas é projetado em torno de perguntas (LIGHTING..., 201?). Ciclos de aprendizagem, que substituem planos de tópico ou esquemas de trabalho, baseiam-se em uma pergunta de indagação e são desenvolvidos de forma a abordar a aquisição de habilidades desejáveis. Alguns currículos criativos começam com uma pergunta, que é explorada, e culminam com uma celebração, que reconhece o resultado da investigação. Ao planejar a provocação, os professores levam em conta as habilidades que serão necessárias para se envolver com a investigação. Às vezes, essas habilidades são ensinadas separadamente e em outras são desenvolvidas em paralelo. Essa abordagem dá credibilidade à aquisição de habilidades e um objetivo claro ao diálogo resultante. Em geral, um grupo de indagação inclui o professor e, assim, ele está disponível para direcionar a proposição de perguntas eficazes. Essa modelagem é crucial e, muitas vezes, enriquece o nível e o poder de questionamento das crianças envolvidas no projeto. Esse desenvolvimento no planejamento curricular na Inglaterra pode ter sido inspirado na abordagem de Reggio Emilia, na Itália. Essa abordagem quase certamente foi a inspiração para alguns cenários de educação infantil em Tyneside. No sistema de Reggio Emilia, as jornadas de aprendizagem das crianças germinam a partir de uma ideia que brota das observações dos interesses das crianças. Os projetos, ou ciclos de aprendizagem, que depois são criados, visam a incentivar e sustentar a capacidade de indagação das crianças propondo perguntas para grupos de crianças. O objetivo é capacitar as crianças como questionadoras e lhes permitir expressar suas ideias. Suas ideias muitas vezes determinam o rumo da indagação. A jornada culmina com uma celebração da aprendizagem que aconteceu. O papel dos professores é essencial, pois, por meio do questionamento e da observação, eles são capazes de intervir com estímulos ou perguntas, no intuito de maximizar o interesse e a posterior aprendizagem. "Excelentes habilidades de questionamento são subestimadas pela forma como implementamos o currículo" (MCINTOSH, 2011).

ESTUDO DE CASO

Este estudo de caso analisa uma escola que tem sido proativa em relação ao desenvolvimento das habilidades de questionamento do corpo docente. Traça o desenvolvimento desde o catalisador inicial, passando pelas dificuldades de implementação até chegar à situação atual resultante, concluindo com as aspirações da escola para o futuro.

A escola atende os anos iniciais do ensino fundamental em uma área semirrural, onde a aquisição da linguagem é um problema para diversas crianças. A missão da escola é "Aprendendo juntos, podemos alcançar grandes realizações". Enfatiza a convicção de que a educação das crianças deve ser uma parceria e estar preocupada com a aprendizagem duradoura em contextos acadêmicos, sociais e práticos. Existe uma grande ênfase na aprendizagem duradoura e ativa, conforme ilustrado pela seguinte seleção de objetivos para cada criança:

- Desenvolver um nível de conhecimentos, habilidades e atitudes que as prepare para a vida em um mundo dinâmico e variado.
- Desenvolver uma mente indagadora por meio de um espírito de entusiasmo pela aprendizagem.
- Ser um partícipe ativo em sua própria aprendizagem.
- Poder ampliar suas habilidades individuais de reflexão para resolver problemas.

A escola está empenhada em desenvolver professores eficazes e observa os profissionais constantemente, no intuito de identificar as necessidades, em um ambiente de apoio mútuo. O relatório do Office for Standards in Education (OFSTED)[1] de 2008 destacou que as crianças mais capazes da escola não estavam sendo exigidas. Em razão disso e de observações da equipe, a diretoria sênior decidiu que eles precisavam reavaliar o uso de questionamento em toda a escola.

Uma reunião do corpo docente, focalizada na necessidade de aumentar o questionamento de ordem superior, envolveu a modelagem e a análise da taxonomia de Bloom et al. (1956) para compartilhar conhecimentos sobre diferentes níveis de questionamento e incentivar os professores a considerar o alcance e a finalidade das perguntas. O plano de desenvolvimento da escola concentrava-se na avaliação em prol da aprendizagem e a autoridade local forneceu informações e um treinamento de "melhores práticas" para apoiar isso. O questionamento recebe destaque na avaliação, e, por isso, o corpo docente foi encorajado a incorporar o questionamento em seu planejamento. O foco de toda a escola centrou-se em desenvolver o conhecimento do professor sobre a matéria, com um viés de modelar um vocabulário técnico desejável para o letramento, a numeralização e as TICs. Além disso, os professores foram convidados a registrar as perguntas-chave que consideravam que os ajudariam a aprimorar o desempenho.

A escola destaca a importância de modelar e valorizar que as crianças façam perguntas. Em razão de uma ideia compartilhada durante o treinamento de "melhores práticas", uma professora adquiriu um conjunto de dinossauros e os denominou de acordo com o comportamento de aprendizagem que ela considera desejável. Um deles é chamado de "Pergunteraptor", e a criança que faz o maior número de perguntas bem formuladas em um tempo específico é brindada com a permissão de "cuidar" do dinossauro. Isso tem sido muito bem recebido pelas crianças, e as perguntas delas têm aumentado significativamente. Os professores estão muito conscientes da necessidade de usar o "tempo de espera" e incentivar as crianças a discutir a questão em duplas antes de responder. Não há qualquer política definida sobre o uso das mãos ou outra estratégia para indicar o desejo de responder, mas sim várias abordagens, acreditando que, se o ambiente for favorável, as crianças não se preocuparão em serem solicitadas diretamente a responder a uma pergunta.

Falar e escutar são prioridades devido às dificuldades de linguagem de muitas das crianças; por isso, a vice-diretora realiza com os alunos de cada turma uma conferência que os incentiva a se manifestar sobre como e o que eles estão aprendendo.

A escola está aumentando o foco no questionamento, e algumas das coisas que almeja incluir nas próximas fases são:
- desenvolver o debate nas crianças;
- incentivar a observação dos colegas para monitorar o uso, a aplicação e o sucesso do questionamento;

---

1 N. de R.T.: Órgão responsável por regulamentar e inspecionar os serviços que oferecem cuidados a crianças e jovens, assim como os serviços que oferecem educação para os alunos de todas as idades na Inglaterra.

- planejar, em conjunto, o questionamento entre professores;
- permitir que as próprias crianças criem seus critérios de sucesso à medida que se tornam mais articuladas;
- incluir uma pergunta na avaliação do trabalho e dar às crianças o tempo para responder; e
- melhorar a autoavaliação das crianças pela modelagem de perguntas focadas.

Há algumas evidências no aumento das habilidades de linguagem e questionamento entre as crianças, mas este é um processo lento. O corpo docente vai continuar a monitorar os resultados.

Reflexão sobre o estudo de caso

- O que esta escola está fazendo para desenvolver a utilização e a gama de perguntas?
- Que aspectos você considera que têm maior probabilidade de serem eficazes?
- O que você sente que está faltando?
- Como essa abordagem se compara com as experiências da escola em que você trabalha?
- Discuta os benefícios ou as desvantagens potenciais para uma abordagem sem o uso das mãos no questionamento.
- Como um professor pode ser proativo em relação a melhorar as habilidades de questionamento dele?
- Já verificou a frequência na qual você faz perguntas ou a gama de perguntas que você faz? Isso é importante? Por quê?

PRÁTICA

Prática 1: Lista para criar perguntas de ordem superior

Perguntas de ordem superior podem ser propostas com uma linguagem relativamente simples e devem consistir em mais do que quem, o quê, onde e quando.

As perguntas precisam ser:

- direcionadas;
- estimulantes;
- investigativas; e
- abertas.

As perguntas/estímulos devem:

- Desafiar suposições e conclusões. *Como podemos ter certeza de que...?*
- Estimular as crianças a fazer suas próprias perguntas. *Se essa é a resposta, qual pode ser a pergunta?*
- Testar generalizações e hipóteses. *É sempre assim...?*
- Sugerir estratégias de abordagem que desenvolvem os pontos de partida para a indagação. *Você pode dividir o problema em partes?*
- Abordar erros e concepções errôneas. *Você é capaz de demonstrar seu pensamento?*
- Avaliar o que elas sabem, o que aprenderam e o que precisam praticar mais. *Diga-me o que isso significa para você.*
- Promover reflexão. *Você poderia ter abordado isso de forma diferente?*
- Estimular e fornecer apoio a novas aprendizagens. *Não tenho certeza sobre isso, vamos dar uma olhada juntos?*
- Desafiar ideias. *Convença-me. O que aconteceria se nós mudássemos alguma coisa?*
- Promover a discussão/incentivar a verbalização das ideias. *Vamos discutir isso em grupos de quatro.* Incentivar respostas verbais e escritas a perguntas como "Como você explicaria isso a um amigo?".
- Incentivar relatórios. "Explique-me o que você fez"; "Diga-me como você fez isso"; "Fale comigo sobre algo que você fez hoje".
- Ampliar a tarefa e o pensamento. "E se...?"

Essas perguntas são abertas e personalizadas, vinculando, assim, aspectos cognitivos e afetivos. Kissock e Iyortsuun (1982) acreditam que essa combinação conduz ao questionamento mais eficaz. Você também irá notar que alguns itens supracitados são estímulos, em vez de perguntas. Estímulos convidam uma criança a falar, fazer ou sugerir algo, que podem servir de pontos de partida para modelar a indagação ou promover o debate de qualidade sustentada.

Prática 2: Mapeando conhecimentos

Respostas a um grupo de perguntas de ordem inferior, com foco na recordação, podem ser registradas em um mapa mental. Assim, se o processo for repetido ao final do tópico e as informações forem registradas em uma cor diferente no mapa mental, o professor terá uma ideia clara sobre quais crianças se lembraram do quê e quanta aprendizagem ocorreu. Em seguida, essa avaliação adicional pode ser usada formativamente para informar o ensino e a aprendizagem futura. Perguntas de ordem inferior são primordiais em estabelecer qual o conhecimento que as crianças adquiriram.

Isso lhe capacita a se concentrar mais em seu planejamento e sua avaliação?

Se você pede para as crianças sugerirem o que elas querem descobrir durante a investigação de tópicos diferentes, isso lhe permite incentivar as crianças a serem mais ativas na aprendizagem delas?

Prática 3: Criando na sala de aula uma cultura que incentive e valorize as perguntas

Monitore se os questionadores relutantes se tornam mais confiantes à medida que se tornam mais seguros nesse ambiente.

Atividade 1

Dê às crianças a oportunidade de inserir perguntas em uma "caixa postal" e as utilize para gerar indagações. Você não precisa saber a resposta para a pergunta.

O processo de descobrir a resposta permite que as crianças percebam que você é uma pessoa curiosa e gosta de questionar e investigar a fim de encontrar respostas. Johnston et al. (2007) explica como o professor é um modelo muito importante para os comportamentos de questionar.

Isso colide muito com a realidade do ensino do currículo escolar?

O fato de você saber que não será capaz de ser o adulto "sabe-tudo" cria uma tensão?

Atividade 2

Configure exposições interativas e crie um ambiente estimulante, que incentive as crianças a propor perguntas. Construa exposições em torno de uma pergunta sobre a qual as crianças genuinamente queiram saber a resposta.

Propor uma pergunta para a turma inteira incentiva mais crianças a contribuir com sugestões?

Atividade 3

Incentive as crianças a se encarregar de uma área da sala de aula para criar um museu de curiosidades.

As crianças ficam empolgadas com artefatos "desconhecidos", e, caso afirmativo, a quantidade de conjeturas e questionamentos aumenta?

Atividade 4

Crie um conjunto de cartões grandes que exibam um ponto de interrogação em cores vivas. Forneça-os aos questionadores relutantes no início do dia e os desafie a pensar em uma pergunta importante em algum momento durante a manhã ou a tarde.

Você percebeu um aumento na confiança dessas crianças ou o contrário?

Atividade 5

Dê tempo para debate e apoio em grupo para responder a questões de ordem superior na parte final das sessões.
O quanto isso é realista? Você conseguiu tempo para ter um diálogo amplo?

Atividade 6

Incentive as crianças a fazer suas próprias perguntas sobre um texto escrito. Evolua daquelas perguntas que testam a compreensão para aquelas que exploram as possibilidades do tipo "e se".
Assim, você consegue envolver as crianças oralmente por meio de leitura orientada?

Atividade 7

Permita que os questionadores relutantes vejam e discutam textos escritos antes de serem solicitados a responder às perguntas.
A exposição de perguntas pela sala incentiva mais discussão e envolvimento?

Atividade 8

Prepare as crianças a debater. As crianças precisam aprender a linguagem do debate. Colocar as crianças em grupos e orientá-las para fazer um debate não necessariamente resultará em um debate proveitoso. Avalie a possibilidade de dar às crianças diferentes encargos para facilitar essa tarefa.
A modelagem e a intervenção do professor ajudam a facilitar e aumentar a qualidade do debate?

Atividade 9

Pratique jogos como "A resposta é... Qual pode ser a pergunta?".
Seria útil expor uma pergunta todas as manhãs enquanto as crianças entram na sala e depois passar a responsabilidade a crianças designadas?

Atividade 10

Prepare um banco de perguntas de ordem superior para usar durante a aula.
Elas foram úteis na investigação e no desenvolvimento da compreensão?
Elas diminuíram muito o ritmo da aula?
Houve tópicos de gestão com a gama de respostas?
Você percebeu uma mudança no equilíbrio entre as perguntas de ordem inferior e superior que você formula?

RESUMO

As habilidades de questionamento de professores e alunos fornecem o alicerce para a aprendizagem ativa. Este capítulo identifica e explora uma série de fatores que afetam a eficácia do questionamento e fornecem oportunidades para investigar alguns desses fatores em primeira mão. O estudo de caso e o exemplo da abordagem Reggio Emilia ilustram como a arte do questionamento pode fornecer um ponto de partida para o desenvolvimento de todo o currículo.

Pesquisas sobre como e quando o questionamento pode ser incorporado no ensino e na aprendizagem proporcionaram modelos úteis para classificar as perguntas. Aos professores, essa compreensão permite construir perguntas que se adaptem a diferentes finalidades e utilizar uma vasta gama de perguntas em busca da aprendizagem. A pesquisa alerta os professores para a necessidade de considerar os assuntos afetivos relacionados a intercâmbios de pergunta/resposta e sugere como desenvolver uma consciência sobre estratégias (p. ex., tempo de espera e respostas colaborativas) pode minimizar a ansiedade potencial.

LEITURAS COMPLEMENTARES

WRAGG, E. C.; BROWN, G. A. *Questioning in the primary school*. London: Routledge Falmer, 2001.
Livro de exercícios desenvolvido a partir do Projeto Leverhulme para os Anos Iniciais do Ensino Fundamental que oferece uma gama de exercícios práticos e úteis para capacitar professores experientes e estagiários a aprimorar suas próprias habilidades de questionamento e a de seus colegas.

GODINHO, S.; WILSON, J. *How to succeed with questioning:* little books of big ideas. Melbourne: Curriculum Corporation, 2004.
Manual compacto repleto de ideias interessantes sobre questionamento para serem experimentadas em sala de aula.

WEBSITES

GEOGRAPHICAL ASSOCIATION. *GTIP Think Piece – Questioning*. [S. l: s. n], 2008. Disponível em: <http://www.geography.org.uk/gtip/thinkpieces/questioning/>. Acesso em: 22 jul. 2015.
Uma discussão alternativa sobre as questões abordadas no capítulo.

CLAXTON, G. Questioning techniques. *Teacher Tools*. [S. l: s.n, 2009]. Disponível em: <http://teachertools.londongt.org/?page=questioningTechniques>. Acesso em: 22 jul. 2015.
Guy Claxton, Professor em Educação e diretor de desenvolvimento em Cultura e Aprendizagem nas Organizações (CLIO, Culture and Learning in Organisations) da Universidade de Bristol, mostra essa apresentação de slides sobre o papel que o questionamento pode desempenhar no desenvolvimento da cognição de alunos inteligentes e talentosos.

THE TEACHING CENTER. *Asking Questions to Improve Learning*. [2009]. Disponível em: <http://teachingcenter.wustl.edu/asking-questions-Improve-Learning>. Acesso em: 22 jul. 2015.
Uma visão estadunidense de como usar as perguntas para desenvolver a aprendizagem.

REFERÊNCIAS

ANDERSON, J. A. *Teacher questioning and pupil anxiety in the primary classroom*. Education-Line. 2000. Disponível em: <http://www.leeds.ac.uk/educol/documents/00001683.htm>. Acesso em: 22 jul. 2015.

ANDERSON, L. W.; KRATHWOHL, D. R. (Ed.). *A taxonomy for learning, teaching and assessing:* a revision of bloom's taxonomy of educational objectives. New York: Longman, 2001.

ASKEW, M. et al. *Effective teachers of numeracy:* report of a study carried out for the teacher training agency. London: University of London, 1997.

BEST, B.; THOMAS, W. *Everything you need to know about teaching:* but are too busy to ask. London: Continuum International Publishing Group, 2007.

BLACK, P.; WILIAM, D. *Inside the black box*. [S. l.]: Assessment Reform Group, 1998.

BLOOM, B. S. et al. *Taxonomy of educational objectives:* handbook 1 cognitive domain. New York: David McKay, 1956.

CLAXTON, G. *What's the point of school?* Oxford: Oneworld Publications, 2008.

DE BONO, E. *Serious creativity*. London: Harper Collins, 1992.

DILLON, J. T. *Questioning and teaching:* a manual of practice. Beckenham: Croom Helm, 1998.

DUFFY, Gerald G. *Explaining reading:* a resource for teaching concepts, skills, and strategies. New York: Guilford Press, 2003.

DUNNE, R.; WRAGG, T. *Effective teaching (leverhulme primary project)*. London: Routledge, 1994.

FISHER, R. *Teaching thinking:* philosophical enquiry in the classroom. London: Continuum International Publishing Group, 2008.

HASTINGS, S. *Questioning*. 2003. Disponível em: <http://www.tes.co.uk/article.aspx?storycode=381755>. Acesso em: 21 jul. 2015.>. Acesso em: 21 jul. 2015.

HARRIS, D. *Questioning strategies in the early years science activity and discourse. Education-line*. 2005. Disponível em: <http://www.leeds.ac.uk/educol/documents/156393.htm>. Acesso em: 22 jul. 2015.

JOHNSTON, J. *Early exploration in science*. 2nd ed. Buckingham: Open University Press, 2005.

JOHNSTON, J.; HALOCHA, J.; CHATER, M. *Developing teaching skills in the primary school*. Maidenhead: Open University Press, 2007.

KISSOCK, C.; IYORTSUUN, P. *A guide to questioning:* classroom procedures for teachers. London: Macmillan, 1982.

KOSHY, V. Children's mistakes and misconceptions. In: KOSHY, V.; ERNEST, P.; CASEY, R. (Ed.). *Mathematics for primary teachers*. London: Routledge, 2000.

LEE, C. L.; SMAGORMSKY, P. *Vygotskian Perspectives on literacy research:* constructing meaning through collaborative inquiry learning in doing: social, cognitive and computational perspectives. Cambridge: Cambridge University Press, 2000.

LIGHTING up learning. [S. l: s. n, 201?]. Disponível em: <http://www.lightinguplearning.com>. Acesso em: 22 jul. 2015.

LIPMAN, M. *Thinking in education.* 2nd ed. Cambridge: Cambridge University Press, 2003.

MCINTOSH, E. *The problem finders*: how design thinking is releasing learning. [S. l: s. n, 2011]. Disponível em: <http://edumorfosis.blogspot.com.br/2011/11/conferencia-global-de-educacion-2011.html>. Acesso em: 31 jul. 2015.

MEASOR, L.; WOODS, P. *Changing schools:* pupil perspectives on transfer to a comprehensive. Milton Keynes: Open University Press, 1984.

PIAGET, J. *Judgement and reasoning in the child.* New Jersey: Littleford, Adams and Company, 1959.

PETTY, G. *Evidence based teaching:* a practical approach. Cheltenham: Nelson Thornes, 2009.

SPOONER, M. *Errors and misconceptions in maths at key stage 2.* London: David Fulton, 2002.

WILKS, S. (Ed.). *Designing a thinking curriculum.* Melbourne: The Australian Academy of Arts, 2005.

5

Professores reflexivos, crianças reflexivas

Anitra Vickery

> *Sê a mudança que queres ver no mundo.*
> *Mahatma Gandhi*

Panorama do capítulo

Este capítulo examina a maneira pela qual os professores podem desenvolver uma prática reflexiva, pessoalmente motivadora e valorizadora, que, por sua vez, influencie positivamente a qualidade da experiência educacional que eles são capazes de fornecer às crianças. Apresenta informações sobre estruturas reflexivas estabelecidas e sugere maneiras de os professores se tornarem mais reflexivos. Explora caminhos para ajudar as crianças a se tornarem reflexivas para que consigam se tornar mais ativas em relação ao desenvolvimento de sua aprendizagem. Atividades abrem um leque de oportunidades para reflexão sobre pedagogia e também sobre a aprendizagem e o envolvimento das crianças. Estudos de caso citam como alunos do PGCE[1] usaram o processo reflexivo para desvendar preocupações e dilemas e também para demonstrar como o processo pode mudar e se desenvolver durante o primeiro ano da docência.

INTRODUÇÃO

Este capítulo começa apresentando ao leitor as perspectivas teóricas sobre a reflexão profissional. Delineia a natureza da prática reflexiva e explica como ela é muito mais do que apenas pensar sobre o que aconteceu na sala de aula. As habilidades e as atitudes em que se fundamentam a reflexão eficaz – observação, mente aberta,

---

1 Ver N. de R. T. na página v.

raciocínio e análise e os vínculos com a resolução de problemas – são exploradas, e os paralelos possíveis no desenvolvimento do pensamento de ordem superior nas crianças são considerados. Uma discussão sobre a inexperiência comparativa do professor estagiário e os benefícios de cooperar com outro mais experiente destacará as potenciais questões afetivas associadas com a análise da prática. Isso, por sua vez, conduz a um diálogo sobre os benefícios da colaboração e do debate, tanto para os professores quanto para as crianças.

O capítulo faz referência às duas camadas de reflexão profissional e considera os efeitos resultantes de primeiro aprimorar a prática e, em seguida, aplicar uma reflexão que explore os aspectos morais de compreender e criticar a mudança educacional na sociedade mais ampla. O desenvolvimento de uma estrutura de apoio ajudará a alcançar um equilíbrio entre o desenvolvimento por meio de reflexão e a gestão das exigências práticas dos anos iniciais da prática docente. Isso será ilustrado por alguns relatos fornecidos por professores recém-qualificados. O capítulo termina com sugestões práticas de como desenvolver a reflexão em professores e alunos, seguidas por dicas de leituras complementares e referências.

O QUE É REFLEXÃO?

A reflexão é uma atividade intelectual e afetiva em que as pessoas exploram suas experiências no intuito de entendê-las e apreciá-las sob nova luz (BOUD; KEOGH, WALKER, 1985). Em seus termos mais simples, a reflexão é pensar em um fato para compreender o que aconteceu (RACE, 2002). A prática reflexiva, no entanto, é bem mais do que apenas pensar no que você está fazendo. Envolve uma análise proativa de experiência e baseia-se em um repertório de competências e experiências, a fim de aprender e evoluir a partir dessa experiência. Essa é a prática reflexiva que recomendamos para professores e crianças, porque essas percepções reflexivas lhes permitem crescer e aprender com suas experiências, identificando e criando as mudanças necessárias para apoiar e desenvolver a aprendizagem (POLLARD et al., 2008).

Existem vários defensores do ensino reflexivo, em especial Dewey (apud POLLARD, 2002), Schön (1983) e Pollard et al. (2005). Essas autoridades sugeriram "estruturas" ou "modelos de aprendizagem" para orientar o processo reflexivo (GHAYE, 2011).

John Dewey é conhecido por ser proativo em introduzir a noção de prática reflexiva no campo da educação (LARRIVEE, 2009). Dewey acreditava que a reflexão é um ato racional e significativo. Ele considerava a ação rotineira e a ação reflexiva como dois processos. Ação rotineira é a ação em geral não debatida conscientemente pelo professor individual, bastante vinculada ao processo intuitivo. A ação rotineira pode ser imposta por tradição, autoridades internas e externas, situações e circunstâncias. O perigo para todos os professores que exercem a docência é aceitar as situações porque "é assim que se faz", a exemplo do que acontece com um professor estagiário que se sente um convidado na escola e que, por isso, deve concordar com todas as decisões tomadas sobre o conteúdo e a abordagem no ensino, sem questionar a filosofia nem os valores promovidos pela escola. Brookfield (1995) sugere que os pressupostos que temos sobre o ensino são muito influenciados pela hegemonia no âmbito do sistema de educação, criada por estruturas de autoridade na escola e nas políticas do governo central. Para combater isso, ele sugere que os professores devem considerar sua prática sob quatro prismas:

- a experiência que nos tornou quem somos;
- as crianças com as quais trabalhamos;
- os demais profissionais com quem trabalhamos; e
- o conhecimento, a pesquisa e a teoria que absorvemos.

O processo reflexivo em que você, professor (a), se envolve será exclusivamente seu, devido à individualidade de sua sala de aula, à sua personalidade, aos pressupostos que você traz para o trabalho e à natureza dos dilemas que você enfrenta em momentos específicos.

A ação reflexiva pode ser desencadeada pela necessidade de resolver um problema e envolve a análise ativa, persistente e cuidadosa de qualquer convicção ou suposta forma de conhecimento, à luz dos motivos que os sustentam (DEWEY apud POLLARD, 2002). Dewey sugere que o corpo docente precisa desenvolver as qualidades de "mente aberta, responsabilidade e sinceridade" para ser flexível e rigoroso com sua análise (WARWICK, 2007).

Schön desenvolveu a ideia de professor reflexivo no início dos anos de 1980. Alguns críticos sugerem que sua premissa está centrada no indivíduo e não consegue avaliar o impacto positivo que os colegas, em termos de apoio e debate, podem exercer no desenvolvimento. Por essa razão, mesmo que muitas das sugestões sejam aplicáveis aos professores, elas tendem a ser adotadas primordialmente em outras profissões e negócios (LARRIVEE, 2009). O apoio e o debate dos colegas também são especiais e relevantes para as crianças. Nisbet e Shucksmith (1986), por meio de seu programa de treinamento metacognitivo para crianças dos anos iniciais do ensino fundamental, produziram fortes evidências de que o debate permite que as crianças se tornem mais reflexivas sobre seus próprios processos. Tarefas de debate, se projetadas com cuidado, levam a interações significativas que resultam em maior compreensão para os participantes (SCARDAMALIA; BEREITER, 1994). Em essência, a reflexão é uma atividade social (SOLOMAN, 1987 apud WARWICK, 2007).

Schön (1983) fala em reflexão *na* ação e *sobre* a ação. Na ação é essencialmente pensar com rapidez e, de vez em quando, mudar o que precisa ser mudado. Sobre a ação significa avaliar depois o que aconteceu e planejar uma mudança pelo resultado da análise. Schön também propõe reestruturar a prática – ou seja, encarar a prática de diferentes perspectivas. Essas diferentes perspectivas no ensino podem ser o ponto de vista da criança, do aluno, do pai ou cuidador e de outros colegas (GHAYE, 2011).

Outro elemento desejável da estrutura de Schön é que ele está preocupado com as implicações sociais e éticas mais amplas dos fatos que acontecem na sala de aula, levando, assim, ao entendimento da reflexão em um nível mais profundo (COLE; KNOWLES, 2000). A estrutura de Pollard (Fig. 5.1), desenvolvida com base na obra de Dewey e Schön, é composta por sete características para auxiliar o processo de reflexão (POLLARD et al., 2005). O autor incentiva os professores a desenvolver o processo reflexivo por meio de uma série de ações apresentadas em um ciclo. Essas ações envolvem monitorar o que acontece no processo de ensino e aprendizagem, avaliar os resultados e depois fazer os ajustes decorrentes da reflexão. Esse processo sistemático de monitoramento e reflexão sobre as ações deve capacitar os professores a aprimorar suas práticas a fim de desenvolver a aprendizagem.

À medida que se envolvem em seu primeiro trabalho, os professores inevitavelmente imergem na cultura de uma organização que tem sua própria e exclusiva dinâmica. A tarefa de ser responsável por uma turma de crianças e, ao mesmo tempo, satisfazer as expectativas da escola e dos pais, além de desenvolver *expertise* em todos os tópicos ministrados em uma escola dos anos iniciais do ensino fundamental, parece uma sobrecarga e tanto. Muitas vezes, essa sensação de estar sobrecarregado resulta em respostas emocionais negativas. Essa negatividade pode ser exacerbada pelo processo reflexivo, pois a insegurança pode significar que os aspectos afetivos sobrecarregam a análise intelectual (ZIMMERMAN, 2009). Boud e Walker (1998) têm a firme convicção de que o processo reflexivo deve envolver uma abordagem subjetiva para torná-lo mais crível e eficaz; no entanto, a reflexão,

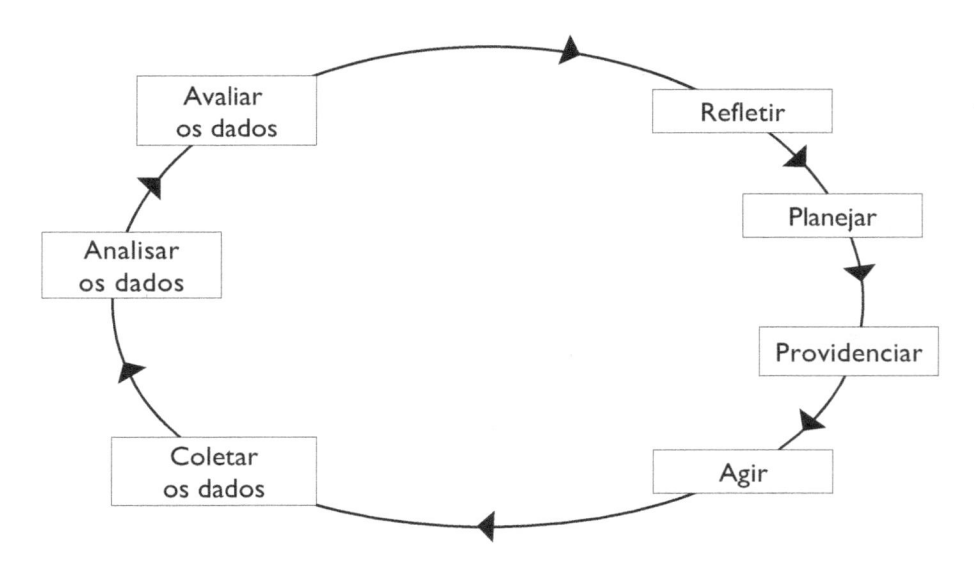

Figura 5.1 Estrutura de Pollard.

por sua própria natureza, poderia ser bastante desmoralizante. É importante que o processo reflexivo se fundamente no reconhecimento de aspectos positivos. O modelo de Ghaye (2011) leva em conta esse ponto. Ghaye sugere que os docentes devem centrar-se nos pontos fortes da sua prática, e o seu modelo oferece muitas oportunidades para se concentrar em experiências positivas e usá-las para progredir. Isso também é apoiado pelo Departamento de Educação do Reino Unido (United Kingdom, 2001), que estabelece que os professores reflexivos precisam se concentrar em seus pontos fortes e refletirem sobre como e o que eles podem compartilhar com os colegas no processo de identificar as suas necessidades.

AS HABILIDADES E OS VALORES ASSOCIADOS COM A PRÁTICA REFLEXIVA

Professores

A reflexão acontece em muitos momentos diferentes e em diferentes níveis devido à natureza do ensino. Parte da reflexão acontece ao longo do dia escolar, e muita reflexão também acontece no fim do dia, quando você avalia os resultados daquele dia para conseguir planejar as próximas etapas do programa de ensino. Uma fase inicial de reflexão preocupa-se com as ocorrências cotidianas em sala de aula e sua dinâmica constante, porque o ambiente de sala de aula é imprevisível.

Talvez a prática reflexiva constitua uma parte significativa do curso de formação de muitos professores. Você será incentivado a se familiarizar com as estruturas reflexivas mais significativas e analisar criticamente as abordagens sugeridas. Você será incentivado a registrar sua reflexão em desenvolvimento, refletindo sobre problemas encontrados em sua prática, bem como sendo solicitado a questionar e refletir sobre tópicos de ensino e aprendizagem e o impacto na sociedade em geral. Porém, essa prática útil pode ter vida breve e não ser levada adiante em sua carreira docente, caso o processo não seja abertamente incentivado.

Observe este cenário: uma professora recém-qualificada está preocupada com o comportamento das crianças em sua sala de aula. A professora identificou o problema e sabe que precisa fazer alguma coisa, porque sua sala de aula não está apoiando a aprendizagem. Ela pode ter uma "sensação de fracasso" porque seus pensamentos (a reflexão) lhe informam que isso não deveria estar acontecendo, e, por isso, a culpa deve ser dela. Nessa fase, ela está se dedicando à reflexão de superfície (LARRIVEE, 2009). Ela inseriu a emoção no cenário e não aprofundou a reflexão, pois isso pode ser ameaçador ou desmoralizante. Ela se fechou, e sua reação é agir sem consultas ou pensamentos mais profundos. Talvez ela tente aumentar sua "disciplina", tornando-se rigorosa ou desenvolvendo comportamentos diferentes para estratégias de aprendizagem, de forma aleatória. Talvez tente separar as crianças que, na visão dela, perturbam o ambiente. O seu estado emocional não lhe permite debater o problema com um colega.

Para levar adiante sua atividade docente, ela precisa desenvolver um processo que se torne habitual e minimize as questões afetivas da reflexão. Trocar ideias com outros colegas pode permitir-lhe refletir em um nível mais profundo e ser objetiva em relação ao que está acontecendo. O debate deve permitir-lhe analisar o problema como um problema, em vez de uma prova da inadequação profissional da parte dela. Esse debate pode desencadear uma reflexão mais profunda sobre o que está acontecendo com a aprendizagem em sala de aula. Se a professora reconhecer que as crianças não estão realmente envolvidas com o trabalho delas, talvez ela consiga conectar as duas coisas, aprofundar a reflexão e, assim, envolver-se na reflexão pedagógica. Isso pode levá-la a considerar como e o que ela pode fazer para mudar as coisas, centrando-se no contexto de aprendizagem. Ela pode ser incentivada a considerar a acessibilidade de conteúdo para todas as crianças, a estrutura de grupos, os debates as regras de envolvimento, bem como a olhar para a relação professor-criança e os valores e expectativas que ela projeta por meio de sua voz e linguagem corporal.

Os parágrafos anteriores contêm muitas palavras condicionais – pode, talvez –, porque há esse elemento de probabilidade. O volume e a qualidade da reflexão dependem do ambiente em que a professora leciona. Considera-se que um ambiente escolar é solidário quando a norma é todos os professores compartilharem elementos da prática e os colegas escutarem quaisquer problemas que os colegas estejam enfrentando. Juntos, eles tentam encontrar soluções. Por mais que isso seja útil e louvável, por si só, não é indicativo da genuína prática reflexiva. Se não há nenhum fórum para permitir a prática reflexiva, então ela não vai além do nível de resolução de problemas. Um professor realmente reflexivo vai questionar a prática estando ou não um problema evidente. Ao destinar tempo para que seu corpo docente se reúna para debater não só problemas na aprendizagem, mas assuntos de aprendizagem, a escola propicia reflexão significativa que contribui para o bom funcionamento e o sucesso escolares. Reuniões habituais focadas permitirão que o corpo docente se envolva em reflexões em um nível ainda mais profundo – às vezes, chamado de reflexão crítica. O corpo docente vai considerar como pode incentivar as crianças a se tornarem responsáveis, independentes e respeitosas e a manter essas qualidades para a vida inteira (LARRIVEE, 2009). Essa forma de reflexão examina o sistema de convicção pessoal e profissional do indivíduo. Às vezes, há uma dissonância entre as convicções do indivíduo e aquelas promovidas pela escola ou política governamental. Um professor reflexivo precisa perceber que o que ele é formou-se pela experiência incorporada em sua cultura e, portanto, é essencial desenvolver a qualidade da mente aberta, conforme promovida por Dewey, de modo que seja possível envolver-se em uma análise profissional livre dos efeitos de preconceitos.

Crianças

Novos conhecimentos ou habilidades surgidos de uma aprendizagem ativa e reflexiva tendem a se tornar incorporados em nosso desenvolvimento (FREIRE, 1973). Moon (1999) sugere que a aprendizagem sem reflexão é apenas superficial ou transitória. Essa mensagem clara sugere que a chave para a aprendizagem bem-sucedida é a reflexão; no entanto, ao serem convidadas a refletir sobre as suas aprendizagens ou ações, muitas vezes as crianças não conseguem se envolver significativamente com o processo, porque o termo reflexão, no sentido educacional, ainda não foi definido nem modelado com clareza. Um professor que incentiva e promove a reflexão irá garantir que o tempo e o espaço sejam alocados para o processo e que isso seja facilitado em contextos e ambientes solidários. Além disso, deve fornecer espaço para que as crianças possam refletir individualmente ou com as outras transmite uma mensagem importante sobre o valor inerente à reflexão (JENSEN, 2005).

A abordagem de Pollard ao ensino reflexivo e sua convicção da melhoria resultante na prática podem ser transferidas à aprendizagem reflexiva (HAYES, 2005). Os princípios têm igual aplicação. A aprendizagem das crianças pode ser subconsciente e, muitas vezes, elas não percebem as características do desenvolvimento da aprendizagem.

Ao longo do dia, muitas exigências recaem nos ombros de um professor, e destinar um tempo para a reflexão talvez pareça outra pedra no caminho; contudo, devido à sua evidente importância no desenvolvimento de atitudes responsáveis e de mente aberta em relação à aprendizagem, é válido incorporar essa prática em diferentes partes do dia de modo habitual, até isso se tornar natural. Oferecer experiências e estruturas diferentes para proporcionar às crianças oportunidades para refletir deve ser uma parte relevante do processo de planejamento. O plenário, ou fim da aula, é o momento ideal para incentivar as crianças a refletir e debater o conteúdo da sessão e a aprendizagem percebida por cada indivíduo; porém, será essencial uma gestão cuidadosa para neutralizar as pressões de tempo. A reflexão sobre a aprendizagem pode ser mais bem alcançada por meio de debates orientados. A interação com as ideias e os pensamentos das outras crianças irá apresentar uma gama de perspectivas a ser considerada. Isso resultará em oportunidades para compreender o significado do ensino e da aprendizagem e também para desenvolver habilidades de pensamento de ordem superior, por meio de análise, síntese e avaliação da aprendizagem delas. Para fazer isso com sucesso, as crianças devem ser orientadas a compartilhar suas ideias e seus sentimentos honestamente, de modo que uma verdadeira compreensão da aprendizagem possa ser obtida. Por exemplo, em certo ponto durante a aprendizagem, o professor pode incentivar as crianças a pensar nas coisas que elas acham fácil de lembrar em oposição àquelas que duram pouco. Assim, ele está chamando a atenção para a maneira que os indivíduos aprendem. Então, cada criança poderá refletir sobre qual é o método mais eficaz de aprendizagem para si e também estar ciente das abordagens de aprendizagem preferidas pelos outros. Por sua vez, o debate informará o professor sobre as experiências mais eficazes que ele pode dar a seus alunos, a fim de intensificar a aprendizagem. Se o professor cria andaimes para debates reflexivos, de modo que as crianças consigam compartilhar seu pensamento em voz alta, então o ensino e a aprendizagem se tornam mais concentrados e produtivos e permitem que as crianças se apropriem do processo de aprendizagem e explicitem o seu processo de pensamento.

As crianças precisam sentir-se seguras se for necessário que compartilhem quaisquer inseguranças, mas, tão logo se crie um ambiente seguro e a reflexão se torne parte automática da aprendizagem, todo o processo da aprendizagem atinge um nível mais profundo. As crianças precisam saber que podem compartilhar suas ideias abertamente e que o que elas expressam sobre sua aprendizagem não é apenas uma resposta definida à aquisição do objetivo da aprendizagem para a aula, mas uma avaliação honesta da sua aprendizagem individual em um ambiente não ameaçador. Valorizar a honestidade em relação ao desempenho em um ambiente de confiança onde todo mundo é aprendiz desenvolverá, por fim, alunos independentes e ativos.

Crianças que conseguem avaliar o que sabem ou não sabem e o que sentem ou não sentem são capazes de assumir a responsabilidade por sua própria jornada de aprendizagem. Os professores devem interromper o dia para incentivar as crianças a tomar nota. Podem fazer perguntas para desenvolver o vocabulário sobre a percepção da aprendizagem.

- O que está fazendo e por quê?
- O que lhe ajudou a acessar e a alcançar a aprendizagem?
- Como se sente em relação a isso?
- Está preparado para perseverar?
- Por que está fazendo isso?
- Aonde isso vai nos levar?

Oportunidades de reflexão suscitadas antes de novos temas ou atividades permitirão às crianças considerarem seu ponto de partida e serem capazes de avaliar o que e como elas precisam desenvolver. Diversos esquemas disponíveis fornecem uma série de perguntas em diferentes níveis para permitir que as crianças determinem seu nível de partida; seu ponto de entrada e saída para o tópico. Alguns professores usam as instruções da Avaliação do Progresso do Pupilo do Departamento de Educação do Reino Unido (*Assessing Pupil Progress*, APP, arquivado em 2011) para facilitar essa abordagem. Essa análise seria primordialmente uma atividade individual, mas poderia ser discutida em duplas. Para facilitar essa análise da aprendizagem, o professor deve modelar uma técnica de questionamento aberta, lançando mão de perguntas, como:

- O que você acha que você aprendeu?
- Por que você acredita nisso?
- De que modo sua compreensão ou seu conhecimento mudaram?

Essas perguntas indagadoras devem permitir que as crianças articulem e atribuam significado à aprendizagem delas, participando, assim, de sua própria aprendizagem.

Algumas crianças irão se beneficiar com o uso de um fluxograma ou diagrama para reflexão, como o da Figura 5.2. Esta pode ser uma resposta individual ou compartilhada, tanto escrita quanto oral.

Este processo pode ser auxiliado pela exposição de um "mural de aprendizagem", que registra o progresso ao longo de um tópico e recebe acréscimos diariamente. Se o formato fosse um mapa mental, então poderia ser interativo, e as crianças poderiam adicionar suas ideias para experiências que garantiriam a próxima etapa de aprendizagem (HARRIS; CAVIGLIOLI, 2003). Cuidados especiais, por exemplo, com o destacamento de pessoal de apoio ou emparelhamento e agrupamento estratégico das crianças, precisam ser tomados no caso de crianças que tenham problemas na aquisição da linguagem ou relutem para falar.

O uso de fluxogramas torna a aprendizagem visível e fornece a professores e crianças uma imagem de seu pensamento e também uma ferramenta de autoavaliação. Da mesma forma, esse vínculo conceitual garantirá que a aprendizagem seja mais suscetível de ser incorporada.

Diários reflexivos que tenham um foco na aprendizagem também podem ser úteis, mas provavelmente sejam mais demorados e, na verdade, o ato físico de escrever frases pode desviar a atenção das crianças do processo de reflexão. A capacidade de refletir sobre sua aprendizagem será de enorme benefício para as crianças não só durante seus anos escolares, mas é uma habilidade que, uma vez dominada, influenciará positivamente ao longo da vida inteira delas.

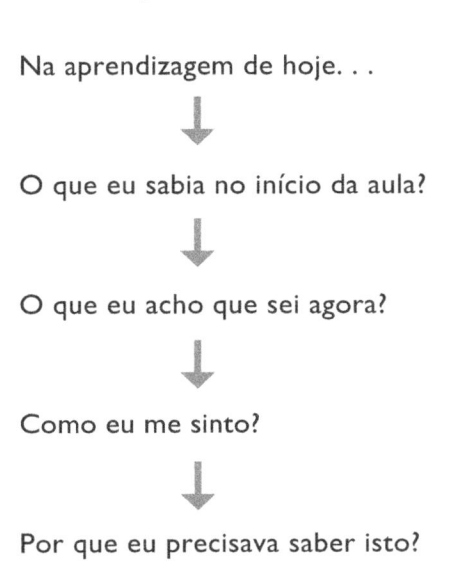

Na aprendizagem de hoje. . .
↓
O que eu sabia no início da aula?
↓
O que eu acho que sei agora?
↓
Como eu me sinto?
↓
Por que eu precisava saber isto?

Figura 5.2 Fluxograma de reflexão.

ESTUDOS DE CASO

Nos seguintes estudos de caso, os professores foram incentivados a desenvolver a qualidade de sua prática reflexiva, ao longo do PGCE. No início do curso, foram motivados a manter um diário reflexivo dos fatos que aconteceram ao longo das fases universitárias e das experiências escolares. Foram convidados a identificar e a considerar suas opiniões preconcebidas sobre a teoria e a prática educacionais; normalmente, essas opiniões teriam sido formadas como resultado de suas próprias experiências educacionais, e a monitorar se e como elas mudaram à medida que eles ampliaram suas percepções sobre os modelos de aprendizagem aos quais foram expostos. Além disso, foram encorajados a entabular discussões e debates durante as palestras e os seminários na universidade, a questionar o conhecimento recebido e a criticar as práticas e iniciativas educacionais. Isso lhes permitiu acessar as múltiplas perspectivas de seus colegas. Perto do final do curso, esperava-se que eles fornecessem um portfólio de evidências de sua jornada reflexiva e escrevessem um ensaio que analisasse criticamente as estruturas para reflexão, usando um tema por eles escolhido como o veículo para análise, observando quaisquer surpresas ou momentos cruciais.

Caso James

James sempre foi apaixonado por matemática. Aprendeu matemática na escola com o uso de livros didáticos. Ele afirma que esse método de ensino combina com a sua personalidade, já que ele se considera muito competitivo e gosta de desafios. Praticou os exercícios e aprendeu as regras e rotinas, sempre com o objetivo de dominar as questões mais desafiadoras. Teve bom desempenho em matemática e, portanto, acreditava que essa era a maneira mais eficaz de ensinar essa matéria. Sua primeira experiência na prática docente reforçou esse ponto de vista, já que a escola também trabalhava quase exclusivamente a partir de livros didáticos. Como a escola era considerada de excelente desempenho, ele não questionou a abordagem.

Durante a fase universitária de sua formação como professor, ele foi apresentado a uma pesquisa (NUNES et al., 2009) que sugere que o raciocínio matemático é mais importante para o desempenho posterior das crianças em matemática do que a habilidade de calcular. Pela primeira vez, ele se sentiu confuso sobre sua convicção de como se deve ensinar a matemática. Ficou se perguntando por que as escolas ignoravam ostensivamente as descobertas e priorizavam conhecimentos e procedimentos, em vez de habilidades de resolução de problemas investigativos. Reconheceu que, devido à sua limitada vivência, ele se baseara em sua própria experiência e na prática de outros mais experientes para orientar a sua abordagem. Seguindo a estrutura de Pollard, ele decidiu consultar e colaborar com seu mentor, implantando, assim, sessões de matemática investigativa, nas quais fornecia recursos que ajudavam as crianças a construir seus próprios conhecimentos. Ele constatou uma onda de entusiasmo e motivação nas crianças que antes mostravam desinteresse em matemática. No entanto, ele também observou que algumas crianças que pareciam excelentes em matemática mecânica tiveram dificuldades nas investigações. A pesquisa dele sobre as teorias dos defensores da prática reflexiva, especialmente Pollard, permitiu-lhe esmiuçar sua confusão. James considerou essa lição muito poderosa e a levou muito a sério, afirmando que "[...] eu não precisava apenas me concentrar nas consequências pessoais e acadêmicas do meu ensino, mas também precisava me identificar com as consequências sociais do meu ensino". Ele adotou a característica de mente aberta, conforme proposta por Pollard e adicionalmente pesquisada. Tornou-se ciente da cultura negativa em torno do ensino e da aprendizagem da matemática e se tornou mais focado nos modos de aumentar o envolvimento e a motivação para as crianças. Isso suscitou mais confusão, e ele se sentia desconfortável por desafiar os métodos de ensino empregados em sua prática escolar.

Em seguida, James foi capaz de questionar atitudes e modelos de ensino, por meio de oportunidades para discussão com tutores, mentores e colegas, bem como pela adoção de abordagens distintas em ambientes distintos. A oportunidade de pesquisar, discutir e observar foi crucial para ele formar uma visão objetiva sobre o que constitui o ensino eficaz. Ele desenvolveu a visão de que uma abordagem de livros didáticos tinha seus méritos, mas a aprendizagem da matemática precisava ser reforçada por investigações matemáticas. Ele reconhece que a reflexão é uma atividade pessoal, mas que é importante colaborar e debater com os colegas, a fim de manter o desenvolvimento profissional.

Caso Sam

Sam está em seu segundo ano na prática docente. Como aluno do PGCE, ele havia sido extremamente reflexivo sobre sua prática e isso influenciou significativamente a impressão positiva que dava aos colegas profissionais na escola. Foi interessante entrar em contato com ele ao cabo de seu primeiro ano como professor recém-qualificado, com o objetivo de determinar quanto tempo ele tinha sido capaz de dedicar ao processo reflexivo e se tinha ou não sido capaz de empregar a mesma profundidade ao processo. A seguir estão suas respostas ao questionário feito para determinar isto.

- *O que o termo reflexão significava para você no final de seu ano cursando o PGCE?*

Reflexão significava lembrar-se das aulas anteriores, identificando as áreas que funcionaram bem e aquelas que precisavam melhorar. Significava analisar o motivo pelo qual as coisas funcionavam bem e como as coisas poderiam ser feitas diferentes para alterar o resultado. Quando cheguei ao fim do curso, percebi a importância de refletir sobre os aspectos positivos, bem como os negativos. Ao refletir sobre os aspectos positivos, você consegue pensar sobre por que as coisas correram bem e consegue identificar maneiras de ampliar esse sucesso nas práticas futuras.

- *Como sua compreensão sobre a docência reflexiva desenvolveu-se ou modificou-se durante seu estágio como professor recém-qualificado?*

Percebi que estou refletindo muito mais sobre assuntos mais amplos da escola, e que essa reflexão não é isolada apenas ao ensino. Por exemplo, reflito sobre a maneira de lidar com conflitos parentais, o que me ajudou a solucionar problemas de modo bem mais positivo e, ao mesmo tempo, preservar minha própria confiança em minhas habilidades como professor. Agora estou refletindo com uma visão mais ampla sobre as implicações para a prática futura. Por exemplo, identificar o que andou bem em um tópico para que eu possa pensar sobre o que gostaria de mudar nos próximos anos. O processo reflexivo das crianças também foi importante nessa tarefa.

- *Enquanto você era professor estagiário, você foi incentivado a desenvolver a reflexão, pois essa característica era considerada valiosa. De que modo o seu ambiente de trabalho atual é propício ao processo reflexivo?*

Sinto que deixei a universidade com uma boa base na reflexão e isso me permitiu continuar a ser reflexivo. No trabalho, tenho uma mentora muito forte, que me ajuda em minhas reflexões sobre as minhas habilidades de professor. Sinto que agora estou refletindo de modo muito mais colaborativo do que eu costumava refletir ao longo do meu ano no PGCE e isso é apenas mais um desenvolvimento no meu processo. Não acho que eu seria tão reflexivo se essa habilidade não tivesse sido bem ensinada na universidade. À medida que a reflexão foi incorporada ao longo do curso, isso me ajudou a continuá-la e desenvolvê-la.

- *Com que frequência você aplica a reflexão ao seu ensino? Diária, semanal, mensal, trimestral? Por favor, esclareça.*

Diária: acho que reflito de maneiras diferentes ao longo do dia. Reflito muito após as aulas e descobri que corrigir provas e trabalhos logo após serem feitos me ajuda nesse processo. Posso usar isso para alterar minha próxima aula, conforme os resultados. Também existe uma boa oportunidade para refletir com os colegas durante o almoço, e acho que, na escola como um todo, o corpo docente troca muitas ideias sobre como os dias transcorreram, o que auxilia no processo reflexivo. Ao cabo do dia, se necessário, minha professora parceira (que também é minha mentora) e eu casualmente discutimos certos elementos do dia e, assim, também refletimos.

- *Você usa uma estrutura para modelar sua reflexão?*

Não de modo consciente. Em geral, acho que dedico algum tempo para refletir pessoalmente após as aulas e situações. Pensar no que foi bem-sucedido/malsucedido, fazer anotações e analisar maneiras para alcançar melhores resultados. Em seguida, posso falar com minha mentora ou outros membros do corpo docente, e isso ajuda a refletir de forma diferente.

- *Se a resposta à pergunta anterior for sim, é*
1. *uma estrutura teórica conhecida, por exemplo, a de Pollard?*
2. *uma estrutura idealizada pessoal?*
3. *uma estrutura da política escolar?*

Não tenho conhecimento sobre uma estrutura da política escolar, e essa não é realmente uma coisa debatida nas reuniões do corpo docente nem no início do ano. Acho que se espera que a reflexão seja feita, por isso estou muito contente por trazer uma base tão significativa de meu curso universitário, pois isso me permitiu assumir as rédeas de minha própria reflexão e identificar maneiras de melhorar esse processo.

- *Você reflete*
1. *sozinho?*
2. *com colegas de profissão?*
3. *com amigos/família?*

Em geral reflito sozinho, mas se necessário consulto meus colegas. Quase sempre, minha mentora, ou senão a professora assistente, dependendo da reflexão.

- *A sua reflexão é*
1. *um processo interno?*
2. *um processo escrito?*
3. *um processo discursivo?*

Principalmente um processo interno.

- *Você experimenta emoções negativas quando se envolve no processo reflexivo e, em caso positivo, como responde a elas?*

Muitas vezes, especialmente quando reflito sozinho, após o expediente escolar. Tento recapitular a situação ou a aula e tento equilibrar os aspectos negativos da situação com os positivos. Muitas vezes, também penso em como as situações podiam ter se desenvolvido de forma diferente e, às vezes, descubro que realmente tomei a decisão certa ou a decisão melhor do que as outras que eu poderia ter tomado. Também tento falar com a minha mentora, já que ela muitas vezes coloca a situação em perspectiva, o que costuma ser a parte mais importante que eu posso não ter percebido.

Reflexão sobre os estudos de caso

- O que a escola de Sam está fazendo para desenvolver a reflexão?
- Os professores nos estudos de caso estão refletindo da mesma forma e com a mesma profundidade?
- Quais os aspectos que você sente que têm maior probabilidade de serem eficazes?
- O que você sente que está faltando?
- Como isso se compara com a sua própria experiência de reflexão?
- Descreva e discuta como a reflexão poderia alcançar maior impacto social.

PRÁTICA

As sugestões a seguir fornecem oportunidades para desenvolver a capacidade dos professores e das crianças para refletir sobre sua aprendizagem.

Prática 1: Gerenciando a aprendizagem

Atividade 1

Periodicamente, ministre uma aula em que o objetivo da aprendizagem não é definido de modo explícito. Diga às crianças que elas vão definir o que elas pensam que deveriam aprender na aula, o que elas pensam que aprenderam e que provas elas têm para apoiar seu pensamento. Essa atividade se beneficiaria com debate em grupo ou em duplas.

Reflexão do professor:
As crianças se mostraram mais concentradas?
Elas foram capazes de sustentar suas afirmações?
Houve surpresas sobre a aprendizagem que aconteceu?

Atividade 2

Proporcione *feedback* escrito e oral às crianças e lhes dê tempo para refletir sobre o *feedback* com respostas, individualmente ou com um colega.

Isso pode fornecer debate contínuo sobre a aprendizagem específica que está ocorrendo.

Isso é gerenciável? Se não, tente se concentrar em seis crianças por semana.
As crianças tornam-se mais interessadas na aprendizagem delas e assumem mais responsabilidades pelo desenvolvimento?

Atividade 3

Dê às crianças a responsabilidade de compartilhar seus conhecimentos e "ensinar" outra criança com dificuldades para entender um conceito.
Isso cria uma hierarquia indesejável?
Essa abordagem torna as crianças mais conscientes sobre diferentes preferências de aprendizagem?

Atividade 4

Forneça o espaço para permitir que as crianças mais velhas gravem suas ideias sobre sua aprendizagem em um registro de aprendizagem ao final de uma aula/dia/semana. Crie andaimes para a abordagem, expondo uma abordagem adequada de questionamento em um "mural de aprendizagem".
Incentive uma análise oral com crianças menores.
Como isso afeta a compreensão das crianças sobre sua própria jornada de aprendizagem?
As crianças tornam-se mais concentradas e proativas sobre o desenvolvimento de sua aprendizagem ou consideram isso uma tarefa extra indesejada?

Prática 2: Monitorando diferentes estágios da aula

Atividade 1

Considere a adequação da primeira etapa da aula. Você sempre a utiliza com o mesmo propósito – por exemplo, definir a natureza da tarefa, obter a compreensão, preparar-se para o ensino principal, ensaiar as habilidades? Seguidamente tente mudar o foco conforme apropriado para assegurar e desenvolver a compreensão.
As crianças ficam empolgadas com a imprevisibilidade ou sentem-se confusas e inseguras?

Atividade 2

Tente modificar o agrupamento habitual e os lugares em que cada aluno senta para a atividade principal.
Use apoio adulto adicional em funções diferentes.
Permita que as crianças se autodiferenciem.
Como essas mudanças influenciam a motivação e o desempenho dos indivíduos?

Prática 3: Captando a atenção

Atividade 1

Monitore o impacto de seu comportamento atual em relação a estratégias de aprendizagem no fluxo e no ritmo da aula, bem como o efeito sobre o envolvimento das crianças. A situação ideal é que todas as crianças estejam ativamente envolvidas no trabalho, porque elas são desafiadas adequadamente dentro de uma cultura de sala de aula com respeito mútuo; porém, na realidade, às vezes leva um tempo para estabelecer essa cultura e é necessário usar estratégias para garantir que as crianças consigam se concentrar no ensino e na aprendizagem.

Se necessário, experimente o seguinte:

- No começo da aula, use percussão corporal silenciosa para ganhar a atenção de uma turma barulhenta e, em seguida, transfira a liderança para recompensar os indivíduos.
- Prepare grandes tiras de papel verde, laranja e vermelho. Coloque os nomes de todos os alunos nas tiras verde, no início de cada dia, e migre para baixo, passando pelo laranja até o vermelho, se o comportamento for inadequado. Isso deve ser feito sem repreensão verbal que interrompa o fluxo e o ritmo da aula. No final da aula, haverá uma consequência para as crianças no vermelho. As crianças também podem subir na escala se refletirem e corrigirem o seu comportamento.

Atividade 2

Sugira às crianças que conscientemente reflitam sobre a posição de suas classes e interações durante a aprendizagem. O que e quem desativa a aprendizagem?

Quão bem-sucedidas são essas estratégias?

Você acha difícil não explicar por que está migrando o nome da criança para uma cor diferente?

As crianças são maduras o suficiente para reconhecer que algumas crianças ou algumas situações podem "bloquear" a aprendizagem de outra criança?

Prática 4: Desenvolvimento profissional

Atividade 1: Análise das práticas

Estude um elemento de sua prática que você tenha empregado consistentemente ao longo da carreira, até a presente data. Pode ter a ver com a abordagem de ensino, o uso de planilhas ou livros didáticos, os procedimentos de avaliação ou o

uso de ambiente ao ar livre. Analise criticamente essa prática e pesquise métodos alternativos para experimentar.
Ficou surpreso com as emoções que isso provoca?
Ficou surpreso com alguns resultados das pesquisas?
A mudança teve um impacto positivo ou negativo sobre você ou as crianças?

RESUMO

Este capítulo explora o que significa ser um professor reflexivo e como é importante planejar e organizar as oportunidades de reflexão para que ela se incorpore na prática. O leitor é apresentado às estruturas, construídas por proponentes significativos da prática reflexiva, que podem ajudá-lo na análise proativa do ensino e da aprendizagem. É importante desenvolver a mentalidade e a abordagem certas, de acordo com as quais essa análise intelectual não seja prejudicada pelas emoções negativas que possam surgir em decorrência da reflexão. O capítulo também discute o lugar da colaboração e da consulta com os colegas como um elemento de apoio necessário para promover o processo reflexivo.

A reflexão é reconhecida como o ingrediente vital para a aprendizagem profunda e sustentada, bem como para um ambiente de sala de aula que desafie e instigue professores e crianças. A seção *Prática* traz sugestões para ajudar o professor a incentivar a reflexão em crianças.

LEITURAS COMPLEMENTARES

FRANGENHEIM, E. *Reflections on classroom thinking strategies*. 6th ed. London: Paul Chapman Publishing, 2005.
Uma riqueza de ideias; muitas sugestões práticas sobre como criar uma sala de aula reflexiva e bem-sucedida.

HUGHES, M. *Closing the learning gap*. Stafford: Network Educational Press, 1999.
Escrito em estilo acessível, este livro apresenta uma gama de estratégias para desenvolver a aprendizagem, criadas como reflexo da análise das pesquisas sobre o cérebro e a aprendizagem eficaz.

MANCHESTER, H. (Ed.). *Creative approaches to improving participation*: giving learners a say. Abingdon: Routledge, 2012.
Este livro focaliza maneiras imaginativas e criativas de envolver as crianças na educação delas. Apresenta uma série de estudos de caso interessantes e também sugestões práticas para a prática reflexiva e o desenvolvimento profissional.

RUSSELL, M.; MUNBY, H. *Teachers and teaching from classroom to reflection*. London: The Falmer Press, 1992.
Este livro desenvolve ideias importantes sobre a reflexão na formação dos professores. Apresenta estudos de caso e pesquisas ativas na tentativa de capacitar professores a serem proativos em relação ao seu desenvolvimento profissional.

TILESTON, D. *10 Best teaching practices.* 3rd ed. Thousand Oaks: Corwin Press, 2011.

Este livro centra-se em estratégias de ensino diferenciadas, ensinando para a retenção na memória de longo prazo, estratégias de aprendizagem colaborativas, avaliação autêntica e habilidades de pensamento de ordem superior, além de fornecer muitas sugestões práticas.

REFERÊNCIAS

BOUD, D.; WALKER, D. Promoting reflection in professional courses: the challenge of context. *Studies in Higher Education*, v. 23, n. 2, p. 191-206, 1998.

BOUD, D.; KEOGH, R.; WALKER, D. *Reflection:* turning experience into learning. London: Kogan Page, 1985.

BROOKFIELD, S. D. *Becoming a critically reflective teacher.* San Francisco: Jossey-Bass Inc, 1995.

COLE, A. L.; KNOWLES, J. G. *Researching teaching:* exploring teacher development through reflexive enquiry. Boston, MA: Allyn & Bacon, 2000.

FREIRE, P. *Education for critical consciousness, 3.* New York: Seabury Press, 1973.

GHAYE, T. *Teaching and learning through reflective practice:* a practical guide for positive action. 2nd ed. Abingdon: Routledge, 2011.

HARRIS, I.; CAVIGLIOLI, O. *Think it – Map it:* how schools use mapping to transform teaching and learning. Stafford: Network Educational Press, 2003.

HAYES, D. *Inspiring primary teaching.* Exeter: Learning Matters, 2006.

JENSEN, E. *Teaching with the brain in mind.* 2nd ed. Alexandria: ASCD, 2005.

LARRIVEE, B. *Authentic classroom management:* creating a learning community and building reflective practice. 3rd ed. Upper Saddle River: Pearson Education, 2009.

MOON, J. *Reflection in learning and professional development.* London: Kogan Page, 1999.

NISBET, J.; SHUCKSMITH, J. *Learning strategies.* London: Routledge and Kegan Paul, 1986.

NUNES, T. et al. *Development of maths capabilities and confidence in primary school.* 2009. Disponível em: <http://dera.ioe.ac.uk/11154/1/DCSF-RR118.pdf>. Acesso em: 23 jul. 2015.

POLLARD, A. (Ed.). *Readings for reflective teaching.* London: Continuum, 2002.

POLLARD, A. et al. *Reflective teaching.* 2nd ed. London: Continuum, 2005.

POLLARD, A. et al. *Reflective teaching.* 3rd ed. London: Continuum, 2008.

RACE, P. *Evidencing reflection:* putting the 'w' into reflection. Bristol: ESCalate, 2002.

SCHÖN, D. *The reflective practitioner.* New York: Basic Books, 1983.

SCARDAMALIA, M.; BEREITER, C. Computer support for knowledge-building communities. *Journal of the Learning Sciences*, v. 3, n. 3, p. 65-83, 1994.

UNITED KINGDOM. Department of Education. *Continuing professional development.* Nottingham: DfEE, 2001.

WARWICK, P. *Reflective practice:* some notes on the development of the notion of professional reflection. Bristol: The Higher Education Academy, 2007.

ZIMMERMAN, L. Reflective teaching practice: engaging in praxis. *Journal of Theory Construction and Testing*, v. 13, n. 2, p. 46-50, 2009.

6
Aprendizagem por meio da avaliação

Anitra Vickery

A instrução começa quando você, professor, aprende com o aluno; coloque-se no lugar dele para que você consiga entender o que ele aprende e a maneira como ele entende a matéria.

Søren Kierkegaard

Panorama do capítulo

Este capítulo explora o papel da avaliação no desenvolvimento da aprendizagem das crianças. Ao longo do capítulo, abordamos a participação ativa das crianças na sua aprendizagem e fazemos sugestões sobre como elas podem ser proativas em relação ao seu próprio desenvolvimento. Examinamos o papel da autoavaliação e da avaliação por colegas; em seguida, analisamos como fazer as crianças irem além de respostas de avaliação superficiais. São discutidos métodos e estratégias que desenvolvem a metacognição, além de procedimentos de avaliação que asseguram os julgamentos de avaliação e tornam gerenciável e produtivo o processo como um todo. Um breve estudo de caso descreve a abordagem que uma escola está adotando para aprimorar o seu uso das avaliações e registra o interesse da escola em ampliar o uso da avaliação em todo o currículo. O capítulo encerra com atividades para desenvolver a aprendizagem por meio da avaliação e com sugestões de leituras complementares.

INTRODUÇÃO

O capítulo inicia com uma discussão sucinta sobre avaliação na educação que introduz o leitor às percepções históricas e atuais sobre o papel da avaliação e seus diferentes modos. Abordagens que levam em conta relacionamentos e estilos de aprendizagem serão exploradas no contexto do pensamento atual. O foco deste capítulo é a avaliação que resulta em ações que exerçam um efeito direto sobre a aprendizagem dos indivíduos. Vamos examinar o papel essencial do planejamento em tornar a avaliação uma ferramenta poderosa que não só mede, como também sustenta a aprendizagem. Abordagens que conduzem ao aprimoramento do ensino e da aprendizagem (incluindo a definição e o compartilhamento de objetivos claros e critérios de sucesso, o planejamento de perguntas investigativas e o incentivo da autoavaliação e da avaliação pelos colegas) serão explicadas e ilustradas. A *checklist* completa das estratégias que contribuem para uma avaliação eficaz pode ser opressiva para o professor iniciante, por isso vamos incentivá-lo a analisar a eficácia e a adequação para fins das estratégias em cada tipo de aula e discutir se a definição de objetivos é ou não é sempre produtiva.

O capítulo revisa as dificuldades associadas com a autoavaliação e a avaliação pelos colegas e discute maneiras em que essas abordagens podem tornar-se significativas e eficazes no desenvolvimento de pensadores críticos independentes. O capítulo inclui sugestões práticas e conselhos sobre como tornar a avaliação gerenciável em sala de aula e referências para leituras complementares.

O PAPEL DA AVALIAÇÃO

Existem duas finalidades principais para a avaliação em educação: monitorar e permitir o desenvolvimento da criança e do professor e registrar o sucesso alcançado. Em geral, a avaliação realizada com a primeira finalidade é chamada de formativa, e a que visa ao segundo objetivo é chamada de avaliação somativa.

Os termos avaliação formativa e somativa e as práticas associadas a eles têm sido debatidos ao longo de décadas. Scriven (1967), o primeiro a usar os termos avaliação formativa e somativa, defendia que a avaliação somativa fosse utilizada formativamente, o que pode parecer uma contradição. Ele sugeriu que existe muito mais rigor vinculado aos testes e exames somativos e que era a interpretação destes que validava o benefício particular da avaliação somativa. Em outras palavras, se as crianças fossem testadas sistematicamente e os resultados dos testes fossem analisados corretamente, a fim de abordar o desenvolvimento da aprendizagem para cada indivíduo, a avaliação somativa poderia ser usada efetivamente para fins formativos. Ele acreditava que essa abordagem traria imensos benefícios para cada indivíduo. Ele argumentava que a avaliação formativa não tinha o mesmo rigor vinculado a ela, portanto, a análise não podia ser tão completa. Há uma sinergia entre a avaliação formativa e a somativa resultante de testes internos, e as duas podem constituir uma parte valiosa do processo de aprendizagem. Porém, essa sinergia não atua com testes definidos externamente, pois não há nenhum processo de *feedback* sobre o conhecimento que foi apresentado no teste. A partir dos anos de 1980, com a mercantilização da educação, o termo avaliação somativa adquiriu significados e usos muito diferentes daqueles definidos por Scriven (1967). Os testes somativos nacionais buscam fornecer informações com base na agregação dos resultados das crianças, que podem ser usados para comparar o desempenho das escolas.

Historicamente, os professores eficazes sempre aplicaram técnicas de avaliação para promover o desenvolvimento das crianças sob seus cuidados, embora talvez os termos avaliação formativa e somativa não tenham sido usados. O ensino eficaz baseava-se no conhecimento sobre a situação de cada criança e na análise de como o desempenho de cada criança poderia ser melhorado.

Durante 10 anos, a partir de 1987, membros do Grupo de Reforma da Avaliação (*Assessment Reform Group*, ARG), financiados pela Associação de Pesquisa Educacional Britânica, encarregaram Paul Black e Dylan Wiliam de pesquisar o impacto das práticas de avaliação em sala de aula. Os resultados da pesquisa, impressos no panfleto intitulado *Dentro da caixa preta* (BLACK; WILIAM, 1998), defendiam que a avaliação formativa, quando executada com eficácia, resultava em *feedback* e ação construtivos e melhorava os níveis de desempenho. Essa avaliação informal era chamada de "avaliação em prol da aprendizagem". Em seguida, a avaliação em prol da aprendizagem tornou-se o termo que encapsulava a prática recomendada e seu perfil foi criado por formuladores de políticas que a promoviam como um ingrediente vital do ensino e da aprendizagem.

Em muitas escolas, a avaliação em prol da aprendizagem veio substituir o termo avaliação formativa como avaliação que leva à ação. Independentemente do termo usado, a meta é identificar onde a criança está em sua aprendizagem e identificar as estratégias que poderiam ser aplicadas para continuar a aprimorar essa aprendizagem. Você pode encontrar mais termos para avaliação com a meta principal de desenvolver a aprendizagem de cada criança, incluindo "avaliação *como* aprendizagem" e "avaliação *é para a* aprendizagem", o termo preferido no Currículo para a Excelência Escocês (Scottish Curriculum for Excellence). Esses termos reforçam a mensagem de que a avaliação deve estar indissociavelmente conectada à aprendizagem de cada indivíduo e a capacitar essa aprendizagem. Os princípios que sustentam a abordagem de avaliação descrita por esses termos são os mesmos, e cada um coloca grande ênfase na participação ativa do aluno na definição de objetivos e na avaliação do progresso. Um dos pontos fortes dessas abordagens para a avaliação é que elas permitem ao professor diagnosticar concepções erradas e potenciais barreiras à aprendizagem de cada indivíduo.

A avaliação somativa é principalmente uma avaliação *da* aprendizagem. É uma medida do desempenho de uma criança em determinado momento. Em geral, as informações da avaliação somativa baseiam-se nos resultados de testes ou exames. O teste pode ser uma medida externa ou interna, e seu valor, no que tange ao desenvolvimento da aprendizagem, depende de ser ou não ser analisado e utilizado como ponto de partida para o ensino e a aprendizagem posteriores.

A avaliação somativa produzida externamente está ligada à responsabilização e julga a eficácia de escolas e professores.

UTILIZANDO A AVALIAÇÃO

O termo avaliação tem conotações negativas e positivas. Por muita gente, é interpretado como sinônimo de teste, exame, mensurar, estimar a capacidade, responsabilização. O verbete *assessment* (avaliação, em inglês) de um dicionário *on-line* traz a definição de julgamento do valor, da qualidade ou da importância de algo. Esse vínculo da avaliação com a noção de "julgamento" pode provocar desagrado. A palavra inglesa *assessment*, se origina do francês antigo *assesser*, com base no latim *assidere*, que significa "sentar-se junto". As raízes etimológicas evocam uma imagem mais simpática de crianças e professores apoiando uns aos outros em sua jornada de aprendizagem.[1]

O Grupo de Reforma da Avaliação estabelece que o processo de avaliação em prol da aprendizagem deve incentivar crianças e professores a encontrar e interpretar evidências para assegurar o desenvolvimento e o interesse a fim de incentivar as crianças a serem participantes ativos em sua aprendizagem (ASSESSMENT REFORM GROUP, 2002).

A avaliação pode ser uma ferramenta poderosíssima; no entanto, o grau em que ela pode ter um efeito positivo na aprendizagem depende muito dos seguintes fatores-chave:

- A meta da avaliação – quando ela visa ao desenvolvimento de alunos individuais e quando é executada para atender às exigências da responsabilização?
- Sua posição filosófica – a maneira pela qual você se envolve com a avaliação e a valoriza.
- O processo – os procedimentos que são realizados para obter uma avaliação da aprendizagem e a ação que resulta da análise dessa avaliação.
- A perspectiva do aluno – as crianças reconhecem os benefícios para o seu desenvolvimento?

É importante reconhecer por quais motivos o professor quer avaliar os alunos. Este capítulo centra-se na avaliação formativa, mas é importante reconhecer que o uso da avaliação somativa interna para fornecer um resultado instantâneo do desempenho ou da compreensão em um determinado período, constituirão uma valiosa parte do seu *kit* de ferramentas de avaliação. Toda avaliação interna deve ser parte integrante do ensino e da aprendizagem, sempre que se realizar uma avaliação da compreensão e do desempenho nas crianças, com o objetivo de aprimorar e desenvolver a compreensão e a aprendizagem de cada indivíduo. A análise dessa avaliação exige que você seja reflexivo sobre sua prática e sobre a aprendizagem das crianças. Assim, você conseguirá identificar obstáculos ao desenvolvimento da criança, bem como todos os bloqueios que indicam que as abordagens de ensino precisam ser ajustadas. Em outras palavras, você precisa ficar aberto à possibilidade de que o fracasso

---

1 N. de T.: Por sua vez, avaliação vem do latim *valere*, "ter vigor, força, valor".

de uma criança em progredir pode resultar do estilo de ensino, bem como de concepções errôneas entranhadas ou da relutância, por parte da criança, em se envolver na aprendizagem. A avaliação deve ajudar a fornecer uma imagem clara sobre a jornada das crianças e as armadilhas que elas encontram, bem como o impacto do ensino.

Para que uma criança seja incentivada a participar ativamente no desenvolvimento de sua aprendizagem por meio da avaliação, o apoio do professor e o projeto do ambiente devem causar impactos positivos e ser capacitadores. O projeto dessa avaliação deve levar em conta as maneiras como os indivíduos aprendem, para que as crianças demonstrem o que aprenderam e do que são capazes. Pense em como as crianças podem preferir registrar a compreensão delas. Elas estariam mais confiantes falando ou registrando em duplas ou em grupos? Às vezes, preferem registros ilustrados ou orais?

Ao longo do dia, tente incorporar a avaliação em prol da aprendizagem, de modo que as crianças reconheçam que a sala de aula é um ambiente de aprendizagem onde elas são incentivadas a serem proativas e a comemorar a aprendizagem adquirida (ver estudo de caso e Prática neste capítulo). Todas as interações e observações devem abastecer o perfil da aprendizagem que você está construindo para cada criança. Você deve coletar evidências da aprendizagem de uma criança em todo o currículo, de modo que você abasteça a sua compreensão sobre aquele indivíduo e obtenha uma imagem mais clara das necessidades de aprendizagem e das preferências daquela criança. Você também deve se proteger contra apenas usar a avaliação nas matérias principais, pois, assim, a criança desenvolverá uma imagem do que ela pensa que você valoriza. As crianças que se destacam em tópicos criativos não irão reconhecer o sucesso alcançado, pois vão supor que a aprendizagem nessas áreas não importa. Você precisará levar todos esses fatores em conta ao avaliar, para que você e as crianças se beneficiem com o processo. Seu objetivo deve ser garantir a inclusão de oportunidades para avaliação em seus planos, bem como aproveitar cada oportunidade para responder às situações de avaliação que se apresentam durante todo o dia.

A fim de envolver plenamente as crianças no processo de avaliação, elas devem ser consultadas sobre qual, na opinião delas, vai ser a próxima etapa da aprendizagem e como ela pode ser alcançada. Isso lhes dará escolhas e o poder de serem proativas em relação ao seu desenvolvimento. Elas serão mais propensas a fazer isso se tiverem confiança no processo e familiaridade com as estruturas de suporte que acompanham a avaliação. Obviamente, até que ponto isso é possível dependerá da idade da criança, mas incluí-la nesse processo, desde o início, garantirá envolvimento e motivação.

Shirley Clarke afirma que o princípio da aprendizagem ativa está no cerne da avaliação formativa (CLARKE, 2008, p. 2) e requer:

- colaboração entre professor e criança;
- avaliação preocupada com o desenvolvimento da aprendizagem do indivíduo;
- conversas dos alunos.

Para ser motivadora e produtiva, qualquer avaliação precisa de *feedback* que informe a criança. Incentivar a criança a participar da análise e da tomada de decisão irá empoderá-la e motivar sua participação ativa em seu próprio desenvolvimento. A avaliação somativa também será menos ameaçadora e menos estressante se a criança reconhecer que qualquer medição da aprendizagem pode ser usada de forma produtiva para melhorar e desenvolver a compreensão.

UM AMBIENTE QUE APOIE A AVALIAÇÃO

Para que as crianças sejam incentivadas a assumir um importante papel na avaliação de sua aprendizagem, elas precisam sentir-se seguras e serem capazes de correr riscos (DIX, 2010). Um poderoso exemplo é modelar, você mesmo, o processo de aprendizagem, ao escolher o envolvimento em uma nova habilidade, expondo suas dificuldades e inseguranças. Claxton (2000) cita o exemplo de um diretor que compartilha a sua aprendizagem de um novo instrumento musical com todas as frustrações que a acompanham. Isso proporcionava às crianças da escola uma poderosa mensagem sobre aprendizagem, persistência, reveses, colaboração e resolução.

A Agência de Qualificações e Currículos lista 10 princípios da avaliação em prol da aprendizagem (ASSESSMENT REFORM GROUP, 2006). A avaliação em prol da aprendizagem:

1. faz parte do planejamento eficaz;
2. concentra-se em como as crianças aprendem;
3. é fundamental para a prática em sala de aula;
4. é essencial como habilidade profissional;
5. exerce impacto emocional;
6. afeta a motivação do aluno;
7. promove o comprometimento com os objetivos da aprendizagem e os critérios de avaliação;
8. ajuda os alunos a saber como melhorar;
9. incentiva a autoavaliação; e
10. reconhece todos os sucessos alcançados.

Dois desses princípios claramente estabelecem a necessidade de apoiar os alunos emocionalmente no processo de avaliação: "A avaliação em prol da aprendizagem deve ser sensível e construtiva, pois qualquer avaliação tem impacto emocional" e "Os alunos devem receber orientação construtiva sobre como melhorar" (DIX, 2010, p. 102).

FEEDBACK

Receber *feedback* sobre o seu trabalho pode ser bastante estressante e desmotivador, a menos que um ambiente positivo seja criado. O *feedback* para aqueles que foram malsucedidos deve ser sensível, mas específico e capacitador. Como as crianças podem superar as concepções errôneas? De qual prática adicional elas precisam? O uso de uma abordagem positiva pode desenvolver a autoeficácia (BANDURA, 1994). Você terá de desenvolver essa abordagem positiva, reconhecendo o sucesso e abordando as dificuldades de forma positiva. A criança deve receber *feedback* confiável e estratégias eficazes para progredir. Qualquer *feedback* deve se concentrar no que foi alcançado até agora e em como isso pode ser desenvolvido. Se uma criança estiver convencida sobre sua capacidade de alcançar o sucesso na aprendizagem, então, esse sucesso está quase garantido. "O *feedback* exerce uma das mais poderosas influências na aprendizagem e no sucesso alcançado, mas esse impacto pode ser positivo ou negativo" (HATTIE; TIMPERLEY, 2007, p. 81).

O processo de melhoramento precisa ser exemplificado com clareza. O *feedback* do professor deverá capacitar as crianças a pensar com mais clareza e cuidado sobre o desenvolvimento da aprendizagem delas. Uma maneira pela qual você pode fazer isso é proporcionar oportunidades à criança para responder ao *feedback* do professor e dos colegas.

Uma demonstração de interesse externo, pelo professor ou pelos colegas, e a autoconfiança são poderosos motivadores. Estudos conduzidos por Rosenthal e Jacobson (1992) concluíram que se você demonstrar que acredita que as crianças conseguem fazer alguma coisa, então invariavelmente elas fazem. Muitas vezes, isso é chamado de "efeito Pigmalião" ou "efeito Rosenthal". O *feedback* do professor deve centrar-se no desenvolvimento do conhecimento e da compreensão de cada criança. Assim, evitará a comparação e a competição entre os colegas da turma. A aplicação rotineira dessa forma de *feedback* desenvolve um diálogo entre a criança e você, em que a criança reconhece que o objetivo é ajudá-la a ter sucesso, em vez de ser um julgamento sobre o desempenho que ela alcançou (SWAFFIELD, 2008). No entanto, esse processo de *feedback* individual envolvendo as conversas entre as crianças ou entre você e a criança pode ser demorado e se tornar ingerenciável, a menos que você adote algumas estratégias capacitadoras (BUTT, 2010). Portanto, é importante empoderar as crianças a assumirem mais responsabilidades, por meio de buscar e receber *feedback*, bem como atuar em relação a ele. Se você fornecer *feedback* escrito, então ele deve estar diretamente relacionado com as expectativas de aprendizagem. O *feedback* deve expressar o que foi alcançado e, se desejável, nesse ponto na aprendizagem, deve conter sugestões de atividades para garantir a aprendizagem ou evitar concepções errôneas. Corrigir ao lado da criança é uma experiência muito poderosa e útil tanto para você quanto para a criança. As crianças precisam de tempo para responder a essa correção e podem iniciar um diálogo escrito com você depois de debater com os colegas. É uma boa ideia certificar-se de que há tempo durante o dia para fazer isso. Na verdade, talvez seja melhor agendar sessões dedicadas a diálogos de *feedback*, escritos e orais, para que elas se tornem rotineiras e não sejam apenas engavetadas para outra hora, durante períodos particularmente ocupados. Às vezes, é útil para a criança discutir os comentários de *feedback* não só com os professores, mas com outra pessoa, por exemplo, a professora assistente ou um colega em que confiem e com quem tenham afinidades. Se um alto nível de confiança é desenvolvido, então esse *feedback* pode ser extremamente poderoso, significativo e motivador. O estabelecimento de parcerias de conversa (em duplas, as crianças trabalham juntas para facilitar o debate) é uma estratégia eficaz que desenvolve a segurança e incentiva a objetividade na análise sobre a aprendizagem. Você precisará controlar o funcionamento das parcerias e, de vez em quando, avaliar a troca de parceiros para aumentar a atmosfera positiva em toda a sala de aula. Por sua vez, esse processo acumula uma autoavaliação mais informada, porque as crianças estão plenamente conscientes das expectativas para a aprendizagem e tornam-se mais envolvidas na análise do sucesso alcançado naquele momento. Durante o debate entre colegas sobre a aprendizagem, você pode participar confabulando individualmente com as crianças sobre sua aprendizagem e como progredir. Tente fornecer uma solução para seus lapsos ou dificuldades, para evoluir por meio de se envolver com o "como", em vez de apenas apontar o que está errado. Assim, o processo se torna realista e adequadamente desafiador. Ao agendar sessões de respostas ao *feedback*, você não só garantirá que elas realmente aconteçam, mas também criará um tempo valioso para interação ininterrupta entre você e os alunos.

AUTOAVALIAÇÃO

No começo, será dificílimo para as crianças se autoavaliarem; elas devem "crescer" nesse processo. A chave para o sucesso da autoavaliação é ser muito claro em relação à intenção de aprendizagem, de modo que as crianças sejam capazes de julgar se elas atingiram ou não o desempenho almejado e, em casos apropriados, dar-lhes indicadores, geralmente chamados de "critérios de sucesso", para auxiliar sua avaliação. Muitas vezes, as crianças consideram mais fácil desenvolver as habilidades de autoavaliação se já tiveram experiência com a avaliação pelos colegas. Na verdade, um colega frequentemente pode ajudar aqueles que têm dificuldade em avaliar seu próprio trabalho, trabalhando ao lado deles ou envolvendo-se em debates autênticos, não dominados pelo professor, em que as crianças são incentivadas a serem reflexivas e analíticas sobre sua metacognição (BUTT, 2010). Essas interações irão promover o pensamento e permitir que as crianças reflitam não só sobre a aprendizagem que aconteceu, mas em si mesmas, na condição de aprendizes.

Uma estratégia útil é explorar, com as crianças, o trabalho de uma criança anônima. Para que a aprendizagem eficaz aconteça, as concepções errôneas devem ser identificadas e exploradas o quanto antes (ASKEW; WILIAM, 1995). Existe uma forte ligação entre a aprendizagem eficaz e a articulação do pensamento pelas crianças; portanto, é essencial que os debates aconteçam em um ambiente social (ASKEW et al., 1997). Pesquisas sobre aprendizagem realizadas no Centro Shell de Nottingham (BELL, 1993) sugerem que a aprendizagem tem mais eficácia quando as crianças identificam concepções errôneas em seu próprio trabalho. Se, no entanto, as concepções errôneas das crianças são expostas pelo professor, muitas vezes elas experimentam sentimentos de raiva e, às vezes, humilhação (KOSHY, 2000). Portanto, às vezes é útil remover o "rastro emocional" que possa existir, fazendo as crianças analisarem e discutirem os trabalhos de crianças anônimas. Dessa forma, elas serão capazes de discutir o conteúdo e sugestões de melhoria objetivamente. A inclusão de uma estrutura para análise pode servir de andaime nesse processo (SPOONER, 2002).

Diferentes formas de avaliação abordam diferentes estilos de aprendizagem e causam diferentes impactos em diferentes alunos. Por exemplo, a avaliação em prol da aprendizagem ocorre ostensivamente durante todo o dia escolar. Pode ser aplicada por meio da correção, conforme discutido anteriormente, questionamento, discussão ou observação. Ao longo do dia, os meios pelos quais as crianças se envolvem no processo de avaliação são multivariados. Elas podem responder independentemente ou com o apoio de um parceiro ou grupo, dependendo do nível de suporte emocional necessário. Podem usar uma minilousa ou outro recurso de *feedback* individual em sessões grupais ou participar de um diálogo verbal ou escrito com o professor ou outra pessoa conhecedora. As maneiras em que as crianças são capazes de responder a seus questionamentos e sondagens também irão variar. Consulte, nos Capítulos 3 e 4, o debate sobre a criação de um ambiente positivo para responder a perguntas.

Uma estratégia geralmente usada para demonstrar a autoavaliação das crianças é incentivá-las a indicar sua confiança ou o sucesso na aprendizagem com um sinal escrito, por exemplo, um rosto sorridente, um círculo de semáforo ou um sinal de polegar para cima ou para baixo. Isso é útil como introdução para atrair a criança a pensar sobre o processo, mas, a menos que isso seja desenvolvido, continuará a transmitir uma imagem muito superficial. Para estar totalmente comprometida com o aprendizado, uma criança precisa ser capaz de expressar por que ela acha que foi bem-sucedida, ou por que teve dificuldades, ou o que é que não entende – só então ela pode ser proativa em relação ao seu desenvolvimento e se envolver em uma análise sobre a futura aprendizagem. É uma boa ideia permitir um tempo para reflexão, no final das aulas ou das unidades, para que as crianças discutam suas percepções. As crianças precisam falar sobre suas experiências, a fim de desenvolver o seu pensamento e sua aprendizagem (ALEXANDER, 2006).

CRITÉRIOS DE SUCESSO

Critérios de sucesso, quer sejam gerados exclusivamente pelo professor, quer sejam em colaboração com as crianças, são uma série de instruções que orientam a avaliação sobre a intenção geral de aprendizagem da aula. Esses critérios são usados para deixar as crianças concentradas nas medidas que elas precisam tomar para alcançar uma aprendizagem segura e bem-sucedida e, assim, servir de andaime para a aprendizagem das crianças. Em geral, os critérios de sucesso são gerados no início da aula, mas, se a aula não tiver um objetivo definido, como acontece às vezes, os critérios de sucesso podem ser gerados retrospectivamente. Eles fornecem um arcabouço para um diálogo formativo, em que as crianças se tornam cientes do que elas conseguiram realizar. No entanto, essa abordagem pode ter certos inconvenientes, a menos que seja manipulada com sensibilidade. Certas crianças acreditam que não tiveram sucesso se não foram capazes de assinalar todas as afirmações, e isso pode ser muito desmotivador, especialmente se os critérios de sucesso foram gerados apenas por você. Essas etapas foram sua medida do sucesso e, às vezes, isso restringe ou ignora qualquer outro aprendizado que tenha ocorrido e predetermina qual deve ser o resultado. Porém, se você reconhece que outras aprendizagens podem ocorrer e compartilha essa ideia com as crianças, então elas vão se sentir capazes de registrar retrospectivamente sua aprendizagem individual que pode ser muito pessoal para elas. Nesse processo, elas se sentem bem-sucedidas e se tornam mais conscientes sobre sua aprendizagem.

Gipps et al. (2006) destacam que é frutífero incentivar as crianças a criar seus próprios critérios de sucesso para demonstrar sua aprendizagem. A construção de critérios de sucesso pode ser feita no início da aula ou ao final durante a avaliação pelos colegas ou a autoavaliação. Por exemplo, se crianças são informadas sobre qual é o propósito da aula e sobre qual a meta que se espera alcançar durante a aula, elas podem decidir como podem demonstrar que foram bem-sucedidas; no entanto, decidir qual foi o aprendizado que elas alcançaram no final da aula pode ajudar as crianças a analisar o que elas percebem como aprendizagem e quais habilidades ou conhecimentos elas adquiriram durante esse tempo. Ao incentivar e ouvir as crianças à medida que elas criam seus próprios critérios de sucesso, você as está capacitando a ser ativas em relação a sua educação e a reconhecer que a aprendizagem não é linear. As crianças constroem sua própria aprendizagem e receber a responsabilidade nesta etapa ajudará a desenvolver uma motivação intrínseca para aprender (DRUMMOND, 2004).

INTENÇÕES DE APRENDIZAGEM

Muitos professores argumentam que a aprendizagem só pode ser medida pelo observador e pelo participante se o resultado desejado da aprendizagem for compartilhado com as crianças. Com certeza, compartilhar o objetivo informa as crianças sobre o que elas devem aprender, além de esclarecer e determinar o fluxo da aula para você.

Todas as crianças devem saber o suposto objetivo da aprendizagem para julgar o sucesso dessa aprendizagem, e isso deve ser apresentado a elas de modo que entendam e consigam fazê-lo (LEAHY et al., 2005). Às vezes, porém, esse processo de compartilhar o resultado desejado, na verdade, pode limitar a aprendizagem, no sentido de que não leva em conta os outros conhecimentos ou habilidades que foram absorvidos e pode exercer um efeito negativo no desejo da criança de se envolver com a autoavaliação. Se você espera que as crianças alcancem o desafio de aprendizagem que você definiu, então essa expectativa deve ser realista e atingível. Portanto, existe o perigo de restringir o desafio por meio de projetar aulas superficiais e pouco desafiadoras. Adhami (2003) escolhe o termo "pauta da aula" em seu debate sobre os objetivos da aula e sugere que um uso demasiado rígido dos objetivos de aprendizagem pode limitar ou, no mínimo, ocultar uma aprendizagem importante que aconteceu, como aprender a colaborar e a cooperar ou a se envolver em debates significativos. Ele também acredita que uma aula cognitivamente rica não pode estar limitada a um objetivo de aula. Essa forma de aula envolve o questionamento e pensamento de ordem superior e, em geral, envolvem debates e interações ampliados, de alta qualidade, capazes de levar a aula a caminhos diferentes, que as crianças vão querer explorar para obter novos entendimentos. Você deve considerar como alcançar o equilíbrio certo entre introduzir nova aprendizagem de fácil assimilação e criar o desafio que provoca pensamentos e interações de qualidade.

RASTREANDO A AVALIAÇÃO

A avaliação em prol da aprendizagem precisa ser gerenciável. Inicialmente, isso pode parecer assustador, mas, com a prática e a rotina, torna-se um "hábito mental". A primeira etapa é planejar conscientemente a avaliação. Registre as oportunidades em seu plano de aula. Elabore perguntas-chave para obter informações em pontos estratégicos durante a jornada de aprendizagem das crianças e anote quaisquer respostas ou surpresas que acrescentem ao panorama da aprendizagem. Essas observações lhe permitirão que você remodele as atividades para garantir a aprendizagem. Também lhe permitirá apreciar como cada criança aprende individualmente e o que motiva essa aprendizagem. Use um sistema de registro simples (p. ex., lembretes em *post-its*) para garantir que suas observações minuto a minuto não sejam esquecidas, mas abasteçam o planejamento e o ensino futuros. Talvez você queira usar algo tão simples como uma página de diário em que você faça anotações sobre a aprendizagem com base em uma simples legenda ou lista de chamada. Você pode registrar as percepções da aprendizagem que ocorrem, lançando mão de algo parecido com as cores do semáforo e, se necessário, anotações.

O questionamento pode ser uma estratégia muito útil para obter informações com rapidez; no entanto, a menos que uma professora utilize conscientemente uma gama de enunciados principais, ela tenderá a aplicar perguntas fechadas (ver Cap. 4). Em geral, esse formato testa o conhecimento, em vez da compreensão, e fornece um panorama incompleto sobre a aprendizagem que ocorreu. Aprenda a sondar o entendimento usando perguntas abertas e estendidas com base em enunciados principais a partir da taxonomia de Bloom (ver Cap. 4). Algumas crianças têm dificuldade para participar de questionamentos ou debates abertos, a menos que recebam tempo e apoio. Você precisa gerenciar isso habilmente, dando tempo e aplicando e modelando o questionamento ampliado de uma forma solidária. Tenha sempre em mente o essencial: a avaliação em prol da aprendizagem é um processo positivo. Deve ser um processo em que a aprendizagem da criança é comemorada, e as etapas para desenvolver ainda mais essa aprendizagem são exploradas e identificadas de forma colaborativa.

Tente envolver todas as partes interessadas no processo de avaliação, certificando-se de que todos os professores com quem as crianças entram em contato estejam informados sobre o desenvolvimento da aprendizagem e sobre o estilo de cada criança individual. Certifique-se de que você obtenha o *feedback* dos assistentes adultos que trabalham na sala de aula. Isso pode ser difícil se eles chegam no início da aula e vão embora logo que ela acaba. Tente conceber um sistema de comunicação entre vocês, usando planos de aulas ou intenções, lembretes do tipo *post-it* e planilhas de *feedback* para configurar as conversas em andamento. Se você for professor do 2º ano ou do 6º ano,[2] as crianças se beneficiarão enormemente se você se comunicar com os professores do ano seguinte por meio do compartilhamento de resultados de avaliação adequados.

Os pais podem ser motivadores muito poderosos, então tentem ser proativos em relação ao envolvimento dos pais e responsáveis, estabelecendo conversas quando eles trazem os filhos para escola ou, se desejável, um diálogo escrito por meio de temas de casa. Dessa forma, as metas de desenvolvimento que foram realçadas ao longo do processo de avaliação podem ser negociadas por meio do debate com a criança e os pais dela (ver estudo de caso).

Em suma, você precisa considerar o que fazer com as avaliações diárias que você faz para que isso favoreça o desenvolvimento da aprendizagem de cada criança. Você precisará compartilhá-las com a criança, para que elas estejam plenamente conscientes em que ponto estão em sua aprendizagem e o que elas precisam fazer para melhorar. Você também deve usar essas análises para informar seu planejamento para a próxima etapa de ensino e, nesse processo, compartilhá-las com colegas e pais para garantir o interesse e a consistência.

ESTUDO DE CASO

Este estudo de caso analisa uma escola que, em 2010, foi identificada pelo Office for Standards in Education (OFSTED), por apresentar "um sistema claro de rastreamento para o progresso dos alunos, o qual é realmente aplicado em intervenções oportunas" para proteger e desenvolver a aprendizagem das crianças. A escola também introduziu um currículo criativo que oferece muitas oportunidades para a aprendizagem ativa. Essa abordagem interdisciplinar promove o potencial de aprendizagem do ambiente ao ar livre e foi concebida para levar em conta

---

2 N. de T.: Na Inglaterra, esses são os anos em que os alunos terminam o *Key Stage 1* (1º e 2º anos) e o *Key Stage 2* (3º-6º anos), em que são aplicados os testes de avaliação padrão.

as necessidades individuais e ajudar as crianças a serem criativas e inovadoras. O processo de avaliação dentro da escola permite que crianças definam objetivos pessoais por estarem cientes de sua aprendizagem e da maneira de desenvolver essa aprendizagem. A visão da escola inclui os seguintes enunciados:

- criar um ambiente de aprendizagem vibrante;
- ajudar as crianças a valorizar e desfrutar da aprendizagem ao longo da vida; e
- equipar as crianças com as habilidades necessárias para seu futuro pessoal, social e acadêmico.

Trata-se de uma escola grande, de ensino fundamental, com 13 turmas e um pequeno grupo de crianças de minoria étnica. O número de crianças sob Ação Escolar Adicional, identificadas pela escola, foi ligeiramente superior à média nacional em 2011 e 2012, mas agora está na média; entretanto, a porcentagem de crianças sob Ação Escolar Adicional e crianças oficializadas é mais baixa do que a média nacional.[3]

A escola desenvolveu muitas técnicas de avaliação ao longo dos últimos anos, para língua inglesa e matemática, e agora está concentrando a avaliação nas matérias básicas.[4] A escola usa os acrônimos WALT (*We Are Learning To*, "Estamos aprendendo a") e WINS (*What I Need to Succeed*, "Do que eu preciso para alcançar o sucesso"), o primeiro para focar a aprendizagem na aula, e o segundo, para criar os critérios de sucesso que podem ser gerados exclusivamente pelo professor ou desenvolvidos com a colaboração das crianças. Às vezes, ao final da aula, as crianças eram convidadas a registrar seu sucesso ou sua confiança sobre a aula usando um rosto sorridente, triste ou meio-termo. A coordenadora da avaliação reconheceu que esse julgamento muitas vezes era impreciso em relação ao desempenho, na medida em que era difícil para algumas crianças registrar algo além de um rosto sorridente se elas tinham gostado da aula, embora talvez a aprendizagem delas não tenha evoluído em nada durante esse tempo. De modo gradativo, ela introduziu a noção de pedir para as crianças escreverem um comentário relacionado com o que estão aprendendo (acrônimo WALT), o que fornecia a ela uma compreensão mais ampla sobre o sucesso alcançado e as necessidades.

---

3 N. de T.: Ação Escolar, do inglês *School Action*, é quando a escola considera que a criança tem necessidades educacionais especiais e entra em contato com os pais e elabora um plano de ajuda extra. Ação Escolar Adicional, do inglês *School Action Plus*, é quando a escola considera que o progresso da criança, mesmo com a Ação Escolar, não está sendo adequado e, por isso, recorre a serviços de apoio externo. Crianças oficializadas, do inglês *statemented children*, é quando a escola recorre à autoridade local para oficializar a condição de necessidade especial daquela criança.

4 N. de T.: Na Grã-Bretanha, no ensino de crianças de 3 a 11 anos, as matérias são divididas em principais (em inglês, *core subjects*), que são inglês, matemática e ciências, e básicas (em inglês, *foundation subjects*), que são artes, geografia, história, música, educação física, ensino religioso, línguas, design e tecnologia, teatro e tecnologias de informação e computação.

Atualmente, essa prática está se tornando mais consistente nas aulas da etapa de 3º ao 6º ano do ensino fundamental. Na etapa de 1º e 2º anos do ensino fundamental, a autoavaliação e a avaliação pelos colegas são realizadas habitualmente em conversas com as crianças. Um sistema de rostos alegres avalia quão confiantes as crianças se sentem em relação à sua aprendizagem, permitindo aos professores revisitar conceitos e implementar mudanças formativas em seu planejamento. As crianças, muitas vezes, identificam aspectos conectados ao WALT, sublinhando-os em sua aprendizagem como parte da revisão ou desenhando uma estrela ao lado de um aspecto que, na opinião delas, preenche o objetivo de aprendizagem.

A escola desenvolveu tabelas ou escadas de avaliação para leitura e escrita, usadas do 3º ao 6º anos. Elas se baseiam na abordagem VCOP: vocabulário, conjunções, *openers* (expressões iniciadoras de frases) e pontuação. As crianças enfocam enunciados nas linhas da tabela e editam seu trabalho colocando uma estrela se elas incluíram o recurso da escada e, em seguida, identificam o desejo, a imagem de uma varinha mágica, para indicar qual recurso desejam desenvolver.

Na etapa de 1º e 2º anos, as metas estão diretamente ligadas à avaliação. Depois de avaliar as crianças usando amostragem de trabalho, APP (Avaliação do Progresso dos Pupilos) em leitura/escrita e matemática, além de outros materiais de avaliação, uma análise das lacunas é realizada. Ao fazê-lo, áreas de fraqueza para cada criança são identificadas, as quais formam a base de suas futuras oportunidades e intervenções personalizadas. Essas metas também se vinculam diretamente aos Planos de Educação Individual (IEP, do inglês *Individual Education Plan*) e livros de metas, com metas individuais, são usados para alunos vulneráveis. Metas de leitura e escrita são expostas em uma colmeia de abelhas, com as abelhas indo em direção à rainha; metas de matemática são mostrados como aranhas que se aproximam de uma mosca no meio da teia. As metas baseiam-se em torno do mesmo foco, mas são diferenciadas para crianças individuais. Se as crianças alcançam sucesso em seus objetivos, elas recebem uma nova meta ou um novo desafio. Esse sistema fez sucesso com as crianças, por ser visual e de fácil acesso às crianças.

Essa abordagem, que coloca as crianças no centro de sua aprendizagem, também é reforçada pela inclusão dos pais em suas metas e desejos. As crianças são incentivadas a levar uma planilha de metas para casa, de modo que os pais possam se envolver no desenvolvimento da aprendizagem. A planilha contém as seções Meta, Exemplo e Como ajudar. Os enunciados estão vinculados à APP tanto na leitura e escrita quanto na matemática. Na etapa de 1º e 2º anos, as metas são compartilhadas com os pais em reuniões, nas quais os Planos de Educação Individual e as planilhas de metas são analisados.

Na matemática, as crianças são incentivadas a abordar e a alcançar demonstrações de crescente complexidade em aritmética. Há uma estrutura de recompensa, com medalhas de bronze, prata e ouro, que não só torna a aprendizagem visível, mas permite que as crianças acompanhem seu próprio desenvolvimento. Em alguns casos, isso pode ser motivador, mas às vezes, as crianças ficam preocupadas com a comparação e também alguns pais. A escola gostaria de desenvolver um etos em que a aprendizagem é valorizada intrinsecamente e analisa maneiras de alcançar esse objetivo.

Em algumas turmas, as crianças estão acostumadas tanto com avaliação pelos colegas e a autoavaliação e se beneficiam com a modelagem de perguntas abertas. Elas foram incentivadas a desenvolver o seu próprio uso de perguntas abertas por meio da "cadeira quente" e o Manto do Perito, um programa para desenvolver o compromisso com cenários da vida real. Essa abordagem permitiu que muitas crianças empregassem um nível bastante sofisticado de questionamento e pensamento sobre sua própria aprendizagem. A escola espera tornar isso consistente durante a fase de 1º e 2º anos (*Key Stage 1*) e a fase de 3º ao 6º ano (*Key Stage 2*).

Os enunciados da APP são revistos três vezes por ano para leitura, escrita e matemática e são analisados para que os alunos vulneráveis possam ser identificados rapidamente, a fim de que estratégias de intervenção eficaz possam ser efetivadas.

A coordenadora tem planos para desenvolver a avaliação ainda mais no futuro próximo. Ela adquiriu alguns *softwares* das TICs que capacitarão as crianças a alcançar insígnias de "excelência digital" nas TICs, por meio da conclusão de tarefas e posterior avaliação de sua própria aprendizagem. O programa pode ser desenvolvido com o objetivo de incluir metas para outras áreas do currículo. Durante essas atividades, as crianças podem trabalhar ao lado de outras para desenvolver e acompanhar a sua própria aprendizagem por meio da colaboração. A coordenadora gostaria de dar a cada criança na escola uma bandeirola, na qual elas possam exibir suas insígnias de sucesso alcançado, de modo a se tornar uma celebração visível do desenvolvimento de cada criança na aprendizagem em todo o currículo.

A coordenadora tem consciência de que existe certo nível de tensão e conflito entre a preparação para os Testes de Avaliação Padrão (aplicados no final do 2º e do 6º ano) e a avaliação do processo. Ela gostaria de introduzir uma abordagem mais formativa para a preparação aos Testes de Avaliação Padrão, em que o corpo docente e as crianças analisassem todo o trabalho com o objetivo de implementar ações de melhoria. Esse processo já está em vigor na fase de 1º e 2º anos. Há também uma intenção de ampliar as práticas de avaliação da educação infantil até a fase do 3º ao 6º anos do ensino fundamental, de modo que as boas práticas da observação e da colaboração do monitoramento por meio dos lembretes do tipo *post-it* permeiem a escola.

Nesta escola, a avaliação é encarada principalmente como estratégia capacitadora. A abordagem está sob constante avaliação e revisão devido à filosofia de que a educação fornecida pela escola deve capacitar as crianças a se tornarem alunos responsáveis para a vida toda.

Reflexão sobre o estudo de caso

- Existe alguma diferença na maneira em que as fases do *Key Stage 1* (1º e 2º anos) e do *Key Stage 2* (3º-6º anos) avaliam a aprendizagem das crianças?
- Você considera que algumas estratégias de avaliação são mais adequadas para a fase de 1º e 2º anos?
- Você considera difícil desenvolver uma abordagem para a escola inteira?
- A seu ver, quais os aspectos têm maior probabilidade de serem eficazes?
- O que você sente que está faltando?
- Como isso se compara com as suas próprias experiências de avaliação?

PRÁTICA

Prática 1: Estratégias para avaliação docente bem-sucedida

Atividade 1

Durante o período de perguntas, dê às crianças minilousas ou recursos individuais, para que suas respostas sejam visíveis a você e você consiga fazer avaliações instantâneas para municiar a próxima parte da aula.

É possível obter uma boa visão geral sobre a compreensão da turma ou você precisa se concentrar em um pequeno grupo de crianças de cada vez?

Atividade 2

Inclua oportunidades para avaliação em seus planos e uma gama de perguntas-chave para sondar a compreensão.

Notou um aumento em seu uso de questões abertas?

Você é capaz de ampliar o questionamento para sondar a compreensão das crianças ainda mais?

Atividade 3

Tente garantir que você forneça *feedback* de qualidade. Ao dar *feedback* escrito, concentre-se em fazer comentários com profundidade para um grupo de crianças de cada vez, para tornar o processo gerenciável. Dê tempo para que as crianças leiam e respondam aos comentários. Vincule todos os comentários de *feedback*, orais ou escritos, com a aprendizagem e a atitude em relação à aprendizagem.

As crianças ficam animadas para responder aos comentários escritos ou apenas consideram isso uma tarefa extra?

Sobra tempo para que elas reflitam sobre o seu trabalho antes de se apressarem para a próxima atividade?

Atividade 4

Deixe um diário facilmente acessível ou carregue um bloquinho de lembretes para que você consiga anotar diariamente qualquer aprendizagem significativa ao longo de cada aula. Use uma forma de taquigrafia e reflita sobre ela depois da aula para que você consiga planejar ações posteriores que irão favorecer o seu ensino e planejamento.
Seu planejamento e ensino tornam-se mais focados?
Notou uma redução das ideias equivocadas no decorrer do tópico?

Prática 2: Estratégias para avaliar o ponto de partida para novos tópicos

Atividade 1

Forneça às crianças a oportunidade de criar um mapa mental com sua compreensão e/ou seu conhecimento sobre o tema. Incentive-as a compartilhar isso com outra criança ou pequeno grupo, a fim de debater a jornada de aprendizagem que elas gostariam de fazer.

Ao desenvolver um debate na aula dessa forma, as crianças sentem-se empoderadas para se apropriar de sua aprendizagem.
Isso dá um foco à aprendizagem?
Você é capaz de julgar onde começa a aprendizagem e de criar uma jornada de aprendizagem visível no início de cada tópico ao compartilhar o "panorama"?

Atividade 2

Utilize lembretes em *post-its* e incentive todos os assistentes adultos a fazer o mesmo enquanto você observa a interação das crianças e sua segurança com o tema que está sendo proposto.
Isso lhe ajuda a diferenciar suas perguntas e a focalizar as necessidades individuais das crianças?

Atividade 3

Incentive as crianças a criar uma grande exposição sobre a jornada de aprendizagem proposta, de forma independente ou com apoio de adultos, começando com os fatos conhecidos e indicando os estágios da aprendizagem ao longo do "percurso".

Duplique isso e permite que cada criança registre seu desenvolvimento em sua cópia pessoal.
As crianças têm confiança na abordagem delas?
Houve debate e geração de ideias suficientes para capacitá-las a fazer isso?
As crianças estão mais focadas em seu próprio desenvolvimento?

O processo é muito demorado ou justifica-se pela criação de oportunidades para o envolvimento do indivíduo?

Atividade 4

Modele a avaliação de um trabalho "anônimo" usando e justificando a abordagem de duas estrelas e um desejo (ou seja, duas observações positivas e uma meta para melhoria). Incentive as crianças a comentar e discutir a análise. Quando você sentir que as crianças estão confiantes com esse processo, dê tempo em uma aula para que elas façam um *tour* pela sala para observar o trabalho da turma. Incentive-as a registrar sua avaliação utilizando duas estrelas e um desejo para indicar sucesso e áreas de melhoria, com pequenos lembretes (notas tipo *post-it*) colocados no trabalho.

Dê tempo para que as crianças leiam e absorvam os comentários e um tempo extra para que as crianças apresentem um relatório.

A avaliação pelas crianças torna-se mais focada e objetiva?

As crianças se concentram mais no sucesso alcançado ou elas consideram a atividade competitiva e ameaçadora?

Atividade 5

Se as crianças avaliam o trabalho ou a confiança delas usando indicadores visuais, por exemplo, uma abordagem de polegar para cima ou para baixo, peça-lhes para justificar a sua escolha tanto para um parceiro de conversa quanto para você.

As crianças se tornam cada vez mais capazes de analisar com precisão?

Elas se tornam mais independentes e objetivas em sua análise?

Prática 3: Estratégias para desenvolver o envolvimento no processo de avaliação

Atividade 1

Comemore etapas na aprendizagem das crianças por meio de exposições que reconheçam o desenvolvimento delas. Crie imagens das jornadas de aprendizagem, tanto da turma quanto individual, permitindo que as crianças sejam proativas quanto ao registro de seus sucessos.

As crianças tornam-se mais envolvidas e focadas no sucesso pessoal ou essa abordagem incentiva a comparação negativa?

Atividade 2

Envolva os pais ou responsáveis no processo de avaliação e definição de metas, compartilhando o sucesso alcançado e os próximos passos na aprendizagem,

por meio de diálogos escritos ou orais habituais. Ilustre como o pai ou responsável pode ajudar a criança.
As crianças se beneficiam das informações orientadas de seus pais?
Que providências você toma para aquelas crianças cujos pais não querem ser envolvidos? Como a ajuda do professor assistente e dos próprios colegas das crianças pode ser utilizada?

Atividade 3

Envolva as crianças na criação de critérios de sucesso para o trabalho e lhes peça para deixar algum espaço para adicionar seus próprios sucessos individuais, como:

- Eu me concentrei no meu trabalho ao longo da aula;
- Trabalhei bem com meu parceiro/grupo.

Oriente as crianças para trabalhar em duplas para comparar o trabalho em relação aos critérios e depois avaliar seu sucesso adicionando também suas próprias percepções sobre em quais pontos alcançaram sucesso.

Incentive-as a debater os próximos passos para cada criança e registrá-los como metas.

Inclua isso na exposição da jornada de aprendizagem pessoal.

As crianças são capazes de analisar o trabalho com o apoio de um amigo e dos critérios de sucesso?

Elas são capazes de identificar os pontos fortes pessoais demonstrados em cada aula?

Esse fator adicional as fez sentirem-se valorizadas, mesmo se todos os critérios de sucesso ainda não foram alcançados?

RESUMO

A aprendizagem por meio da avaliação é capacitadora. A criança ciente de suas concepções errôneas e de seus equívocos, que recebe auxílio para refletir sobre as formas de superá-los e reconhecer qualquer barreira para sua aprendizagem, está sendo incentivada a assumir a responsabilidade por essa aprendizagem. Assim, a criança está sendo preparada para a aprendizagem duradoura, por meio do desenvolvimento de sua reflexão e do raciocínio analítico. Essas qualidades são vitais para o envolvimento e o desenvolvimento na aprendizagem. Há uma gama de estratégias que o professor pode usar para avaliar a aprendizagem de uma criança, mas é a ação que segue essa avaliação que determina o sucesso dos educandos. É importante que as crianças desenvolvam uma mentalidade de "Eu consigo fazer" em decorrência da avaliação de sua aprendizagem, mas isso vai depender muito da abordagem e do motivo para avaliação. Aquelas crianças que acreditam que podem influenciar o sucesso que alcançam se tornarão adultos analíticos e reflexivos sobre os problemas que encontram na vida.

LEITURAS COMPLEMENTARES

BLANCHARD, J. *Teaching learning and assessment*. Maidenhead: Open University Press, 2009.
Obra redigida de forma muito acessível, sugere abordagens práticas para a avaliação de aprendizagem e inclui estudos de caso para reflexão.

GARDNER, J. (Ed.) *Assessment and learning*. 2nd ed. London: Sage, 2012.
A segunda edição atualizada traz os trabalhos mais recentes sobre avaliação e tem valor inestimável para os professores. Explora a ligação inextricável entre avaliação e aprendizagem, além de analisar o impacto que a avaliação tem na motivação do aluno.

RAYMENT, T. *101 essential lists in assessment*. London: Continuum International Publishing Group, 2006.
Este livro contém uma lista de ideias de avaliação prática para implementar em sala de aula. Tem ideias úteis para analisar a aprendizagem tanto das crianças quanto dos professores.

TORRANCE, H.; PRYOR, J. *Investigating formative assessment:* teaching, learning and assessment in the classroom. Maidenhead: Open University Press, 1998.
Livro que explora a avaliação em sala de aula de crianças pequenas, mas as ideias facilmente podem ser adotadas para uma faixa etária mais velha. O livro baseia-se em gravações de áudio e vídeo de interações de sala de aula.

JOHNSON, S. Assessing learning in the primary classroom. Abingdon: Routledge, 2012.
Este livro acessível conecta a teoria atual com exemplos de práticas de avaliação em sala de aula. Identifica os princípios que sustentam a avaliação eficaz e considera a finalidade e a forma que ela pode assumir, tanto no âmbito da sala de aula quanto além dele.

UNITED KINGDON. *Education Scotland*. [201?]. Disponível em: <http://www.educationscotland.gov.uk/>. Acesso em: 28 jul. 2015.
Este *link* o conduz ao Currículo para a Excelência escocês, que traz uma seção muito interessante sobre aprendizagem, ensino e avaliação.

REFERÊNCIAS

ADHAMI, M. From lesson objectives to lesson agenda: flexibility in whole class lesson structure. In: THOMPSON, I. (Ed.) *Enhancing primary mathematics teaching and learning*. Maidenhead: Open University Press, 2003.

ALEXANDER, R. *Towards dialogic teaching*: rethinking classroom talk. New York: Dialogos, 2006.

ASSESSMENT REFORM GROUP. *Assessment for learning:* 10 principles: research-based principles to guide classroom practice. Cambridge: University of Cambridge School of Education, 2002.

ASSESSMENT REFORM GROUP. *The role of teachers in the assessment of learning*. London: University of London, 2006.

ASKEW, M.; WILIAM, D. *Recent research in mathematics education 5-16*. London: The Stationery Office, 1995.

ASKEW, M. et al. Effective teachers of numeracy in UK primary schools: Teachers' beliefs, practices and pupils' learning. In: CONFERENCE OF THE INTERNATIONAL GROUP FOR THE PSYCHOLOGY OF MATHEMATICS EDUCATION, 21., Lahti. *Proceedings...* 1997.

BANDURA, A. Self-efficacy. In: *Encyclopaedia of human behaviour*. New York: Academic Press, 1994. v. 4.

BELL, A. W. Some experiments in diagnostic teaching. *Educational Studies in Mathematics*, v. 24, n. 1, p. 115-37, 1993.

BLACK, P.; WILIAM, D. *Inside the black box*: raising standards through classroom assessment. London: King's College School of Education, 1998.

BUTT, G. *Making assessment matter*. London: Continuum, 2010.

CLARKE, C. *Active learning through formative assessment*. London: Hodder Education, 2008.

CLAXTON, G. *What's the point of school?* Oxford: Oneworld Publications, 2000.

DIX, P. *The essential guide to classroom assessment*. Harlow: Pearson Education Limited, 2010.

DRUMMOND, M. J. *Assessing children's learning (primary curriculum)*. 2nd ed. Abingdon: David Fulton, 2004.

GIPPS, C. et al. *Changing teaching and learning in the primary school*. Maidenhead: Open University Press, 2006.

HATTIE, J.; TIMPERLEY, H. The power of feedback. *Review of Educational Research*, v. 77, p. 81-112, 2007.

KOSHY, V. Children's mistakes and misconceptions. In: KOSHY, V.; ERNEST, P.; CASEY, R. (Ed.). *Mathematics for primary teachers*. London: Routledge, 2000.

LEAHY, S. et al. Classroom assessment: Minute-by-minute and day-by-day. *Educational Leadership*, v. 63, n. 3, p. 18-24, 2005.

ROSENTHAL, R.; JACOBSON, L. *Pygmalion in the classroom*. New York: Irvington, 1992.

SCRIVEN, M. The methodology of evaluation. In: STAKE, R. E. (Ed.). *Perspectives of Curriculum Evaluation*. Chicago: Rand McNally, 1967. v. 1, p. 39-55.

SPOONER, M. *Errors and misconceptions in maths at key stage 2*. London: David Fulton, 2002.

SWAFFIELD, S. Continuing the exploration. In: SWAFFIELD, S. (Ed.). *Unlocking assessment*: understanding for reflection and application. Abingdon: Routledge, 2008.

7

Aprendizagem ativa com as TICs

Keith Ansell

O grande objetivo da educação não é o conhecimento, mas a ação.
Herbert Spencer, filósofo inglês (1820-1903)

Panorama do capítulo

Dizer que as Tecnologias da Informação e da Comunicação (TICs) nas escolas dos anos iniciais do ensino fundamental estão em processo de mudança é uma obviedade. As TICs estão relacionadas com as tecnologias do momento. À medida que os *tablets* sucedem os *netbooks*, haverá a evolução da tecnologia nas salas de aula. Como nós, educadores, aplicamos a tecnologia? Como utilizamos a tecnologia no ensino e na aprendizagem? Estamos desenvolvendo "alunos ativos"? Hoje em dia há muito debate sobre as TICs estarem se tornando um "tiro no pé" nas escolas, em especial na fase do 7º ao 9º ano do ensino fundamental (na Inglaterra, *Key Stage 3*, com crianças de 11 a 14 anos). Em vez de educar as crianças, estamos apenas treinando-as, sem dar ênfase suficiente para que elas usem e apliquem as TICs? O relatório da Royal Society sobre a computação nas escolas, "Desligar ou reiniciar" (THE ROYAL SOCIETY, 2012), informou que muitos alunos não se sentem inspirados pelo que é ensinado e não recebem nada além de habilidades básicas de letramento digital, como usar processadores de texto ou bancos de dados. O apelo do governo e da indústria para uma ênfase maior na ciência da computação foi bem-vindo pela National Association of Advisors in Computer Education (Naace), que salienta que muito trabalho inovador e envolvente já está em andamento (NAACE, 2012). As TICs têm sido incorporadas com sucesso no currículo em muitas salas de aula dos anos iniciais. Usando estudos de caso, vou analisar as boas práticas. Vivemos em um momento emocionante para utilizar as TICs nas escolas dos anos iniciais do ensino fundamental. Apesar da falta de linhas de financiamentos para as TICs e de concessões de *software*, em grande medida os alunos e professores estão se familiarizando com as habilidades básicas. A aprendizagem ativa com as TICs acontece em tempo real.

INTRODUÇÃO

A caixa de ferramentas das TICs

O Gerador de Eventos de Aprendizagem (*Learning Event Generator*, LEG) é uma ideia sublime de John Davitt. É uma ferramenta de aprendizagem para dispositivos móveis em que você seleciona um conceito ou uma área de aprendizagem e é desafiado a apresentá-la na forma de... uma pintura impressionista; um *haicai*; uma peça em três atos de 10 segundos. Davitt, escritor e criador de ferramentas digitais, é apaixonado por tornar a aprendizagem um processo ativo. A aprendizagem acontece apenas quando reinterpretamos o conceito/ideia em uma nova forma, afirma ele. A aprendizagem se torna ativa. O LEG produzirá muitos resultados das TICs: [...] "em forma de animação"; "em forma de um arquivo de MP3 com 20 segundos"; "em forma de nuvem de palavras no Wordle".

Na condição de jurado em uma competição de animação, eu me deparei com uma inspiradora animação em *stop motion*, produzida por uma turma no sudoeste. A equipe Frutas e Saladas superou a equipe *Fast-Food* na "Corrida por uma vida saudável", incluindo as Top Dicas do Sr. Banana para uma vida saudável. A compreensão sobre alimentação saudável foi ricamente explicada pelas crianças por meio de sua animação. A caixa de ferramentas das TICs apresenta muitas oportunidades para apoiar a aprendizagem ativa.

GRAVAÇÕES DIGITAIS NA SALA DE AULA

McIntosh (2011) descreve a ideia de as crianças filmarem sua aula em andamento e depois reproduzir o vídeo para elas o assistirem como uma de suas melhores ideias. Ele salienta o quanto as câmeras de vídeo hoje estão acessíveis e o quanto é fácil e rápido reproduzir o clipe na lousa interativa digital e constata o quão raramente observa os professores fazendo isso. Na realidade, a capacidade de reproduzir um clipe curto de um grupo colaborando juntos, reproduzido em uma sessão miniplenária, é um poderoso dispositivo para proporcionar que os alunos se observem trabalhando e para permitir que os processos sejam observados. Onde quer que as crianças estejam aprendendo a aprender, a explorar as habilidades de pensamento, uma pequena câmera de vídeo é uma ferramenta de análise perfeita. De forma semelhante, um visualizador permite que os professores passem o vídeo das crianças trabalhando e obtenham *feedback* imediato delas sobre gramática, ortografia, pontuação e escolha de vocabulário.

Deixe-nos fazer uma pausa e, para usar a linguagem dos filmes, dar um *zoom* aqui. Em outras partes deste livro, observamos como Papert (1993), o grande pensador responsável pela linguagem de programação. Logo, sugere que, em vez de ensinar as crianças algo sobre matemática, deveríamos estar ensinando-lhes a se comportar como matemáticos. Em todas as disciplinas, incluindo as TICs, as crianças podem ser incentivadas a pensar como especialistas. Fotógrafos e cineastas têm à disposição uma gama de tomadas: uma tomada panorâmica, um *zoom*, uma tomada de recuo, cada qual para atender a diferentes finalidades. Os animadores trabalham juntos em uma equipe – um operador de câmera, um diretor geral, um diretor de arte. Cada um desses papéis precisa analisar como colaborar e produzir resultados de qualidade. Para ampliar a metáfora da caixa de ferramentas das TICs, as TICs e a aprendizagem andam de mãos dadas.

Nosso foco deve estar no estilo de aprendizagem, em vez de na matéria. Dominar a matéria ao se comportar como especialista pode funcionar em todo o currículo. Um poderoso recurso com base nas TICs, o *site* ArtisanCam[1] tem uma excelente série de vídeos em que artistas como Andy Goldsworthy comentam sobre o que pensam e como funcionam em seu processo artístico. Hart et al. (2004) afirmam a importância de as crianças estarem envolvidas no processo de aprendizagem.

LETRAMENTO DIGITAL

Em linhas gerais, a tecnologia faz parte da cultura da sociedade e deve ser usada para apoiar a aprendizagem e integrá-la à indagação (JOYCE; CALHOUN; HOPKINS, 2009). A busca por informações precisa ser ensinada como um processo ativo, já que o nosso objetivo é ensinar cidadãos com letramento digital. O professor desempenhará um papel vital em ensinar, com sabedoria, as crianças a usar essa tecnologia dominante. As crianças devem ser ajudadas a reconhecer e a compreender as tendenciosidades potenciais e as implicações morais apresentadas pela tecnologia, de modo que as crianças dos 3º e 4º anos aprendam a identificar os fatos e as opiniões em *sites* da *web*. Como professores, precisamos manter em dia o nosso próprio letramento digital. Experimente o *Quiz November Learning* de letramento em informática (leitura complementar). Alan November é um renomado especialista em letramento digital.

---

1 Disponível em: <http://www.artisancam.org.uk>.

ENTREVISTANDO ESPECIALISTAS

Vivemos em uma época midiática na qual podemos encontrar vídeos relacionados a qualquer área do currículo. Na escola, consumimos conteúdo das TICs utilizando excelentes recursos *on-line*, como o Espresso. Se quisermos alunos ativos, também devemos disponibilizar as ferramentas às crianças. Usar uma câmera de vídeo *Flip* ou um microfone *Easi-Speak* pode colocar a criança no papel do especialista. Torna-se uma questão de "aqui estou, filmando você/aqui estou, registrando o que você está dizendo". A câmera de vídeo fornece olhos à criança que está filmando. Fornecer o microfone às crianças para gravar lhes dá a autonomia para capturar o que elas consideram relevante sobre o assunto. Dessa forma, elas desenvolvem um interesse pela indagação e, por conseguinte, seu questionamento. Claxton (2008) observa que as habilidades de questionamento das crianças podem ser alçadas em um nível mais elevado, quando um professor pede aos alunos para pensarem nas perguntas que um cientista/matemático/escritor faria.

Bennett (2004) frisa que os alunos podem ouvir o áudio ou assistirem à gravação novamente. Essa facilidade em analisar a gravação para extrair informações cria oportunidades ao pensamento de ordem superior e apoia a conversa sobre a escrita. Ele também descreve uma série de habilidades de entrevista, identificando o planejamento e a preparação de perguntas nos 3º e 4º anos, à medida que os alunos, em atividades em grupo, debatem tópicos essenciais que precisam ser abordados. Nos 5º e 6º anos, Bennett destaca as habilidades de analisar e extrair informações, bem como de debater e decidir como apresentar essas informações.

Adiante neste capítulo veremos como hoje é muito fácil criar um *blog* da sala de aula para escrever sobre a aprendizagem que ocorreu nesse espaço. O *blog* também pode ser usado para compartilhar gravações de áudio. O AudioBoom[2] lhe permite criar botões de reprodução embutidos, de modo que você consiga gravar, pré-visualizar e publicar sua gravação. Rylands (apud BOBER, 2010) sugere que essa pode ser uma forma de lembrar as crianças sobre tema de casa desafiador ou talvez os alunos possam explicar uma ideia científica, ou projeto, em 30 segundos. Quem sabe, ecos do LEG? O AudioBoom também permite carregar arquivos de áudio, gravados em outros dispositivos. Dessa forma, uma dupla ou um pequeno grupo de crianças pode publicar no *blog* sua narrativa, ou talvez sua canção, para compartilhar com os pais e uma audiência muito mais ampla. Cada postagem de áudio tem o potencial de atingir uma audiência de milhares, e o *site* Revolver Maps[3] pode mostrar às crianças a origem de seu público. A publicação de um clipe de áudio *on-line* que os pais e responsáveis possam assistir mais tarde é uma forte motivação rumo a um produto acabado de alta qualidade; por isso, o uso de itens, roteiros e ensaios são preparativos úteis para aproveitar ao máximo

---

2 Disponível em: <https://audioboom.com/>.
3 Disponível em: <http://www.revolvermaps.com/>.

a oportunidade. Escrever roteiros e realizar entrevistas desenvolve as habilidades de letramento, permitindo que as crianças desenvolvam e pratiquem suas habilidades de fala e escuta. A finalidade e o público-alvo são fundamentais para esse tipo de atividade de aprendizagem.

Há muitas maneiras de criar e compartilhar áudio, com diferentes sistemas de complexidade diversa. Deve-se dar uma atenção especial aos resultados de aprendizagem almejados pelos professores, bem como às necessidades de aprendizagem de seus alunos, antes de decidir qual plataforma adotar. Criar um *podcast* (arquivo de áudio digital) ou um programa de rádio exige planejamento e tempo em sala de aula. Isso também pode ser um empreendimento bastante colaborativo, em que as crianças desenvolvem as habilidades de trabalho em equipe. A finalidade clara pode ser procurada em todo o currículo. Um texto persuasivo, apresentado em forma de programa de rádio, pode estabelecer vínculos com sua própria cultura popular e o conhecimento sobre publicidade e mídia. Em vez de encontrar arquivos de efeitos sonoros prontos, existem oportunidades no currículo de mesclar *design*, tecnologia e música.

A adição de música e de outros sons à trilha sonora tornará o áudio ainda mais envolvente. Quer seu áudio seja apresentado em forma de transmissão de rádio, quer como parte de uma peça, os alunos podem querer acrescentar sons. O relatório *Look Again* (BRITISH FILM INSTITUTE, 2003) observa que, desde a mais tenra idade, as crianças "reconhecem os sons e a música que assinala perigo, comédia, empolgação e finais felizes", sugerindo que os alunos devem aprender que as trilhas sonoras de vídeos têm quatro elementos: música, efeitos sonoros, voz e silêncio. Todos esses itens contribuem para o significado. Muitas vezes, o som pode fazer mais para "fixar" o significado de uma sequência do que as meras imagens. Whitney (2010) observou que uma criança de 6 anos respondeu, por meio do desenho, à maneira como o som foi usado em uma trilha sonora do filme. Mais tarde, a professora comentou que isso a ajudou a fazer previsões sobre as leituras orientadas.

UTILIZANDO VÍDEO DIGITAL

A aprendizagem pode se tornar ativa por meio de filmagens digitais sem dificuldades. O Photostory3 é um programa simples de usar que permite aos alunos combinar várias imagens com música ou narração. Usado por professores ou alunos, revelou-se uma ferramenta muito versátil nas escolas dos anos iniciais do ensino fundamental, em especial para trabalhar com narrativas. Um poema (texto ou falado) poderia ser reforçado com imagens e música. A partir de uma coleção, os alunos montam uma série de imagens para criar um vídeo. Podem documentar sua aprendizagem, talvez apoiar reflexões sobre o processo de uma tarefa de projeto e execução. A Web 2.0 (segunda geração de comunidades e serviços na *web*) disponibilizou uma gama de ferramentas de vídeo, como Animoto for Education, em um navegador.

Dados coletados por Sigman (2012) sugerem que, em torno da idade de 7 anos, uma criança nascida hoje terá gasto um ano inteiro de 24 horas assistindo às mídias com tela. Muitos se perguntam se as crianças são muito passivas por ficarem sentadas diante de telas. Estamos rodeados por mídias digitais de todos os tipos, e as crianças estão imersas nesse contexto, que já está no cerne de nossa cultura. Mas com tantos clipes de vídeo digital e com alta qualidade disponíveis para nós, os alunos podem aplicar os vídeos digitais para a aprendizagem ativa na escola? Chambers (2011) argumenta que esses "textos" digitais e visuais podem ser usados para desenvolver as habilidades de compreensão de textos impressos. Podemos ter alguns em nossa coleção de filmes em casa e outros estão disponíveis *on-line*. Ao visitarmos o *site* da Pixar, encontramos muitos vídeos curtos, elaborados com grande esmero, que seriam muito atraentes para as crianças em nossas aulas. Sabemos que esses clipes vão motivar os alunos, mas como podemos orientar o debate sobre um videoclipe digital?

Evidências sugerem que algumas crianças estão fracassando em desenvolver habilidades de leitura, além das habilidades básicas de decodificação literal de textos, porque ainda são incapazes de ler nas entrelinhas e inferir mensagens subentendidas. Os professores também notam que muitos alunos não tentam evocar seus próprios sentimentos ou respostas aos textos lidos. Aqui, parecemos estar dizendo que essas crianças não inferem quando leem, embora inferir seja um estado natural da mente. Desde muito jovem, crianças estão inferindo, perpetuamente lendo gestos, de modo que consigam inferir raiva ou afirmação se um adulto bate algo com força na mesa. Porém, claramente muitos alunos não estão trazendo essa habilidade à leitura de textos.

Mas as crianças que conseguem ler apenas no nível literal em textos impressos conseguem inferir, e inferem, em um nível muito mais sofisticado quando analisam clipes de vídeos. Waller (2008) sugere que em casa existe muitas vezes um ambiente rico em vídeos e imagens, com narrativas desenvolvidas em televisão, cinema, consoles de jogos e, cada vez mais, *smartphones*. Kress (2003) argumenta que devemos reconhecer mais amplamente esses letramentos digitais emergentes. É necessário começar com aqueles "textos" que elas já estão lendo ativamente, de modo que a aprendizagem com imagens em movimento possa exercer um papel fundamental no desenvolvimento das habilidades de ordem superior de que as crianças precisam para ler e compreender todos os textos. Além disso, a decodificação do texto não é uma barreira.

Em 1993, o escritor Aidan Chambers publicou um livro chamado "Conta para mim" (*Tell Me*), que teve uma forte influência nos professores de literatura dos anos iniciais. *Conta para mim* baseava-se em uma estrutura de questionamento e esboçava uma abordagem para suscitar as respostas das crianças aos livros que estavam lendo. No vídeo "Aprendendo a ser letrado" (*Learning to be Literate*, 1999), produzido pelo Centre for Literacy in Primary Education (CLPE), enfatiza-se a necessidade de que os professores e as crianças aprendam, na teoria e na prática, a fazer perguntas, tecer respostas e analisar esses assuntos. O efeito mais se parece com uma conversa do que com uma aula.

Em 2003, o British Film Institute (BFI) procurou o CLPE para participar de um projeto de pesquisa colaborativa que investigava formas de trabalhar com filmes nas salas de aula de 3º a 6º anos. O CLPE introduziu a abordagem "Conta para mim" (*Tell Me*), e o BFI publicou seu relevante documento *Look Again*. A estrutura "Conta para mim" consiste em diferentes tipos de perguntas classificadas em "Básicas", "Gerais" e "Especiais". Essas perguntas sutis e abertas tentam assegurar que as perguntas sejam generativas. Criam espaços para que as crianças falem amplamente, sem ameaçar nem sugerir uma resposta certa, antecipando um diálogo conversacional. O resultado é uma conversa cooperativa, em que uma comunidade de leitores faz descobertas. Aqui também existe um desejo de colaboração, sugerindo que o professor deseja saber o que a criança pensa.

Voltando à nossa pergunta inicial: podemos estudar esses "textos" digitais para desenvolver as habilidades de compreensão? A abordagem "Conta para mim" significa que o professor pode trabalhar a partir de textos de imagens em movimento, até chegar ao texto impresso e voltar novamente. Dessa forma, ele fomentará as habilidades de leitura de seus alunos e as respostas nas duas mídias.

EXPLORANDO MODELOS COMPUTACIONAIS

Na condição de professores, sabemos que o ambiente de aprendizagem é crucial para a aprendizagem. Malaguzzi escreveu sobre os três professores das crianças: adultos, colegas e o ambiente físico (EDWARDS; GANDINI; FORMAN, 1993). Chamava o ambiente de "o terceiro professor". Por extensão, podemos dizer que o ambiente da simulação digital também é um terceiro professor da criança? Um modelo computacional nos permite aprender no ambiente virtual. Podemos usar o número crescente de modelos e simulações computacionais para experimentar diferentes possibilidades e testá-las em um ambiente virtual e seguro. Como observado nos capítulos anteriores, as matérias podem ser abordadas por meio de indagação ativa se a abordagem for valorizada, incentivada e facilitada pelo professor. É importante reconhecer que o conteúdo pode ser o veículo para a exploração (HART et al., 2004).

Uma série de atividades de modelagem interdisciplinares com base em temas regionais que visam ao 1º e 2º anos (mas bastante úteis até os 3º e 4º anos), o Big Day Out (Grande Viagem de Um Dia) fornece investigações ou desafios matemáticos e científicos (ver Prática 8, Atividade 2). Todas as atividades de modelagem têm resultados variados e são projetadas para incentivar o diálogo. Por exemplo, o usuário pode configurar a catapulta no Castelo de Warwick. Pode alterar a tensão da corda e a distância para lançar as pedras. Em um passeio ao balneário de Torbay, os alunos podem solicitar quantos sorvetes desejarem, com diversas combinações de sabores. Os alunos podem refletir sobre a sua aprendizagem em um cartão-postal que pode ser enviado por *e-mail* aos pais e responsáveis.

O Currículo Nacional aconselhou os professores a "[...] usar simulações e explorar modelos a fim de responder perguntas 'E se...?', além de investigar e avaliar o efeito de modificar valores e identificar padrões e relacionamentos". A aprendizagem não é transmitida pela atividade digital; ela surge à medida que as crianças e os adultos debatem sobre o que está acontecendo. Como Alexander (2004) nos lembra, em seu âmago, o ensino eficaz é dialógico, em vez de transmissivo.

Os alunos podem correlacionar as experiências no computador para investigar algumas das ideias no mundo real. As combinações de sorvete em Torbay poderiam ser ampliadas com outros cubos de múltiplas conexões de sabor e a aplicação em uma investigação matemática.

O fenômeno dos últimos 20 anos tem sido o crescimento dos jogos eletrônicos, que evoluíram para se tornar experiências multimídias totalmente imersivas. As crianças e os adultos se envolvem de corpo e alma em experiências plenamente absorventes. Os jogadores praticam em períodos amplos e trabalham arduamente para aprimorar suas habilidades e sua compreensão sobre o mundo virtual no qual estão jogando. Trabalham juntos, usando habilidades colaborativas para resolver os problemas que os jogos apresentam. Como Bober (2010) observa que, nos últimos anos, tem havido um interesse crescente em como os jogos podem ser usados para apoiar o ensino e a aprendizagem em ambientes educacionais mais formais. Quando as crianças estão envolvidas em uma tarefa relacionada a jogos, elas aprendem fazendo. Isso é aprendizagem ativa. Csikszentmihályi (2009) conclui que as pessoas são mais felizes quando em estado de fluxo pleno ou completa imersão na tarefa e situação. Csikszentmihályi (2009) refere-se à questão da dificuldade da tarefa, observando-se que é difícil para um aluno alcançar um estado de fluxo se a tarefa for muito difícil. Tim Rylands (2010), em seu *site*, cita Papert para mencionar um ponto importante sobre o desafio:

> Todo desenvolvedor de jogos digitais sabe algo que os formuladores de currículos parecem não entender. Você nunca verá um anúncio dizendo que um jogo digital é fácil. As crianças que não gostam da escola não dizem que é por ela ser muito difícil. É por ser... chata.

Bober (2010) identifica o desafio como um dos muitos elementos motivacionais, que incluem ação, aventura, estratégia, suspense, frieza – características presentes em jogos digitais que incentivam a aprendizagem. Bober cita Tim Rylands, que usa jogos de paisagem imersivos para inspirar a escrita infantil. Ele usou jogos como Myst, Riven, Wild Earth: Natural Safari e afirma que está sempre procurando novos jogos de Web 2.0. Depois de pedir que as crianças descrevam o que havia em um bom jogo de computador, Rylands chegou à conclusão de que o desafio era o mais importante. Ele comenta sobre os desafios no jogo Myst:

O próprio Myst tem elementos de desafio escondidos dentro dele, no sentido de que, para chegar a um novo local, você precisa enfrentar desafios e resolver problemas. Nas experiências do Myst, o usuário quer desesperadamente encontrar o caminho para chegar a uma paisagem diferente e acaba envolvido na solução do problema; no entanto, o desafio não está na resolução do problema – o desafio está no fato de as crianças darem vida aos seus mundos pelo poder das palavras. A aventura lhes dá motivos reais para querer aperfeiçoar a escrita, desenvolver as habilidades descritivas, pensar em tudo, pois as utilizamos para tudo; escrita, música. Não é um desafio específico de um jogo, é o desafio relacionado aos jogos. (RYLANDS apud BOBER, 2010).

Rylands (apud BOBER, 2010) afirma que o jogo só precisa ser uma parte da experiência de aprendizagem e apenas um elemento da tecnologia. O Myst pode ser o estímulo, mas existem muitas outras tecnologias da Web 2.0 ou métodos analógicos para capacitar as crianças a gravar suas experiências e seu envolvimento com o processo. Na opinião de Rylands, os aspectos sociais da experiência de aprendizagem, como a colaboração, são cruciais para envolver as crianças. Ele tem dicas úteis, por exemplo, com o uso do PrimaryPad, as crianças podem escrever ao mesmo tempo que todo mundo, interagir, compartilhar ideias, construir um documento, literalmente escrevendo ao mesmo tempo que as outras pessoas. Uma ferramenta como o Scribblar também dá aos alunos a oportunidade de ter um canal de *chat* paralelo, ou seja, de também conseguir desenhar interativamente. Os alunos podem participar do mesmo texto corrigindo, burilando e contribuindo. Rylands observa que a atividade "baseia-se em jogos", no sentido de que a base é o jogo. O que acontece ao redor que é o aspecto importante.

A aprendizagem com base em jogos tem inúmeros pontos positivos. Os alunos podem desenvolver habilidades colaborativas como resolução de problemas e habilidades de trabalho em equipe. Com certeza, o *software* pode envolver as crianças, por meio do desenvolvimento das habilidades existentes e dos interesses das crianças, e talvez diminuir esse fosso entre as culturas da escola e do lar. O poder está em como utilizar esses jogos e modelos computacionais. Groff, Howells e Cranmer (2010) afirmam que as abordagens de aprendizagem com base em jogos precisam ser bem planejadas e as salas de aula cuidadosamente organizadas para envolver todos os alunos na aprendizagem e produzir resultados apropriados. Após examinar de modo minucioso a abordagem de Ryland, Bober (2010) conclui que é de importância crucial que "[...] as experiências de aprendizagem com base em jogos sejam mediadas por um professor, a fim de facilitar a aprendizagem, e sejam apoiadas por outras ferramentas digitais e métodos de ensino".

BLOGANDO COM SUA TURMA DE ALUNOS

Cada vez mais, os professores estão avaliando a criação de um *blog* da turma. Em essência, *blogs*, como aqueles fornecidos pelo Primary Blogger ou Edublogs, são *sites* com toda a capacidade de compartilhar imagens, áudio e vídeo, mas fluidos e adaptáveis às necessidades da turma e do professor (FRYER, 2012). *Sites* escolares podem sofrer pela falta de atualização e a falta de clareza sobre o que almejam, mas com o professor e os alunos trabalhando juntos, o *blog* da turma pode ter um impacto real.

Fryer (2012) resumiu os pontos positivos, observando que com o *blog* da turma existe uma finalidade clara, e as crianças estão escrevendo para um público. Além disso, o *blog* da turma dá a oportunidade para vídeos, áudios e colaborações, em resposta a um estímulo. Fryer (2012) cita a capacidade de maravilhar-se e a liberdade para não se preocupar com a caligrafia. Professores e alunos têm a autonomia ou o controle sobre sua própria aprendizagem, permitindo a personalização. Ele vai mais longe, explorando a ideia de que o ato de *blogar* apoia a autoeficácia, ou a medida da própria competência para concluir tarefas e alcançar objetivos. Na verdade, instituir um *blog* é algo muito simples de configurar e pode apoiar o ensino e a aprendizagem de maneiras múltiplas, emocionantes e motivadoras (ver estudo de caso 2).

> Aprender a criar um *blog* pode ser considerado uma habilidade rotineira que as crianças têm de adquirir. Porém, manter e formatar o *blog*, no intuito de incluir vários tipos de mídia visual, exige que a criança demonstre uma combinação de habilidades, entendimento e conhecimento. Mais importante que isso, usar o formato de *blog* para escrever um diário ao longo de várias semanas não só revela muita capacidade, mas também constitui uma aplicação útil e multidisciplinar da tecnologia no contexto de uma tarefa significativa e, assim, proporciona uma poderosa experiência de aprendizagem. (BARBER; COOPER, 2012).

DEBATENDO *ON-LINE*

Em um *blog* da turma, os comentários precisam ser moderados. Ambientes de aprendizagem virtual oferecem um jardim murado em que alunos e professores podem participar do ensino e da aprendizagem em um ambiente *on-line* seguro. Usando a função de debate *on-line* e colocando os colegas em contato direto com os outros, temos a oportunidade, como frisa Kress (2003), de fazer "os alunos comentarem sobre sua aprendizagem".

Postar no Facebook e debater *on-line* é um fenômeno social do nosso tempo e parte da nossa cultura. Waller (2008) escreve sobre a importância de trazer a casa para a escola, observando que, fora da escola, a maioria das crianças se envolve com uma variedade de formas culturais populares. Cremin (2007), escrevendo sobre a criatividade na escrita, observou que meninos se envolvem muito mais quando podem escrever livremente e mostrar sua própria cultura. Cremin (2007) aponta o forte vínculo entre os resultados e o prazer e a motivação dos meninos. Barnes (2009) menciona o relacionamento entre alunos e professores, menos em termos de linguagem e muito mais em termos dos tipos de acesso aos processos de aprendizagem que professores tornam possíveis. O Facebook não é um ambiente eletrônico seguro para as crianças. Muitas escolas registram-se em ambientes virtuais de aprendizagem como Kaleidos, It's Learning ou SWGFL Merlin.

Em termos de responsabilidade em relação à segurança eletrônica, os professores precisam tratar do comportamento *on-line*. Pensar antes de postar é uma consciência crucial para as crianças se quisermos evitar o caos emocional. As crianças precisam aprender que uma postagem pode transmitir emoções e mensagens não intencionais e está mais propensa à interpretação incorreta, já que não existem as pistas costumeiras para avaliar a reação da outra pessoa. Byron (2008) nos lembra que equipar as crianças com a capacidade de transmitir adequadamente mensagens aos outros é tão importante quanto ajudá-las para saber interpretar e lidar com as que recebem. O debate *on-line* é útil para se conscientizar disso.

O que torna o espaço para debate *on-line* um ambiente bem-sucedido para a aprendizagem? Nesse contexto, a interação deve ser estruturada e sistemática. O intuito é comunicar-se para influenciar o pensamento crítico e reflexivo. Um exemplo bem-sucedido foi "Espaço – o que você gostaria de fazer no espaço sideral?", utilizado em uma turma do 5º ano. A pergunta aberta é fundamental a fim de que os alunos explorem ideias diferentes. O andaime criado pelo professor deve capacitar as crianças a "assumir o principal papel pensante".

Conforme enfatiza Alexander (2004), a fim de fornecer melhores oportunidades para que as crianças desenvolvam o diversificado repertório de fala de aprendizagem, em que diferentes tipos de pensamento e compreensão são declarados, o ensino dialógico precisa atender a cinco critérios. O ensino dialógico é coletivo, recíproco, solidário, cumulativo e intencional. Guiados por esses cinco princípios, os debates *on-line* tornam-se uma ferramenta poderosa para permitir que a aprendizagem ocorra. O sucesso depende de até que ponto os debates são dialógicos. À medida que os professores começam a usar a aprendizagem *on-line* para trabalhos de casa, o modo que eles estruturam a aprendizagem pode muito bem evoluir, em especial pelo uso de pontos de partida abertos. Menos comandos dos professores "façam isto..." e mais "vamos imaginar" – este meio é adequado para explorar muitas situações do tipo "E que tal se...". O debate sobre o espaço tornou-se uma exploração útil sobre conceitos como a gravidade e seus efeitos. Existem muitos outros tópicos de ciências em que os alunos poderiam considerar conceitos e explorar seus equívocos. Para que um diálogo produtivo floresça, como indicam Scott e Ryan (2009), uma perspectiva é exigida dos professores à medida que atuam "na lacuna" entre as compreensões dos alunos e os pontos de vista científicos. O ensino dialógico é uma ferramenta pedagógica que se aplica a todas as áreas e disciplinas. Os debates *on-line*, portanto, podem contribuir com a aprendizagem em todo o espectro curricular?

> As crianças devem pensar por si mesmas antes que consigam realmente saber algo, e o ensino deve fornecer as oportunidades linguísticas, as condições para que isso aconteça. (ALEXANDER, 2004).

ESTUDOS DE CASO

Estudo de caso 1: Dan Wilson

Dan Wilson, professor do 6º ano na Escola St. Andrew para os anos iniciais do ensino fundamental, em North Somerset, tornou-se conhecido por sua utilização criativa das TICs. Uma de suas turmas venceu, no festival Noscar (North Somerset Oscar), o prêmio de melhor filme de animação. Quem assiste aos resultados percebe que as crianças tiveram a posse plena do projeto. As crianças aplicaram uma série de técnicas, envolveram-se completamente com a finalidade e sentiram prazer em compartilhar seu humor com o público.

Quando observei esta aula, Dan usava o Scratch, *software* que permite ao usuário programar pequenos jogos. Falei com Dan sobre sua sequência de aulas. Ele tem um horário fixo no laboratório de computação e preconiza que sessões semanais permitem um intervalo suficiente para incubar ideias. Em geral, ele utiliza *software* de código aberto (livre) que as crianças podem baixar e usar em casa. Dan pesquisa o *software*, mas não sente necessidade alguma de se tornar um usuário experiente, embora mapeie cuidadosamente as possibilidades de aprendizagem usando fóruns para professores. O fator de alta motivação garante que várias crianças evoluam entre as sessões de ensino, e o formato das aulas permite espaço interno para compartilhar a crescente *expertise* dos alunos.

Na primeira sessão, de possivelmente cinco sessões, as crianças trabalham em duplas. A intenção do professor é familiarizar as crianças com o leiaute do Scratch e mover um personagem ao redor da tela.

Na segunda sessão, a tarefa das crianças é fazer um simples jogo de perseguição com Scratch, usando a função da tecla "para sempre". Elas também criam seu próprio personagem, aumentando a sensação de posse. As crianças ficam muito empolgadas e compartilham os recursos que descobriram, a fim de ajustar elementos diferentes. Em uma sessão plenária, Dan indaga: o que elas gostariam de ser capazes de fazer com o Scratch no futuro? Que tipo de jogo elas acham que poderiam fazer? Uma criança me conta que gosta de "projetar e controlar minhas próprias coisas". Nessa fase, o objetivo é realmente dar posse e autonomia às crianças, à medida que o professor pergunta a elas como gostariam de desenvolver as suas ideias usando o Scratch em seu tópico sobre os Tudor.

Na terceira sessão, Dan lhes ajuda a se preparar. A intenção dele nesta sessão é capacitá-las a movimentar o personagem continuamente por toda a tela; por isso, introduz o recurso "se estiver na borda, ricocheteie". Ele também lhes solicita que façam experimentos com pausas. As crianças estão incubando ideias para seu jogo sobre a dinastia Tudor.

A quarta e a quinta sessões têm a ver com desenvolver e aprimorar suas ideias em relação a um tempo combinado em que elas vão apresentar seu jogo Tudor aos demais. A tarefa agora tem finalidade e público.

Dan conta que utiliza uma abordagem semelhante com todos os projetos das TICs que empreende. Desde programas de animação para criar uma animação em stop motion, passando pelo Google Sketchup para criar modelos virtuais 3D e pelo Garageband para criar música espacial, até chegar ao Scratch para criar um jogo de Tudor, ele usa a ferramenta livre em uma série de sessões para produzir um trabalho extenso e requintado. (Podemos acrescentar as ferramentas Audacity ou WeVideo à lista com finalidade e contexto curricular apropriados.) As TICs fornecem uma caixa de ferramentas completa para a aprendizagem ativa. Os alunos sentem-se motivados a colaborar e aprender em conjunto, bem como a utilizar os recursos e as funções do programa em uma finalidade sobre a qual exercem plena posse. Nessa abordagem, os alunos são totalmente ativados.

> Os professores criativos mostram um considerável grau de posse no que tange ao planejamento, ao ensino e à avaliação. Eles exercem um forte senso de autonomia profissional em sala de aula e demonstram flexibilidade e confiança, afirmando seu desejo de criar um currículo construído em conjunto, que se baseie nos interesses dos alunos e em seu capital sociocultural, bem como nos requisitos curriculares. (CREMIN, 2007).

Reflexão sobre o estudo de caso

- Como você resumiria as características dessa abordagem a tecnologias específicas?
- A seu ver, quais são os pontos fortes desta abordagem para
  a) as crianças?
  b) os professores?
- Quais os aspectos do papel do professor você considera essenciais para a eficácia dessa abordagem?
- Como essa abordagem se compara com as experiências na escola em que você trabalha?

Estudo de caso 2: Ian Rockey

Ian Rockey, da Moorlands Schools Federation, em Bath, criou um *blog* com o subtítulo "compartilhando a nossa aprendizagem com o mundo", com a turma do 2º ano, e comenta animado sobre como o *blog* da turma têm-se revelado altamente motivacional, em especial para a escrita.

Os *sites* Primary Blogger[4] e Moorlands Federation[5] estão repletos de exemplos dos escritos das crianças. Uma dimensão multimídia é alcançada pelo uso das ferramentas Picasa, AudioBoom e PhotoPeach para acrescentar *slideshow*, clipes de

---

4 Disponível em: <http://msfy2.primaryblogger.co.uk>.
5 Disponível em: <http://msf2010.schoolblogs.org>.

áudio e vídeo. Para fazer uma exposição do conhecimento, o aplicativo Wallwisher incorporado revela o que as crianças querem aprender. Uma olhadela nas categorias mostra que Ian tentou várias finalidades para postagem com a turma, incluindo um desafio de cinco frases e desafios de matemática para resolver em casa. Ele conta que "o *blog* leva a aprendizagem para fora da sala de aula e envolve os pais".

Comentar é um elemento importante para dinamizar o *blog*, com crianças, pais, professores e visitantes deixando comentários. Ian aconselha aos professores configurarem a moderação, permitindo que o professor leia e aprove os comentários antes de serem adicionados.

Ian teve o cuidado de criar orientações e sugestões simples com as crianças para "ajudar a manter nosso *blog* seguro e agradável para que todos o leiam". Aqui estão as suas orientações úteis para o *blog* da turma:

- As crianças só devem usar seu primeiro nome quando fizerem comentários.
- Os pais que deixarem comentários são convidados a usar só o prenome, de modo a não identificar seu filho nem postar comentários como "Mãe do Ian" ou "Tia da Amy".
- Não postar fotos nem *links* de outros *sites* sem permissão do Prof. Rockey.
- Todas as postagens serão verificadas pelo Prof. Rockey antes de serem publicadas no *blog*.
- Todos os comentários são verificados pelo Prof. Rockey antes de aparecerem no *blog*.
- Seja positivo ao fazer comentários. Diga algo que você gosta em um *post* e talvez até mesmo faça uma pergunta ao autor do *post*.
- Por favor, escreva frases completas e use a pontuação adequada. Revise os seus comentários cuidadosamente antes de enviá-los.

As crianças têm seus próprios *logins* para o *blog*. Na turma do 2º ano, Ian está migrando de postagens da turma inteira para postagens de cada aluno no decorrer do ano. Um *blog* do 5º ano em Moorlands usou a ferramenta Poll Daddy para pesquisas, e os comentários demonstram uso mais independente.

Ian faz questão de salientar o papel da comunidade acadêmica no *blog*. Seguindo o diretor David Mitchell no Twitter, surgiu a ideia do Quadblogging. Sustentar o entusiasmo pelo seu *blog* da turma pode ser difícil ao longo do ano, por isso as turmas se juntam em um conjunto de quatro turmas ao redor do mundo que fazem comentários nos *blogs* alheios. A escola Moorlands atualmente participa de uma integração com uma turma da Nova Zelândia, com quem construíram uma boa relação e continuam um diálogo sobre a sua aprendizagem mundo afora.

> É o público que mantém vivo o *blog* para seus alunos. Muitas vezes, os *blogs* definham, deixando os alunos frustrados e aborrecidos. O Quadblogging dá a seu *blog* um público verdadeiramente autêntico e global. (MITCHELL, 2012).

Reflexão sobre o estudo de caso

- A seu ver, quais são os pontos fortes do uso de um *blog* da turma para
  a) as crianças?
  b) os professores?
  c) os pais?
- Como essa abordagem poderia apoiar a aprendizagem em sua sala de aula?
- Compare o *blog* da turma com formas alternativas de alcançar os mesmos objetivos.
- Quais são as barreiras para a criação de um *blog*, e como isso pode ser superado?

PRÁTICA

Prática 1: Apresentando a caixa de ferramentas das TICs

Atividade 1

Experimente o gerador de eventos de aprendizagem de John Davitt https://www.touchdevelop.com/users/Lankyboirayza/JohnDavittLearningEventGenerator. Explique "partes do discurso em formato de anúncio de rádio" e outras permutações de aprendizagem ativa.

Prática 2: Imagens digitais em sala de aula

Atividade 1

Flip video camera: what can I use it for?[6] Explore o uso de uma câmera de vídeo Flip para apoiar o ensino e a aprendizagem.

Prática 3: *Sites* de recursos de imagem

Atividade 1

The National Archives (United Kingdom).[7]

---

6 Disponível em: <http://www.fromgoodtooutstanding.com/tag/flip-cam>.
7 Disponível em: <http://www.nationalarchives.gov.uk/education/default.htm>.

Atividade 2

Media Gallery Banner Image.[8]
Uma busca pode resultar em muitas imagens de objetos, documentos e pinturas.

Prática 4: Ferramentas de pesquisa

Atividade 1

No *site* Tag Galaxy[9] navegue em uma galáxia 3-D e selecione imagens para visualizar. Um modo visualmente deslumbrante para navegar no conteúdo do Flickr.

Atividade 2

Em InstaGrok[10] encontre uma ferramenta de pesquisa com base em um mapa de conceito interativo que incorpora glossário, fatos principais e testes. Permite ao aluno selecionar o conteúdo e reunir ideias em um diário.

Prática 5: Investigando o letramento digital

Atividade 1

Visite o *site* All About Explorers.[11]

Atividade 2

Descubra sobre a Pacific Northwest Tree Octopus encontrada em The Pacific Northwest Tree Octopus.[12]
Como você pode usar *sites* como esses?

Prática 6: Ferramenta de áudio para entrevistar especialistas

Atividade 1

Croak.it.[13] Recomendado por Tim Rylands; os alunos podem gravar uma mensagem de 30 segundos. Seu "coaxo" é salvo e você obtém um endereço de *url* exclusivo que você pode compartilhar.

---

8 Disponível em: <http://gallery.nen.gov.uk/gallery-swgfl.html>.
9 Disponível em: <http://www.taggalaxy.de/>.
10 Disponível em: <http://www.instagrok.com>.
11 Disponível em: <http://www.allaboutexplorers.com>.
12 Disponível em: <http://zapatopi.net/treeoctopus.html>.
13 Disponível em: <http://croak.it/>.

Prática 7: Recurso de ensinar com vídeo por meio de vídeo digital

Atividade 1:

Obtenha mais informações sobre o uso de clipes de vídeo digital em The Literacy Shed,[14] que disponibiliza uma riqueza de recursos visuais com ideias para o ensino. Esses são os recursos de alta qualidade que podem ser usados de forma individual ou em sequências de aulas de letramento. Prepare com antecedência suas perguntas para o *Tell Me*, a fim de garantir um diálogo fascinante com seus alunos.

Atividade 2

Inanimate Alice[15] disponibiliza uma série de narrativas multimodais premiadas e de alta qualidade, que mesclam texto, imagem, vídeo, som, efeitos sonoros e jogos. A história de Alice começa quando ela tem 8 anos e explora o que significa conduzir sua vida *on-line*. A exemplo da outra Alice, este projeto internacional cresceu e agora tem um pacote de educação, incluindo a ferramenta chamada Snappy, que permite aos leitores se tornarem escritores e comporem a sua própria história multimídia usando ativos digitais das histórias. Apropriado para o 5º e o 6º ano do ensino fundamental (*upper Key Stage 2*), Inanimate Alice é uma ótima ferramenta para motivar a leitura para fins de lazer. De modo curioso, todas as narrativas são escritas na primeira pessoa, e a personagem Alice nunca aparece.

Prática 8: Explorando atividades de modelagem de Modelos Computacionais

Atividade 1

Explore clipes científicos da BBC em Bitesize.[16]

Atividade 2

Visite o Big Day Out.[17]

RESUMO

Ewan McIntosh diz que as crianças devem ser "localizadoras de problemas" e não "solucionadoras de problemas", observando que se trata de uma mudança sutil,

---

14 Disponível em: <http://www.literacyshed.com>.
15 Disponível em: <http://www.inanimatealice.com/>.
16 Disponível em: <http://www.bbc.co.uk/bitesize/ks2/science/>.
17 Disponível em: <http://www.bigdayout.swgfl.org.uk/flash/index.htm>.

mas com consequências extremamente benéficas. As crianças só podem se tornar "localizadoras de problemas" quando soltamos as rédeas e lhes permitimos comandar a sua própria aprendizagem.

Este capítulo explora a ideia de que, com questionamento aberto e com os alunos se tornando os protagonistas do pensamento, as TICs têm a capacidade de mudar o modo pelo qual o ensino e a aprendizagem acontecem. Conforme preconiza Robin Alexander, devemos habilitar as crianças a pensar ativamente por si mesmas, antes que elas consigam realmente aprender algo, e o ensino e a aprendizagem com a utilização das TICs devem fornecer as oportunidades linguísticas e as condições para que isso aconteça. Realçando a importância do estilo de questionamento, examinamos como uma abordagem específica de questionamento, durante a aprendizagem com vídeo digital, pode apoiar o desenvolvimento da leitura e constatamos que o ensino dialógico é possível em debates *on-line*. Sugerimos que trabalhar *on-line* pode estender a aprendizagem ativa para o ambiente da casa, à medida que os alunos interagem por meio do *blog* da turma e de debates *on-line*.

Investigamos abordagens e ferramentas simples de áudio e vídeo que oferecem suporte à aprendizagem ativa em todo o currículo e confirmamos o valor substancial, em termos de desafio e motivação, agregado por modelos computacionais e aprendizagem com jogos. Isso não tem a ver só com ciência da computação, letramento digital ou as TICs; em essência, tem a ver com o envolvimento que a aprendizagem ativa com as TICs pode trazer.

Tecnologias inovadoras nos dão oportunidades novas e emocionantes para que todos aprendam de forma ativa. Nossos dois estudos de caso mostraram dois professores que se tornaram conscientes sobre as novas oportunidades, com a ferramenta Scratch e um *blog* da turma. Com certo distanciamento, para garantir que os alunos sejam desafiados e se sintam motivados, assumindo a plena posse do jogo no Scratch ou do *blog* da turma, eles mostram como o uso ativo das TICs pode gerar aprendizagem de alta qualidade.

LEITURAS COMPLEMENTARES

CHAMBERS, A. *The 'tell me' approach*: children, reading and talk and the reading environment. Stroud: Thimble Press, 2011.
Excelente leitura para imergir na linguagem do questionamento.

BRITISH FILM INSTITUTE. Primary Education Working Group. Look again! A teaching guide to using film and television with three- to eleven-year-olds. London: BFI Education, 2003.
Oferece uma riqueza de ideias práticas para envolver as crianças na análise das mídias de imagens em movimento. Apresenta argumentos poderosos para o valor desse trabalho na aprendizagem das crianças e delineia os vínculos estreitos entre letramento e cineliteracia, dando detalhes de como envolver as crianças dos primeiros anos do ensino fundamental em

discutir diferentes aspectos da mídia de imagens em movimento. Guia prático que detalha como integrar essas atividades em todo o currículo das escolas dos anos iniciais.

Explore ICT to Inspire[18] e siga @timrylands no Twitter. Em BOBER, M. *Games-based experiences for learning:* final report. Manchester Metropolitan University, 2010. Explore a pesquisa e leia mais sobre pensamentos de Tim.

Siga Ian Addison @ianaddison e David Mitchell @DeputyMitchell para encontrar muitas razões para iniciar um *blog* da turma e fazer perguntas. Visite Primary Blogger[19] e crie um *blog* da turma em 10 minutos. Ian aconselha a configuração no Easi-mode. Avalie utilizar Quadblogging[20] e conecte-se com outras turmas mundo afora.

Experimente o Quiz November Learning de Letramento em Informática (November Learning Information Literacy Quiz) em November Learning[21] e avalie o que você sabe sobre letramento em informática, e o que sua turma de alunos precisa saber.

ALLEN, J. et al. *Primary ICT:* knowledge, understanding and practice. 4th ed. Exeter: Learning Matters, 2011.

DAVIES, J.; MERCHANT, G. *Web 2.0 for schools:* learning and social participation. New York: Peter Lang, 2009.

LOVELESS, A.; ELLIS, V. *ICT, pedagogy and the curriculum.* London: Routledge Falmer, 2003.

OFSTED. *ICT Subject Development Materials.* 2012. Disponível em: <http://www.ofsted.gov.uk/resources/subject-professional-development-materials-ict>. Acesso em: 28 jul. 2015.

REFERÊNCIAS

ALEXANDER, R. *Towards dialogic teaching:* rethinking classroom talk. New York: Dialogos, 2004.

BARBER, D.; COOPER, L. *Using new web tools in the primary classroom:* a practical guide for enhancing teaching and learning. London: Routledge, 2012.

BARNES, D. Exploratory talk for learning. In: MERCER, N.; Hodgkinson, S. (Ed.). *Exploring talk in school.* London: Sage, 2009.

BENNETT, R. *Using ICT in primary English teaching.* Exeter: Learning Matters, 2004.

BOBER, M. *Games-based experiences for learning:* final report. Manchester: Manchester Metropolitan University, 2010.

BRITISH FILM INSTITUTE. Primary Education Working Group. *Look Again!:* a teaching guide to using film and television with three- to eleven-year-olds. London: BFI Education, 2003.

BYRON, T. *Safer children in a digital world*: the report of the Byron review. 2008. Disponível em: <http://webarchive.nationalarchives.gov.uk/20130401151715/><http://www.education.gov.uk/publications/eOrderingDownload/DCSF-00334-2008.pdf>. Acesso em: 28 jul. 2015.

CHAMBERS, A. *Tell me*: children reading and talk. Jackson: Thimble, 1993.

---

18 Disponível em: <http://www.timrylands.com>.
19 Disponível em: <http://www.primaryblogger.co.uk>.
20 Disponível em: <http://quadblogging.net/>.
21 Disponível em: <http://www.novemberlearning.com/resources/information-literacy-resources/1-information-literacy-quiz/>.

CHAMBERS, A. *The 'tell me' approach:* children, reading and talk and the reading environment. Stroud: Thimble, 2011.

CLAXTON, G. *What's the point of school?* Oxford: Oneworld Publications, 2008.

CREMIN, T. Creative teachers and creative teaching. In: WILSON, A. (Ed.). *Creativity in primary education.* Exeter: Learning Matters, 2007.

CSIKSZENTMIHALYI, M. *Flow:* the psychology of optimal experience. New York: Harper and Row, 2009.

EDWARDS, C.; GANDINI, L.; FORMAN, G. (Ed.). *The hundred languages of children.* London: Ablex Publishing, 1993.

FRYER, C. *Why Blog?* In: WEST OF ENGLAND REGIONAL ICT CONFERENCE, 2012, Bistrol. *Proceedings...* Bistrol: University of the West of England, 2012.

GROFF, J.; HOWELLS, C.; CRANMER, S. *The impact of games in the classroom:* evidence from schools in Scotland. Bristol: Futurelab, 2010.

HART, S. et al. *Learning without Limits.* Maidenhead: McGraw Hill, 2004.

JOYCE, B.; CALHOUN, E.; HOPKINS, D. *Models of learning tools for teaching.* 3rd ed. Maidenhead: Open University Press, 2009.

KRESS, G. *Literacy in the new media age.* London: Routledge, 2003.

MCINTOSH, E. A keynote speech. In: WEST OF ENGLAND REGIONAL ICT CONFERENCE, 2011, Bistrol. *Proceedings...* Bistrol: University of the West of England, 2012.

MITCHELL, D. *Site.* 2012. Disponível em: <http://quadblogging.net/>. Acesso em: 28 jul. 2015.

NAACE. *Response to the royal society's call for evidence on computing in schools.* 2012. Disponível em: <http://www.naace.co.uk/1322>. Acesso em: 28 jul. 2015.

PAPERT, S. *Mindstorms:* children, computers and powerful ideas. 2nd ed. New York: Basic Books, 1993.

RYLANDS, T. *Something to contemplate.* 2010. Disponível em: <http://www.timrylands.com/?s=papert>. Acesso em: 14 ago. 2015

SCOTT, A.; RYAN, J. *Digital literacy and using online discussions:* reflections from teaching large cohorts in teacher education. Sydney: Merga, 2009.

SIGMAN, A. Time for a view on screen time. *Archives on Diseases in Childhood.* 2012. Disponível em: <http://adc.bmj.com/content/early/2012/09/04/archdischild-2012-302196.short?rss=1>. Acesso em: 28 jul. 2015.

THE ROYAL SOCIETY. *Shut down or restart*: a report on computing in schools. 2012. Disponível em: <http://royalsociety.org/education/policy/computing-in-schools/>. Acesso em: 28 jul. 2015.

WALLER, T. ICT and literacy. In: MARSH, J.; HALLETT, E. (Ed.). *Desirable literacies.* London: Sage, 2008.

WHITNEY, C. A learning journey. In: BAZALGETTE, C. (Ed.). *Teaching media in primary schools.* London: Sage, 2010.

8

Habilidades de pensamento por meio da matemática

Anitra Vickery

Sempre é possível exercer a razão com razão.
Voltaire

Panorama do capítulo

Se aceitarmos que uma razão para estudar matemática é preparar as pessoas para satisfazer as exigências matemáticas do cotidiano, também temos de aceitar que isso não pode ser alcançado sem enfatizar o desenvolvimento das competências transferíveis de raciocínio e da capacidade de resolver problemas. Este capítulo debate as evidências de que o estudo da matemática é temido por muitos adultos e crianças e explora como os professores podem desafiar esse temor, ajudando as crianças a desenvolver estratégias e habilidades de resolução de problemas e a promover uma "queda pelos números". O capítulo realça a importância de tornar a matemática divertida e significativa, articulando ideias em um contexto social solidário e a vinculando ao mundo real.

INTRODUÇÃO

Este capítulo começa com uma exploração de tópicos que fornecem um contexto para quem procura desenvolver a resolução de problemas ou as habilidades de pensamento por meio do ensino e da aprendizagem da matemática. Analisamos as evidências das atitudes negativas generalizadas que as pessoas adotam em relação à matemática e a predominância da "ansiedade matemática". Do ponto de vista estatístico, muitos professores serão, eles próprios, vítimas de uma educação matemática disfuncional e trabalharão com crianças cujos pais foram afligidos de modo semelhante.

O capítulo prossegue apresentando os debates sobre (a) se as habilidades de resolução de problemas podem ser ensinadas, em vez de adquiridas por meio da experiência, e (b) se as habilidades desenvolvidas no contexto da matemática podem ser transferidas a outros assuntos e à vida fora da sala de aula. Também focaliza as deficiências na concepção dos problemas de matemática comumente apresentados às crianças.

A segunda seção do capítulo analisa a criação de condições para que o envolvimento ativo na resolução de problemas prospere nas salas de aula. Apresentamos um breve debate sobre a necessidade de alcançar um equilíbrio entre a importância relativa de habilidades, conceitos e conhecimentos nos objetivos de aprendizagem para a matemática. Também consideramos maneiras de criar as condições para um trabalho colaborativo eficaz, a importância de cuidados para desenvolver a linguagem matemática e a configuração de um ambiente físico que facilite o envolvimento ativo no pensar matemático.

Um estudo de caso explora a abordagem de uma escola para desenvolver uma linguagem matematicamente rica e o pensamento lógico, acompanhado de instruções para auxiliar o debate e a reflexão. O capítulo termina com uma seleção de atividades para envolver os pais e criar oportunidades para que as crianças desenvolvam uma abordagem investigativa. Sugestões para leituras complementares lhe capacitarão a encontrar mais exemplos para investigações em sala de aula e a explorar os tópicos levantados em maior profundidade.

ATITUDES EM RELAÇÃO À MATEMÁTICA E À ANSIEDADE MATEMÁTICA

Na condição de professores, todos nós precisamos adquirir uma consciência sobre de que modo nossas experiências como alunos afetam nossas abordagens de ensino. Pode-se argumentar que a necessidade dessa consciência acentua-se ainda mais quando ensinamos matemática. Pesquisas sugerem que atitudes negativas em relação à matemática são difundidas no Reino Unido. A Comissão Cockcroft de Indagação sobre o ensino da matemática (1982) encomendou um pequeno estudo (SEWELL, 1981) sobre o uso da matemática pelos adultos no cotidiano. O estudo relatou como a necessidade de realizar simples tarefas matemáticas induzia sentimentos de ansiedade, desamparo, receio e até mesmo culpa em algumas das pessoas que participaram do estudo. Outra indicação da extensão do problema provém do fato de que, mais da metade daqueles que inicialmente tinham concordado em participar da pesquisa, recusaram-se a continuar ao descobrirem que o foco seria o uso da matemática. Os resultados sugerem que a "ansiedade matemática" afetava todos os grupos sociais e as classes educacionais. Um artigo de jornal recente (BRIAN, 2012) forneceu a estimativa de que até 2 milhões de crianças na Inglaterra são afetadas pela ansiedade matemática e até 25% da população como um todo. Se aceitarmos as alegações feitas nesse artigo, houve pequena melhora nas atitudes em relação à matemática nos últimos 30 anos. Ashcraft (2002, p. 181) define a ansiedade matemática como "[...] uma sensação de tensão, apreensão ou medo que interfere com o desempenho em matemática". Boaler (2009) prevê que, embora o futuro acene com 20 milhões de empregos adicionais para pessoas com aptidão para resolução de problemas matemáticos, apenas uma pequena proporção da população, cerca de 20%, terá as habilidades necessárias.

Swain et al. (2005) acreditam que o papel do professor, com atitude e entusiasmo, é tão crucial quanto o conteúdo das aulas. Burnett e Wichman (1997) reconhecem que as próprias ansiedades dos professores dos anos iniciais do ensino fundamental podem ser repassadas às crianças. Para capacitarmos as crianças a se tornarem matemáticos confiantes, é essencial abordar quaisquer sentimentos de inadequação que estiverem arraigados em nós, os professores.

As ansiedades dos professores podem resultar do fraco conhecimento sobre a matéria, que tem repercussão direta na capacidade de planejar e ensinar matemática efetivamente (GOULDING; ROWLAND; BARBER, 2002). Se o professor estiver inseguro sobre seu conhecimento, é dificílimo, senão impossível, desenvolver a compreensão ou o senso de curiosidade nas crianças. Os sentimentos de insegurança também tornarão impossível expressar entusiasmo pelo assunto e demonstrar curiosidade matemática. Entusiasmo gera entusiasmo (DAY, 2004).

Na condição de professores, muitas vezes precisamos assumir o papel do aprendiz. Ao abraçar a necessidade de preparar as aulas de matemática, pesquisando primeiro os conceitos matemáticos, a evolução e os potenciais equívocos relacionados com temas diferentes, os professores podem estabelecer uma confiança que os equipa para proporcionar uma experiência positiva e capacitadora da matéria. Vários livros úteis que ajudam nesse processo são citados na seção de leituras complementares no final do capítulo.

Influência dos pais

Os pais também exercem um papel crucial. Merttens (1999) acredita que as atitudes dos pais moldam o sucesso educacional da criança. Isso sugere que pais que são ansiosos em relação à matemática transmitem esses receios aos seus filhos e também são mais propensos a aceitar o fracasso em matemática de seus filhos. Gordon (1992) relatou que parecia ser socialmente aceitável que as pessoas dissessem que não eram boas em matemática ou que odiavam a matéria e que isso não tinha o mesmo estigma de quando elas confessavam a incapacidade de ler ou escrever. Nunca é demais frisar os benefícios de trabalhar com os pais. Escolas e professores que incentivam as crianças a compartilhar sua aprendizagem de matemática com os pais, por meio de temas de casa investigativos bem projetados, que precisem de debates e abordagem colaborativa, ou que a criança explique estratégias aritméticas, podem alcançar mudanças positivas nas atitudes. As escolas também podem alterar ativamente as percepções do ensino e da aprendizagem em matemática, convidando os pais a irem à escola para explicar os métodos de ensino e participarem de investigações matemáticas junto com os filhos (ver estudo de caso neste capítulo).

APRENDIZAGEM ATIVA POR MEIO DA RESOLUÇÃO DE PROBLEMAS MATEMÁTICOS

Neste capítulo, o termo resolução de problemas matemáticos significa qualquer problema em que as crianças precisam selecionar e aplicar conhecimentos e conceitos matemáticos para encontrar uma solução. Os problemas podem incluir aritmética, problemas com enunciados, investigações ou quebra-cabeças. O valor da resolução de problemas, no entanto, não é definido pela natureza do desafio, mas pela extensão em que crianças tomam decisões autônomas sobre a matemática e as abordagens que elas empregam.

A resolução de problemas – o debate "adquirido ou ensinado"

Bandura e Damasio (apud WEGERIF, 2003) acreditam que os padrões de comportamento são adquiridos, e não ensinados, portanto, é essencial que o professor modele abordagens e atitudes adequadas. Muitos professores acreditam que a resolução de problemas é uma habilidade dificílima de ensinar, e, na verdade, alguns afirmam categoricamente que não pode ser ensinada, mas que, se as crianças tiverem oportunidades suficientes para se envolver na resolução de problemas, o modo apropriado de pensar nas situações de resolução de problemas pode ser adquirido. Isso está em consonância com a perspectiva construtivista da aprendizagem, que pressupõe que a matemática não pode ser expressivamente ensinada, já que cada aluno constrói seu próprio conhecimento por meio da interação com o ambiente. Em contraste, Wallace et al. (2004) sugerem que podemos ensinar às crianças os processos de resolução de problemas, proporcionando a elas uma estrutura intitulada Pensando Ativamente em um Contexto Social (TASC), que delineia um processo gradual de pensamento para a criança envolvida na resolução de problemas. Eles citam o trabalho de Robert Sternberg (1985) e sua definição da natureza da inteligência. Sternberg (1985) sugere que a inteligência deve ser medida pela capacidade de empregar o pensamento e as habilidades de resolução de problemas em todos os aspectos da vida. Ele acredita que é possível ensinar as crianças a desenvolver a sua abordagem ao planejamento e à execução das tarefas, bem como a registrar e refletir sobre o envolvimento delas. Dessa forma, a função intelectual das crianças pode ser melhorada, embora diferenças na aquisição continuem a existir por causa do ambiente pré-escolar e da genética dos indivíduos.

Mason, Burton e Stacey (2010) também sugerem um processo para desenvolver habilidades de pensamento vagamente dividido em três fases, intituladas Entrada, Ataque e Análise. Eles se concentram nos tipos de perguntas que o indivíduo deve aplicar em cada fase da indagação. Sugere-se que o pensamento matemático pode ser melhorado desenvolvendo o envolvimento e a atitude dos alunos, por meio de (a) questionar-se sobre o seu nível de conscientização, (b) refletir sobre a situação, (c) vincular as emoções com as ações e (d) estudar o processo de resolução.

Levando em conta os pontos de vista divergentes no âmbito dessa pesquisa, parece sensato abraçar todas as teorias, garantindo que as habilidades de resolução de problemas sejam modeladas e promovidas por meio da colaboração. A chave é a articulação do pensamento, e isso pode ser alcançado pelo debate em duplas, grupos ou na turma inteira.

O planejamento dos problemas

Groves, Doig e Splitter (2000) acreditam que existem três áreas fundamentais no apoio ao desenvolvimento do raciocínio matemático em crianças: o papel do professor, o planejamento do problema e uma cultura de sala de aula – tudo isso incentiva e apoia as crianças a explicar o seu pensamento.

Selter e Spiegel (1997) relatam preocupações com as respostas irracionais que as crianças dão quando confrontadas com questões impossíveis de resolver. Muitas vezes, a seguinte pergunta é usada como exemplo: Um barco sai do porto carregando 10 cabras e 26 ovelhas. Qual é a idade do *capitão?* Um número preocupante de crianças responde "36". Problemas planejados para acionar a aritmética, ao contrário de problemas encontrados na vida real, raramente contêm informações redundantes ou mesmo informações insuficientes para extrair uma solução. Confrontadas com essas perguntas, as crianças simplesmente executam qualquer operação com os números apresentados a elas para obter uma solução (VICKERY; SPOONER, 2011). É importante apresentar às crianças cenários em que algumas das informações sejam redundantes, em que elas tenham de identificar a pergunta e reconhecer que, às vezes, não há informações suficientes para resolver os problemas. Essa situação criaria um catalisador para debates significativos. Todas as crianças, mas especialmente aquelas que se preocupam com a mecânica da matemática, devem ser desafiadas com alguns problemas que exigem raciocínio, em vez de aritmética. Assim, elas enxergam a resolução de problemas sob um novo prisma. Orton e Frobisher (1996) concluem que, se o problema envolve explorar uma situação, ele agrega mais valor do que outro que só envolve a aplicação de um método a um problema reconhecível definido em palavras. Wallace et al. (2004) acreditam que essa forma de indagação prática não só estimula o cérebro, devido a uma participação e um envolvimento ativos, mas também aumenta a motivação, a confiança e a autoestima.

É vantajoso ensinar as habilidades que facilitam uma resolução de problemas bem-sucedida. Se, por exemplo, as crianças são incentivadas a organizar suas informações, será mais fácil para elas identificar padrões e explicar o seu pensamento. Se elas aprendem a abordar os problemas de modo sistemático, isso lhes permite perseverar com confiança, sabendo que não estão "andando em círculos". Você precisa decidir se vai ensinar essas habilidades explicitamente ou intervir em momentos adequados para direcionar as crianças na sua abordagem. A intervenção deve ser tratada com sensibilidade, de forma a não sugerir que as crianças façam do jeito do professor. A resolução de problemas não deve ser apresentada apenas de forma a desencadear uma abordagem mecanicista pela procura de pistas no vocabulário usado para apresentar os problemas e então empregar os procedimentos ensinados. Essa abordagem, muitas vezes associada com problemas com enunciados tradicionais, funciona para incentivar a criança a compreender o problema de verdade; no entanto, se usada exclusivamente, torna-se apenas outro procedimento ensinado. Em essência, a abordagem, se usada em demasia, trabalha contra o desenvolvimento da lógica e da intuição. "As crianças respondem ao enunciado com base em pistas superficiais, indo do texto à solução sem passar por um cérebro pensante" (VERSCHAFFEL; GREER; DE CORTE, 2000, p. 181). Não há dúvida, porém, que ensinar as crianças a abordar um problema de forma sistemática e a coletar e organizar as conclusões de forma clara capacitará pontos de partida no processo de resolução de problemas. Pode-se argumentar, então, que algumas estratégias de ensino vão ajudar as crianças a fazer deduções lógicas mais cedo.

É importante que a resolução de problemas matemáticos esteja intimamente ligada à vida real. Alguns eventos escolares fornecem problemas que necessitam de soluções reais, por exemplo, as feiras de Natal e as festas juninas, o dia de esportes, a organização da sala de aula e do *playground*, assentos e refrescos de um concerto, etc. O fato de que soluções para esse tipo de problema serão implementadas introduz uma necessidade real de exatidão e resulta em alta motivação. Em outras vezes, as situações podem ser planejadas de modo a empolgar e envolver todos os alunos (ver estudo de caso neste capítulo). Problemas com enunciados que são escritos sobre as crianças ou situações com as quais elas estão familiarizadas também facilitam o envolvimento. Verschaffel, Greer e De Corte (2000) sugerem que, se as crianças forem incentivadas a visualizar as situações descritas, então os problemas se tornam mais significativos, e as crianças têm melhores chances de resolvê-los.

A transferibilidade de competências

Autoridades diferentes têm opiniões diferentes sobre se as habilidades adquiridas por meio da resolução de problemas são ou não transferíveis a outras matérias ou situações. Muijs e Reynolds (2010) estão plenamente convencidos de que a aprendizagem ativa permite a transferência de conhecimentos e habilidades. Wegerif (2003) também sugere que há provas para apoiar o fato de que, se essas atividades de habilidades de pensamento são desenvolvidas em uma cultura de colaboração e cooperação, elas são mais eficazes, em especial se o grupo debate, compartilha seu raciocínio e apresenta suas ideias aos outros. Se as crianças costumam abordar a resolução de problemas em grupos, então as habilidades que elas aprendem por meio da colaboração (p. ex., ouvir com respeito, esperar a sua vez para falar e compartilhar ideias) são habilidades sociais que se transferirão a outras situações com facilidade. O processo de analisar problemas, sugerir diferentes abordagens, perseverar nelas e refletir sobre os resultados deve equipar as crianças com estratégias que elas possam aplicar a todos os problemas e então transferi-las a suas próprias vidas. Além disso, à medida que as crianças apresentam seu pensamento aos outros no grupo ou na turma, elas irão desenvolver sua própria metacognição. Isso também as capacitaria a serem melhores na autoavaliação, exercendo um papel ativo em seu desenvolvimento. Wallace et al. (2004) afirmam que o desenvolvimento das habilidades de pensamento é um fator essencial no desenvolvimento da autoestima e da confiança das crianças.

FACILITANDO A APRENDIZAGEM ATIVA NA SALA DE AULA DE MATEMÁTICA

Para criar um ambiente de sala de aula que promova e facilite a aprendizagem ativa por meio da resolução de problemas, precisamos levar em conta:

- o papel da colaboração e do discurso;
- o desenvolvimento da linguagem da matemática;
- o desenvolvimento de conceitos, habilidades e conhecimentos matemáticos; e
- o ambiente físico da sala de aula.

Trabalho colaborativo eficaz

A resolução de problemas deve ser buscada como atividade em dupla ou em grupo, em que o professor é visto como participante ativo no processo. O trabalho colaborativo conduz naturalmente a debates, ao ensino e à aprendizagem com os outros e à prática pelo fazer e demonstrar (WALLACE et al., 2004). As habilidades desenvolvidas por meio de trabalho colaborativo combinam quatro das maneiras mais eficazes de aprendizagem apresentadas na "Pirâmide da Aprendizagem", reproduzida em Koshy, Ernest e Casey (2000). A pirâmide de aprendizagem (Fig 8.1), desenvolvida pelos Laboratórios Nacionais de Treinamento (*National Training Laboratories*, NTL), nos Estados Unidos, é uma imagem que mapeia uma gama de métodos de ensino e atividades de aprendizagem em um triângulo na proporção de sua eficácia em promover a retenção, pelo aluno, do material ensinado. Os fatores que precisam ser levados em conta na criação de uma cultura de colaboração bem-sucedida são discutidos em mais detalhes no Capítulo 3.

A arte do debate e da colaboração precisa ser ensinada a fim de ser eficaz em promover a criatividade, bem como em gerar interação e compreensão significativas para o aluno (SCARDAMALIA; BEREITER; LAMON, 1994). Galton e Williamson (1992) relatam que, primeiro, as crianças tendem a colaborar mais se estão trabalhando em problemas com solução clara, em vez de aqueles que são mais abertos. Há a tendência a não desafiar seus colegas até que eles estejam mais familiarizados e seguros com o trabalho em grupo.

É preciso ser reconhecido que o sucesso de qualquer trabalho colaborativo é determinado pela dinâmica do grupo e que a eficácia de cada grupo precisa ser frequentemente monitorada. É fundamental considerar a composição da dupla ou

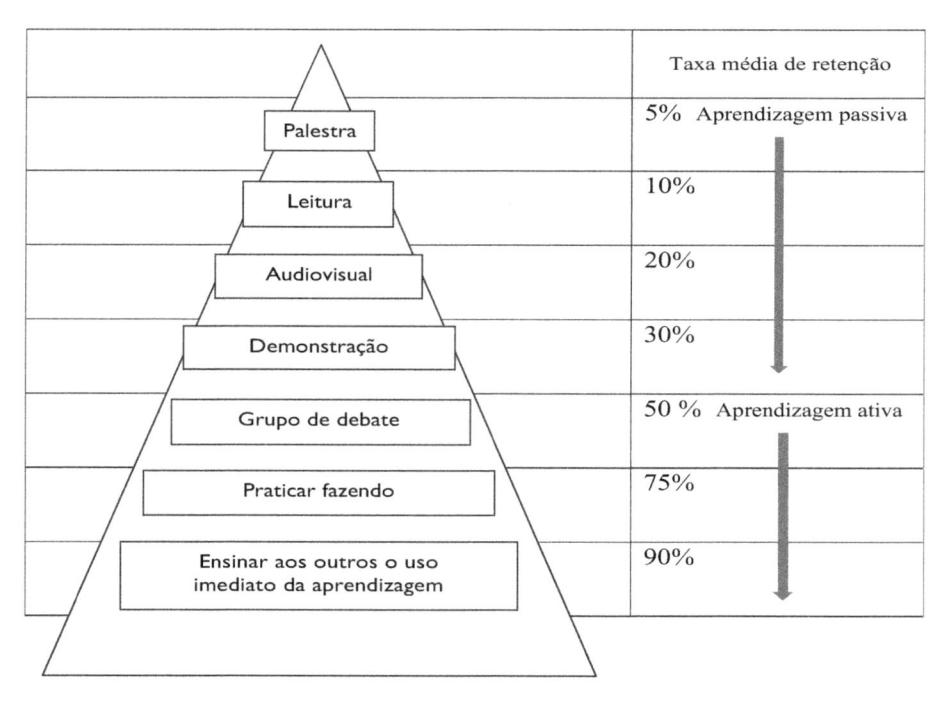

	Taxa média de retenção
Palestra	5% Aprendizagem passiva
Leitura	10%
Audiovisual	20%
Demonstração	30%
Grupo de debate	50 % Aprendizagem ativa
Praticar fazendo	75%
Ensinar aos outros o uso imediato da aprendizagem	90%

Figura 8.1 A pirâmide da aprendizagem.
Fonte: NTL Institute for Applied Behavioral Science.

grupo cuidadosamente se quisermos alcançar sucesso no trabalho colaborativo. Isso não significa apenas que os grupos são formados no início do ano e existem por períodos definidos. A organização requer planejamento cuidadoso e o uso da avaliação em prol da aprendizagem contínua. A composição do grupo deve ser alterada para se adequar a personalidades e tarefas, e não há nenhum tamanho recomendado prescrito ou composição ou até mesmo um período para o qual deve existir um grupo.

Linguagem matemática

A linguagem matemática consiste em palavras, símbolos e representações gráficas, que muitas vezes são intercambiáveis. Quando estudamos matemática, aprendemos novos conceitos com base naquilo que já sabemos. O ponto de partida para observar a linguagem matemática é reconhecer que as crianças aprendem sua linguagem ouvindo e usando a linguagem no contexto para explicar ideias e conceitos. A linguagem deve ser mais do que apenas aprender a pronúncia e a ortografia das palavras (ARMBRUSTER, 2006). Quando falamos no uso da linguagem matemática, o foco precisa estar na matemática, e não apenas na aprendizagem "decoreba" de palavras. É importante definir as palavras claramente e destacar usos incorretos, bem como estar ciente das diferenças de significado entre as palavras usadas na linguagem cotidiana e as palavras usadas em matemática, por exemplo, "diferença" e "subtração". Outra área de tensão é criada pelo número de termos diferentes que pode ser usado para expressar um conceito. Por exemplo, na aritmética, uma criança vai encontrar um leque de termos relacionados ao conceito de subtração como diminuir, diferença, mais que e menos que.

Às vezes, é útil fazer conexões com raízes clássicas, como *tri* em triângulo; examinar a construção de uma palavra aprimora o entendimento.

O desenvolvimento de conceitos, habilidades e conhecimentos matemáticos

A matemática, na nossa cultura, é percebida por muitos como uma matéria em que as respostas estão ou certas ou erradas. No entanto, no Japão, o objetivo das aulas de matemática é incentivar o pensamento inovador e estabelecer inter-relações entre números e operações (SWAN, 2006). Procedimentos práticos são considerados uma parte necessária das aulas de matemática japonesas, mas uma porcentagem maior do tempo é gasta no desenvolvimento de pensamento e debates. Nunes e Bryant (1996) acreditam que a aprendizagem matemática das crianças envolve a aprendizagem de sistemas matemáticos convencionais, o desenvolvimento do conhecimento sobre a lógica e a maior utilização das relações matemáticas. Se dermos muita ênfase à matemática mecânica correta, então aquelas crianças que consideram as operações aritméticas difíceis desenvolvem falta de confiança em sua capacidade de "fazer" matemática. Embora muitas crianças aprendam a contar e a realizar operações com números, existem evidências de que elas aprendem os procedimentos sem qualquer compreensão das conexões ou relações, e isso não é suficiente para entender a matemática (NUNES et al., 2009). Uma das principais conclusões do estudo realizado por Nunes et al. (2009) é que a capacidade de raciocinar, em vez do mero sucesso com aritmética, era um melhor indicador do desempenho posterior em matemática das crianças. Se elas se familiarizam e se sentem confortáveis com os números, então isso pode facilitar e incentivar não só o cálculo, mas a investigação. As crianças devem ter oportunidades de "brincar" com números, gerando uma "atração pelos números". Sem dúvida, é necessário que as crianças sejam capazes de fazer cálculo mental, de entender os vínculos numéricos[1] e os números múltiplos, mas, junto com isso, deve estar a compreensão profunda dos números (ver Prática). A memória exerce uma finalidade útil em gravar a tabuada e fatos matemáticos, mas não substitui o pensamento e os processos de raciocínio que o precedem. Trabalhar com fatos matemáticos não devia ser apenas uma tarefa da memória, mas uma investigação. As crianças devem ser incentivadas a procurar modelos e discutir e comparar suas descobertas. Dessa forma, aprender a calcular pode se tornar, em grande parte, aprender a pensar e raciocinar. Desenvolver o pensamento não deve ser apenas um "acréscimo", mas deve permear a educação das crianças, porque aprendemos melhor quando entendemos o porquê (WALLACE, 2001).

O ambiente físico da sala de aula

Áreas específicas da sala de aula podem ser dedicadas à matemática, com a criação de exposições interativas para resolução de problemas, em que o professor ou as crianças convidam os outros a solucionar ou esmiuçar um problema apresentado, a fim de que a lousa se torne um espaço de debate e colaboração em andamento. Investigações matemáticas podem ser fornecidas por meio de *software* e fontes *on-line* que podem ser acessadas em uma área que promova a colaboração e permita às crianças desenvolver e apresentar seu pensamento. Abrir a sala de aula para permitir que as crianças investiguem matemática em um nível que as desafie pode tirar o professor da zona de conforto. É aí que a característica essencial de um ambiente participativo para a resolução de problemas torna-se particularmente importante. Nesse ambiente, o professor é um participante, e não o perito supremo, e todas as oportunidades devem ser aproveitadas para permitir que as crianças demonstrem os processos seguidos ou as soluções para uma investigação. Assim, as crianças que atuam como apresentadores desenvolvem e asseguram o seu próprio pensamento, e o público alcança uma percepção em um nível superior de matemática.

---

1 N. de T.: No original, *bonds*, simples combinações numéricas que as crianças sabem "na ponta da língua", por exemplo, qual número somado com 7 é igual a 10, etc.

ESTUDO DE CASO

O presente estudo de caso considera a prática da resolução de problemas matemáticos adotada em uma pequena escola da área rural, com uma turma por ano. A escola situa-se em uma área aparentemente rica, mas as crianças apresentam uma origem social diversa. A escola foi reconhecida pelo OFSTED da Grã-Bretanha por sua abordagem de cuidado, com ênfase no bem-estar das crianças. A coordenadora, apaixonada pelo ensino da matemática, apoia e comanda o resto do pessoal. Ela promove uma abordagem de resolução de problemas em toda a matemática, mas insiste na segurança fornecida pelos alicerces do conhecimento da tabuada e dos fatos básicos, e isso resulta na ênfase de gravar fatos numéricos na memória. A resolução de problemas é incorporada ao longo das aulas. Os problemas podem variar de uma exploração dos fatos de multiplicação e divisão, usando desde perguntas complementares (p. ex., qual é a resposta para 6 × 7? Se você sabe isso, o que mais pode me dizer? Explique como sabe que a resposta não pode ser 43?) até investigações mais complexas que se beneficiariam com debates e colaborações e também com tempo prolongado.

Os pais são muito solidários, e a política de tema de casa (de enviar para casa atividades que promovam o debate, em vez de tarefas que incidam em cálculos mecânicos com aumento de complexidade) foi explicada e respeitada.

A escola obteve apoio das autoridades educacionais, que resultou em alguns dias de Treinamento em Serviço (do acrônimo INSET, *In-Service Training*, período de cinco dias sem aulas em que os professores fazem treinamentos e tarefas administrativas) dedicados ao desenvolvimento de resolução de problemas. As reuniões do corpo docente centraram-se na utilização do questionamento para abrir as afirmações das Avaliações do Progresso dos Pupilos (APP) e o uso estratégico de vocabulário matemático preciso. A escola também acredita que as crianças, em especial aquelas da educação infantil (*Foundation Stage*) e da fase de 1º e 2º anos do ensino fundamental (*Key Stage 1*), devem estar imersas na utilização de recursos concretos para apoiar o desenvolvimento de uma boa compreensão sobre os números e os conceitos associados. Desde a adoção dessa política, foi observada uma transição mais suave e mais rápida da matemática concreta para a abstrata a partir do 3º ano.

Com frequência, a coordenadora modela abordagens para seus colegas e sugere recursos, incluindo materiais *on-line* para facilitar a resolução de problemas. As crianças recebem "bloquinhos", em que elas podem registrar técnicas de tentativa e aprimoramento[2] que podem ser facilitadas por uma abordagem diagramática ou pictórica. Essa abordagem com ênfase na investigação incentiva as crianças a correr riscos e entender que elas nem sempre podem estar certas e que há muito a aprender com o fato de "não conseguir" encontrar uma solução. O corpo docente

---

2 N. de R.T.: Técnica de abordar um problema em que o aluno, por meio de diferentes caminhos e estratégias, realiza várias tentativas em busca de solução que podem resultar em sucesso.

utiliza uma mescla de ensino e debate colaborativo na resolução de problemas e tende a apresentar as estratégias de planejamento, organização e predição por meio de problemas facilmente acessíveis.

A filosofia da coordenadora sobre o uso de resolução de problemas pode ser resumida pelas seguintes afirmações:

- Ajuda as crianças a entender a vida real e dá um propósito à matemática e, não menos importante, a percepção de que ela pode ser uma grande diversão.
- Incentiva as crianças a:
  - perseverar;
  - correr riscos; e
  - encarar desafios.
- Desenvolve as habilidades de:
  - comunicação – explicar e justificar, ouvir;
  - raciocínio;
  - debate;
  - pensamento lógico e sistemático;
  - tomada de decisão;
  - identificação e análise de modelos;
  - independência;
  - negociação; e
  - cooperação.

Ela reconhece que uma abordagem de resolução de problemas para a matemática impõe uma série de desafios ao corpo docente; o principal deles é a necessidade de equilibrar o tempo necessário para cobrir o conteúdo obrigatório do currículo com o tempo necessário para permitir que as crianças desenvolvam as habilidades de investigação por meio de técnicas de tentativa e aprimoramento. Como um todo, a equipe precisa estar convencida de que esse é um tempo bem investido, com impactos mais positivos no Teste de Avaliação Padrão (SAT) do que o treinamento constante. Também é preciso acreditar no mérito de usar uma mistura de problemas matemáticos, não só de problemas com enunciados, e de que o processo é mais importante do que a resposta. O corpo docente trabalha bem em equipe e tem colaborado efetivamente para permitir essa abordagem. Recentemente oito professores estagiários foram convidados para passar um dia por semana, durante quatro semanas, em sala de aula, para se envolver na resolução de problemas com todas as turmas.

Entusiasmadas, as crianças falam com empolgação sobre seu trabalho. Uma turma do 3º ano recentemente dormiu na escola e, durante o dia, se envolveu na resolução de problemas matemáticos. A professora apresentou-lhes um problema que tinha sido proposto por uma empresa fictícia do ramo de Tecnologia de Informação. As crianças foram informadas de que a empresa planejava reforçar os teclados que fabricava, mas, por questões de custo, pretendia reforçar apenas as teclas de uso mais comum. A tarefa das crianças era identificar quais as teclas deveriam ser reforçadas. As crianças discutiram o assunto no grande grupo antes de se dividir em grupos menores, escolhidos pela professora. Durante esse tempo, as crianças faziam sugestões independentes, do tipo:

- "Devem ser as vogais, porque nunca vi uma palavra sem vogal."
- "Então vamos testar, vamos olhar o texto de um livro."
- "Devemos analisar diferentes gêneros? Vamos fazer uma receita."

Em seguida, as crianças trabalharam juntas em pequenos grupos para debater as abordagens. Usaram tabelas de frequência para contar o número de vezes que apareciam letras diferentes. Algumas crianças apresentaram a ideia de incluir diferentes teclas de pontuação e a barra de espaço. Um debate sobre letras maiúsculas e minúsculas resultou na criação, por algumas crianças, de diagramas de Carroll (tabelas com duas colunas e duas linhas para agrupar dados por critérios de sim e não). Em seguida, esses resultados foram transferidos para gráficos e analisados para detectar padrões. As crianças afirmaram que, durante esse tempo, a professora não teve envolvimento além de mostrar a algumas crianças como usar o *software* para desenhar gráficos. Elas não escondiam o entusiasmo e a motivação. Passaram um dia e meio fazendo essa atividade sem qualquer discordância.

Essa empreitada deu às crianças o impulso para trabalhar de forma colaborativa e perseverar para apresentar uma solução confiável. Pareceu desafiar e envolver todas as crianças e, por isso, elas desenvolveram uma confiança crescente.

Hoje, as crianças estão chegando ao final do ano nessa turma, e a professora lembra as dificuldades iniciais de lidar com as emoções das crianças quando elas "não conseguiam" alcançar soluções para as investigações. Ela acredita que é importante desenvolver as qualidades de resiliência e perseverança para a vida, e a resolução de problemas é um bom meio de se fazer isso. As crianças se tornaram mais confiantes para lidar com os problemas, mas definitivamente têm sido ajudadas pela lógica da professora de usar a pergunta "por que". A escola faz questão de tomar muito cuidado com a posição da palavra "por que" em uma pergunta. "Por que você fez isso?" talvez não obtenha uma resposta confiante, enquanto jogar o "por que" adiante na frase, "Explique-me por que você fez isso", mudando a primeira palavra que a criança ouve para "explique", sugere um intercâmbio diferente.

A escola está satisfeita com a tendência de aumentar o perfil de resolução de problemas e acredita que essa abordagem fornece a todas as crianças oportunidades para ampliar sua compreensão e sua proficiência em matemática.

Reflexão sobre o estudo de caso

- Na sua opinião, quais aspectos dessa abordagem são mais propensos a serem eficazes?
- Compare essa abordagem com a sua própria experiência como:
  a) aluno (no ensino fundamental).
  b) professor.
- A aprovação dos pais é importante? Até que ponto?
- É possível incluir ou duplicar situações da vida real na resolução de problemas? Até que ponto isso é realista?
- A incorporação da resolução de problemas no currículo prepara adequadamente as crianças para os testes obrigatórios?

PRÁTICA

As sugestões de atividades se dividem em cinco seções com as seguintes ênfases:

1. Envolvimento dos pais e uso de eventos do calendário escolar para envolver as crianças na resolução de problemas "reais".
2. Uma seleção de atividades que vai ajudar as crianças a desenvolver uma atração pelos números.
3. Incentivo para que as crianças ampliem suas investigações.
4. Matemática e arte.
5. Desenvolvimento da lógica.

Nunca é demais ressaltar os benefícios de trabalhar com os pais.

Prática 1: Envolvendo os pais e usando os eventos do calendário escolar para envolver as crianças na resolução de problemas "reais"

Atividade 1

Crie uma biblioteca para empréstimo de jogos de tabuleiro, jogos de cartas, dominó e dados com instruções para os jogos que permitam às crianças praticar habilidades de lógica e de cálculo.

Há uma abundância de sugestões *on-line*, bem como em livros (ver leituras complementares).

As habilidades de cálculo aumentam?
Como os pais reagem?

Quais estratégias poderiam ser empregadas para apoiar as crianças que não dispõem de apoio em casa?

Atividade 2

Projete investigações de tema de casa que precisem de debate e de uma abordagem colaborativa.
Por exemplo:

- Que matemática podemos encontrar em um armário de cozinha?
- Registre os números que você enxerga ao seu redor e compare-os da maneira que quiser.
- De que informações eu preciso para redecorar completamente o meu quarto?
- Qual cômodo tem mais espaço livre e como posso medi-lo?

Que tipo de apoio os pais precisam ser capazes de dar nesse tipo de tarefa?

Atividade 3

Peça às crianças para "ensinar" aos pais um pouco da matemática que as crianças estudaram durante a semana. É particularmente importante informar os pais sobre os diferentes procedimentos utilizados nos cálculos.

A recepção dos pais seria maior ou menor se eles fossem convidados a ir para a escola com suas crianças para essa atividade?

Atividade 4

Permita que as crianças assumam a responsabilidade por aspectos da organização de eventos sociais e feiras da escola e as incentive a exercer um papel de liderança na organização de visitas fora da escola e no uso do ambiente ao ar livre, criando trilhas de matemática.

Isso é muito demorado e difícil de negociar?
Os benefícios incluem maior motivação para a resolução de problemas?

Prática 2: Desenvolvendo uma "atração pelos números"

Atividade 1

Uma exploração dos números, por exemplo, o que é 8?
Isso não deveria suscitar apenas a resposta costumeira de:

- $8 + 0 = 8$
- $7 + 1 = 8$, etc.

Em vez disso, deve incentivar uma análise mais ampla e mais profunda, por exemplo, a análise de números pares, múltiplos e de situações que requeiram diferentes formas de repartir:

- eu poderia repartir 8 em 6 e 2 para ajudar no cálculo de 58 + 8;
- ou eu poderia repartir 8 em 7 e 1 para ajudar no cálculo de 8 + 7 (duplo 7);
- ou eu poderia repartir 8 em 4 e 4 para ajudar no cálculo de 56 + 8;
- se eu sei que 56 + 8 é 64, o que eu sei sobre 560 + 80 ou 5600 + 800, etc.;
- como isso me ajuda com a subtração?

Atividade 2

Como sei que o seguinte cálculo está errado, sem efetuar a operação?

- 53? × 68 = 36.525

Observe que todos os múltiplos de 8 são sempre números pares.

Atividade 3

Se uma criança acha difícil "aprender a tabuada", lhe forneça estratégias para chegar à resposta com raciocínio, por exemplo, uma habilidade de contar em pares é o ponto de partida para gravar qualquer grupo de múltiplos pares. Talvez isso se torne mais acessível com uma ajuda visual:

Bastão de contagem mostrando múltiplos de 2

| 0 | 2 | 4 | 6 | 8 | 10 | 12 | 14 | 16 | 18 | 20 |

Que processo nos capacita a calcular os múltiplos de 4?

| 0 | 4 | 8 | 12 | 16 | 20 | 24 | 28 | 32 | 36 | 40 |

E os múltiplos de 8?

| 0 | 8 | 16 | 24 | 32 | 40 | 48 | 56 | 64 | 72 | 80 |

Deixe alguns fora

```
0   2   4   6   8   10   12   14   16   18   20
```

6 x 2 = 12 rastreie para
encontrar 6 x 4 ou 6 x 8

↓

24

?

↓

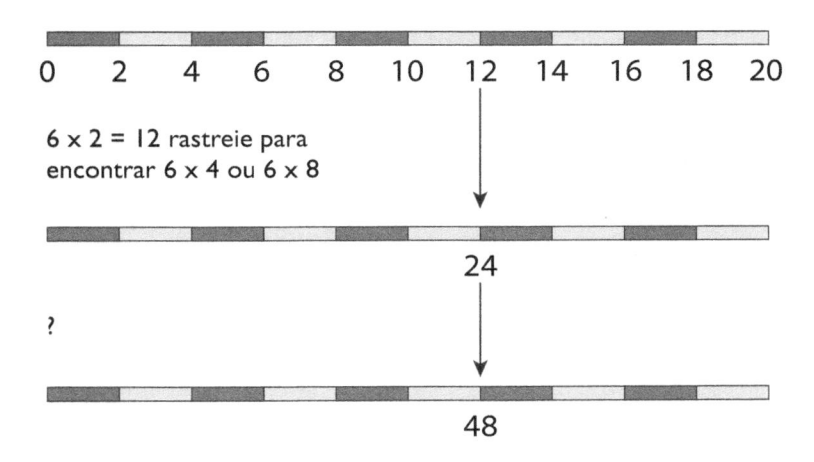

48

As crianças poderiam projetar seu próprio recurso que seria apenas uma série de linhas horizontais.

Múltiplos de 3, 6 e 9 podem ser calculados da mesma forma. Múltiplos de 7 implicam uma compreensão do aspecto comutativo, por exemplo, 3 lotes de 7 é o mesmo que 7 lotes de 3. Em última análise, eles precisam saber as tabuadas, e existem muitas maneiras de tornar divertida a aprendizagem adquirida por repetição, especialmente com a ajuda de música ou *raps*.

Prática 3: Incentivando as crianças a ampliar suas investigações

Atividade 1

Totais em cruz:
Observe que essas investigações podem começar com números muito simples, de modo que as crianças se concentrem no processo de se envolver com um problema, organizando a sua abordagem, revisando-a e ampliando-a.

Consegue dispor os números 1, 2, 3 e 4 em cruz para que os totais na horizontal e na vertical sejam iguais?

Talvez você queira usar fichas com os números escritos nelas para que elas possam ser movimentadas facilmente.

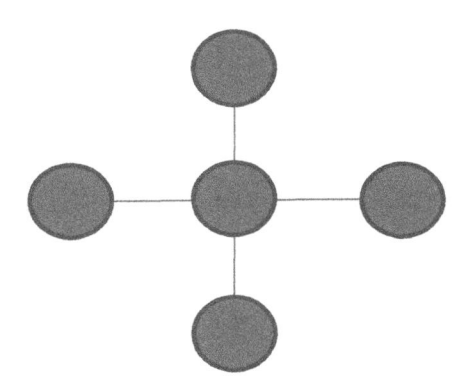

Esmiuçando o problema

Observe a seguir algumas perguntas que permitirão às crianças esmiuçar o problema. À medida que a confiança das crianças aumenta, elas devem ser incentivadas a elaborar essas perguntas por si mesmas, seguindo uma abordagem "E se...?" e reconhecendo que não importa se nem sempre isso conduz a uma solução: o elemento importante do exercício é o processo efetuado.

Experimente as seguintes perguntas:

- Existe mais de uma maneira de organizar os números?
- Pode usar outros números consecutivos, por exemplo, 3, 4, 5, 6?
- Suas soluções sempre têm um padrão? Consegue descrevê-lo?
- E quanto a outras sequências numéricas, por exemplo, 2, 4, 6, 8, 10?
- As tabuadas de multiplicação?

Consegue pensar em quaisquer outras formas de investigar os números com esse padrão?
O que acontece se você não tiver um círculo no centro?
Consegue ampliar o número de círculos?
Você precisa ter igual número de círculos em cada braço da cruz?
O que acontece se não for preciso – existe um padrão?
Então, o que acontece?

Atividade 2

Um quadrado de 100 é um recurso maravilhoso para explorar números e ampliar as investigações.

A. Realce as tabuadas de multiplicação e procure padrões de número e formato.
B. Realce os quadrados de diferentes tamanhos, contidos dentro do quadrado de 100, por exemplo, 2 × 2, 3 × 3, etc., e investigue padrões. Analise os totais das diagonais, colunas, etc.

Utilizando um quadrado de 100

1	2	3	4	5	6	7	8	9	10
11	12	13	14	15	16	17	18	19	20
21	22	23	24	25	26	27	28	29	30
31	32	33	34	35	36	37	38	39	40
41	42	43	44	45	46	47	48	49	50
51	52	53	54	55	56	57	58	59	60
61	62	63	64	65	66	67	68	69	70
71	72	73	74	75	76	77	78	79	80
81	82	83	84	85	86	87	88	89	90
91	92	93	94	95	96	97	98	99	100

C. A investigação a seguir é adequada a alunos do 5º e do 6º anos ou matemáticos mais capazes.

Para desenvolver uma abordagem algébrica para o cálculo, crie formas de T e calcule o total de números no quadrado. Procure um método rápido. Dica: olhe para o número embaixo da barra superior. Se n = 12, então os outros números no T são n - 11, n -10, n - 9, n + 10, n + 20.

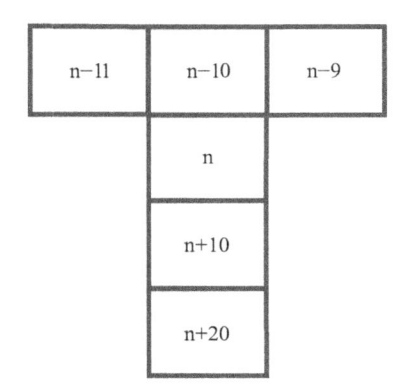

n−11	n−10	n−9

n

n+10

n+20

Se você os combinar todos, então os números se cancelam e você fica com 6n de sobra, então o total de números na forma de T é 6n, que nesse caso é igual a 72.

Consegue encontrar outras maneiras de abordar isso?

Utilizando um quadrado de 100

1	2	3	4	5	6	7	8	9	10
11	12	13	14	15	16	17	18	19	20
21	22	23	24	25	26	27	28	29	30
31	32	33	34	35	36	37	38	39	40
41	42	43	44	45	46	47	48	49	50
51	52	53	54	55	56	57	58	59	60
61	62	63	64	65	66	67	68	69	70
71	72	73	74	75	76	77	78	79	80
81	82	83	84	85	86	87	88	89	90
91	92	93	94	95	96	97	98	99	100

O que acontece se a barra horizontal e a barra vertical tiverem 5 quadrados de comprimento?

Prática 4: Matemática e arte

Atividade I

Crie as raízes digitais dos números na tabuada. Para fazer isso, some os dígitos da resposta e continue a somar até chegar a um único dígito.

Por exemplo:
9 × 7 = 63   6 + 3 = 9   então a raiz digital é 9
8 × 7 = 56   5 + 6 = 11   1 + 1 = 2, então a raiz digital é 2

Escreva as raízes digitais em um quadrado de tabuada de 9 × 9, conforme abaixo. Que padrões você visualiza?

Padrões de quadrado védico a partir de raízes digitais

1	2	3	4	5	6	7	8	9
2	4	6	8	1	3	5	7	9
3	6	9	3	6	9	3	6	9
4	8	3	7	2	6	1	5	9
5	1	6	2	7	3	8	4	9
6	3	9	6	3	9	6	3	9
7	5	3	1	8	6	4	2	9
8	7	6	4	4	3	2	1	9
9	9	9	9	9	9	9	9	9

Crie um padrão pela escolha de um número (1 neste caso) e junte esse 1 a todos os outros 1, desenhando uma linha do centro desse quadrado até o centro de cada quadrado que contiver um 1. Em seguida, repita com um segundo 1 como ponto de partida, até cada 1 no quadrado tiver sido um ponto de partida. Ver a seguir.

Padrões de quadrado védico a partir de raízes digitais

1	2	3	4	5	6	7	8	9
2	4	6	8	1	3	5	7	9
3	6	9	3	6	9	3	6	9
4	8	3	7	2	6	1	5	9
5	1	6	2	7	3	8	4	9
6	3	9	6	3	9	6	3	9
7	5	3	1	8	6	4	2	9
8	7	6	4	4	3	2	1	9
9	9	9	9	9	9	9	9	9

Atividade 2

Trabalhando com quadrados
A. De quantas maneiras é possível dividir um quadrado em 2 partes iguais?
B. Crie um quadrado de 12 × 12 em papel quadriculado. De quantas maneiras se pode dividir um quadrado em 12 partes iguais? Dica: Não utilize sempre linhas verticais, horizontais ou diagonais.

Prática 5: Desenvolvendo a lógica

Atividade I

Usando fichas coloridas: Sudoku de cores simples.
O objetivo é colocar cada uma das cores nas linhas e nas colunas.
A escolha de usar fichas permitirá acesso fácil a todos.
O tamanho do quadrado pode ser ampliado para fornecer um desafio maior àqueles que precisam. Você precisará usar padrões e cores para quadrados maiores.

Sudoku de cores

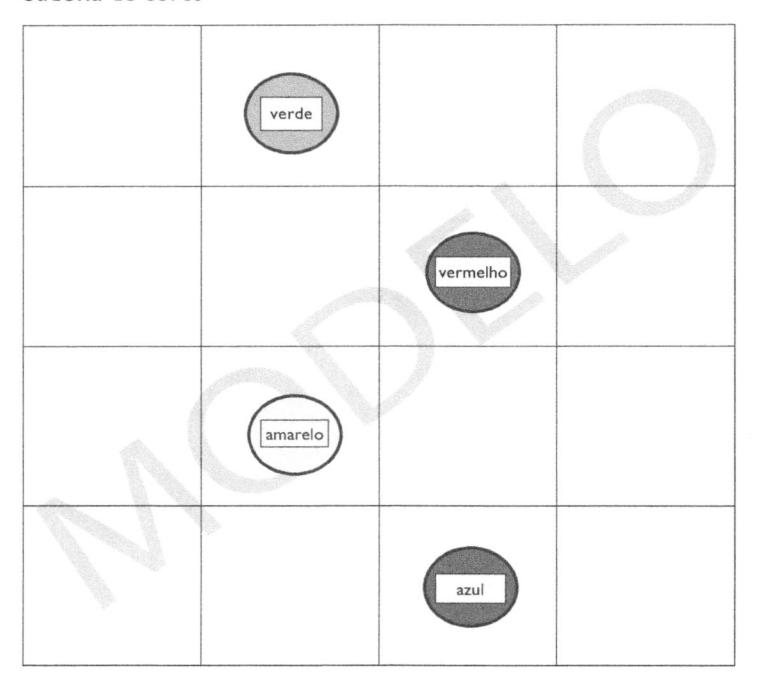

	verde		
		vermelho	
	amarelo		
		azul	

Atividade 2

Pegue quaisquer 3 números e justifique qual pode ser o único diferente. Por exemplo, 25, 27, 29:

- 27 é o único múltiplo de 3
- 25 é o único número quadrado
- 29 é o único número primo
- 25 é a data do Natal
- ...

Faça o mesmo com as formas.

Atividade 3

Diariamente, exiba um item como "A resposta é 27. Qual é a pergunta?" e incentive as crianças a criar suas próprias.

Atividade 4

Use conjuntos de cartas de resolução de problemas em grupo que contenham as pistas necessárias para resolver um problema, bem como algumas "pistas falsas". Algumas dessas cartas abordam a resolução de problemas sem matemática, no sentido estrito, mas fornecem cenários sob a forma de mistérios ou enigmas que precisam ser resolvidos.

As cartas podem ser usadas em grupos de 4, tanto em sala de aula quanto em casa (ver leituras complementares: Vickery e Spooner, 2004, 2011, *We Can Work It Out*).

Aumentar a ênfase na resolução de problemas tem impactos positivos em todas as crianças?

Algumas crianças ainda relutam em se envolver com o processo?

RESUMO

É amplo o reconhecimento sobre a atitude negativa existente em relação à matemática entre adultos e crianças. Este capítulo discute o efeito da "ansiedade matemática" e explora quais estratégias podem ser postas em prática para amenizar isso. Preconiza a utilização de uma abordagem de resolução de problemas em toda a aprendizagem matemática e sugere maneiras para torná-la significativa e acessível a todas as crianças. Reconhece o papel do professor na modelagem da indagação e da organização e defende o uso da colaboração, de modo que a resolução de problemas se torne uma atividade social em que o professor é um participante ativo na aprendizagem. Ressalta a relevância de criar problemas que exijam mais do que a aplicação de cálculos mecânicos. São apresentadas ideias que permitem o envolvimento dos pais e sugestões para desenvolver e ampliar uma abordagem de resolução de problemas.

LEITURAS COMPLEMENTARES

BURTON, L. *Thinking things through:* problem solving in mathematics. Oxford: Nash Pollock Publishing, 1995.
Um guia prático, com conselhos para professores promover a resolução de problemas e investigações em suas salas de aula.

HAYLOCK, D. *Mathematics explained for primary teachers.* 4th ed. London: Sage, 2010.
Este livro dá aos professores a confiança necessária para entender e transmitir conceitos matemáticos. Há também um livro de exercícios que fornece aos alunos a oportunidade de rever e reforçar sua compreensão da matemática abrangida em cada capítulo.

HUGHES, A. M. *Problem solving, reasoning and numeracy in the early years foundation stage*. London: Routledge, 2009.
Uma seleção de boas ideias para atividades em toda a educação infantil. É de fácil leitura com pedagogia sólida.

ROWLAND, T. et al. *Developing primary mathematics teaching*. London: Sage, 2009.
Obra que ajuda os professores a se tornarem mais confiantes no ensino da matemática. Inclui descrições e transcrições de aulas reais (também disponíveis no *site* da obra) que permitem aos professores refletir sobre o ensino e a aprendizagem.

SELLARS, E.; LOWNDES, S. *Using and applying mathematics at key stage 2*: a guide to teaching problem solving and thinking skills. London: David Fulton, 2003.
Uma série de problemas escolhidos para ajudar as crianças a desenvolver diferentes estratégias de resolução de problemas. Cada um é claramente explicado com ideias de como apresentá-lo. Soluções e recursos estão incluídos.

STRAKER, A. *Talking points in mathematics*. Cambridge: Cambridge University Press, 1993.
Sugestões para incentivar as crianças a pensar e falar sobre matemática. As ideias consistem em cenários práticos e imaginativos e o foco geral é desenvolver o debate. Também contém ideias úteis para ensinar matemática para crianças cuja língua nativa não é o inglês.

VICKERY, A.; SPOONER, M. *We can work it out and we can work it out 2*. Derby: Association of Teachers of Mathematics, 2004, 2011.
Livros fotocopiáveis que contêm conjuntos de cartões para resolução de problemas em grupo. Cada conjunto de cartões contém as dicas necessárias para resolver um problema, bem como algumas "pistas falsas". Deve ser aplicado a um pequeno grupo de crianças que têm de compartilhar suas pistas verbalmente e resolver o problema juntos. Esse método de trabalho permite uma combinação de "falar e ouvir" e, portanto, preenche alguns dos requisitos do letramento ao longo do currículo.

WILLIAMS, K. R. *Vedic mathematics [elementary level] teacher's manual*. Motilal: Barnasidass, 2006.
Escrito por professores, este livro apresenta a matemática védica. Foi reconstruído, a partir de antigos textos védicos, no início do século passado, por Sri Bharati Krsna Tirthaji (1884-1960). É um sistema de matemática mental pelo qual problemas complexos podem ser resolvidos rapidamente. Experimente essas ideias para diversão e ganhar percepção sobre as inter-relações da matemática.

REFERÊNCIAS

ARMBRUSTER, B. B. et al. *Put reading first*: the research building blocks for teaching children to read. [S.l.]: National Institute for Literacy, 2006.

ASHCRAFT, M. H. Math anxiety: personal, educational, and cognitive consequences. *Directions in Psychological Science*, v. 11, p. 181-185, 2002.

BOALER, J. *The elephant in the classroom:* helping children learn and love maths. London: Souvenir Press, 2009.

BRIAN, K. Maths anxiety: the numbers are mounting. *Guardian Education*, 2012. Disponível em: <http://www.theguardian.com/education/2012/apr/30/maths-anxiety-school-support>. Acesso em: 29 jul. 2015.

BURNETT, S. J.; WICHMAN, A. M. *Mathematics and literature:* an approach to success. 1997. 126 f. Dissertation (Graduate of Education) - School of Education, Saint Xavier University, Chicago, 1997.

COCKCROFT, W. *Mathematics counts:* report of the committee of inquiry into the teaching of mathematics in schools. London: HMSO, 1982.

DAY, C. *A passion for teaching.* London: Routledge, 2004.

GALTON, M.; WILLIAMSON, J. *Group work in the primary classroom.* London: Routledge, 1992.

GORDON, N. Children with developmental dyscalculia. *Developmental Medicine and Child Neurology*, v. 34, n. 5, p. 459-463, 1992.

GOULDING, M.; ROWLAND, T.; BARBER, T. Does it matter?: primary teacher trainees' subject knowledge in mathematics. *British Educational Research Journal*, v. 28, p. 689-704, 2002.

GROVES, S.; DOIG, B.; SPLITTER, L. Mathematics classrooms functioning as communities of inquiry: possibilities and constraints for changing practice. In: CONFERENCE OF THE INTERNATIONAL GROUP FOR THE PSYCHOLOGY OF MATHEMATICS EDUCATION, 3., 1-8. *Proceedings...* Hiroshima: Hiroshima University, 2000.

KOSHY, V.; ERNEST, P.; CASEY, R. (Ed.). *Mathematics for primary teachers.* London: Routledge, 2000.

MASON, J.; BURTON, L.; STACEY, K. *Thinking mathematically.* Harlow: Pearson Education Limited, 2010.

MERTTENS, R. Family numeracy. In: THOMPSON, I. (Ed.). *Issues in teaching numeracy in primary schools.* Buckingham: Open University Press, 1999.

MUIJS, D.; REYNOLDS, D. *Effective teaching:* evidence and practice. 3rd ed. London: Sage, 2010.

NUNES, T.; BRYANT, P. *Children doing mathematics.* Oxford: Blackwell Publishers, 1996.

NUNES, T. et al. *Development of maths capabilities and confidence in primary school.* London: DCSF, 2009. Disponível em: <http://dera.ioe.ac.uk/11154/1/DCSF-RR118.pdf>. Acesso em: 29 jul. 2015.

ORTON, A.; FROBISHER, L. *Insights into teaching mathematics.* London: Cassell, 1996.

SCARDAMALIA, M.; BEREITER, C.; LAMON, M. The CSILE project: trying to bring the classroom into world 3. In: MCGILLEY, K. (Ed.). *Classroom lessons:* integrating cognitive theory and classroom practice. Cambridge: MIT, 1994.

SELTER, C.; SPIEGEL, H. *Wie Kinder rechnen* [How children calculate]. Leipzig: Ernst Klett, 1997.

SEWELL, B. *Use of mathematics by adults in daily life.* London: ACACE, 1981.

STERNBERG, R. J. *Beyond IQ:* a triarchic theory of human intelligence. Cambridge: Cambridge University Press, 1985.

SWAIN, J. et al. *Beyond the daily application*: making numeracy teaching meaningful to adult learners. London: National Research and Development Centre for Adult Literacy and Numeracy, 2005.

SWAN, M. *Collaborative learning in mathematics:* a challenge to our beliefs and practices. London: NRDC, 2006.

VERSCHAFFEL, L.; GREER, B.; DE CORTE, E. *Making sense of word problems.* Lisse: Swets and Zeitlinger, 2000.

VICKERY, A.; SPOONER, M. *We can work it out 2.* Derby: Association of Teachers of Mathematics, 2011.

WALLACE, B. *Teaching thinking skills across the primary school.* London: David Fulton Publishers, 2001.

WALLACE, B. et al. *Thinking skills and problem-solving:* an inclusive approach. London: David Fulton, 2004.

WEGERIF, R. *Literature review in thinking skills, technology and learning.* Bristol: Nesta Futurelab, 2003.

9

Desenvolvendo as habilidades de pensamento e aprendizagem em ciências

Chris Collier e Rebecca Digby

Jamais se fez uma grande descoberta sem um palpite ousado.
Isaac Newton

Panorama do capítulo

O capítulo introduz as habilidades de pensamento e aprendizagem que se situam no âmago da ciência. Abordagens que preconizam uma experiência prática, com a aplicação de braços e cérebros na busca do desenvolvimento dessas habilidades, são discutidas com referência às pesquisas e à literatura atuais. Em seguida, um estudo de caso sobre duas turmas distintas permite uma análise sobre certas atividades exploradas no contexto da sala de aula. Por fim, são apresentadas sugestões de atividades para o leitor experimentar, exemplificando a aprendizagem e o desenvolvimento das habilidades em ciências. O capítulo encerra com um resumo e uma lista com referências para leitura adicional e com recursos, incluindo materiais e pesquisas com base na internet.

INTRODUÇÃO

Este capítulo começa questionando a importância das habilidades de pensamento e aprendizagem em ciências, seguido por uma discussão sobre a natureza da ciência e as suas ligações com uma abordagem de ensino e aprendizagem com base na indagação. O texto explora a relação entre as habilidades de indagação, o conhecimento procedural e as habilidades processuais, com a distinção feita entre as habilidades procedurais que são habilidades de pensamento e aquelas que são habilidades motoras. O trabalho de pesquisadores sobre o ensino de ciências que enfatizam a natureza inerentemente prática desta matéria é introduzido com a noção de que, por meio de trabalhos práticos, a compreensão dos conceitos científicos pode ser desenvolvida pelos alunos. Além disso, há o reconhecimento que o trabalho prático, por si só, não necessariamente desenvolve esses conceitos, portanto, é necessária uma abordagem de braços e cérebros[1] aplicados à aprendizagem em ciências. Mais adiante no capítulo, estudos de caso ilustram abordagens que podem ser tomadas para desenvolver a compreensão dos conceitos científicos.

As pesquisas sobre o desenvolvimento das habilidades de pensamento de ordem superior pelo ensino de ciências e sobre a importância do diálogo em aulas de ciências estão ligadas a uma série de atividades que promovem o papel da fala. Essas atividades são extraídas de uma gama de tópicos em todo o currículo dos primeiros anos do ensino fundamental. A introdução à pesquisa também considera a aceleração cognitiva e a abordagem da Aceleração Cognitiva pelo Ensino de Ciências (CASE) ao ensino de ciências. Ressalta-se a importância da metacognição e de esquemas/modelos de raciocínio e sugere-se uma série de atividades para desenvolver esses modelos.

POR QUE AS HABILIDADES DE PENSAMENTO E APRENDIZAGEM SÃO IMPORTANTES EM CIÊNCIAS?

As habilidades que sustentam a atividade científica penetram no âmago do que a ciência é. Essas habilidades que são inerentemente científicas por natureza capacitam o aluno a obter percepções sobre o mundo ao redor dele e a compreender esse mundo a partir de uma perspectiva científica. Essas habilidades exigem que o aluno se envolva no pensamento. Ao longo deste livro, defende-se a importância das habilidades de pensamento genéricas. Por exemplo, o Capítulo 4 aborda o desenvolvimento das habilidades de questionamento do aluno. O presente capítulo explica a importância dessas habilidades em um contexto científico. Programas de intervenção específicos para o desenvolvimento das habilidades de pensamento são analisados em detalhe. Da mesma forma, são apresentados exemplos mais gerais de como o pensamento por parte do aluno influencia seu desenvolvimento científico. O desenvolvimento das habilidades de indagação científica das crianças é fundamental para que elas desenvolvam a sua compreensão sobre a ciência. Portanto, essas habilidades são identificadas junto com exemplos de como isso pode ser alcançado.

---

1 N. de R.T.: Tradução para *hands-on* e *minds-on*. Experiências de aprendizagem que possibilitam ao aluno fazer relação entre o que ele pode ver e manipular (*hands-on*) – a partir de sua aprendizagem informal, extraescolar – e as informações científicas, a teoria (*minds-on*) necessárias para o seu aprendizado. O princípio pedagógico que está na base de uma abordagem *hands-on, minds-on* é o de que o aluno exerce um papel ativo no seu processo de aprendizagem, trazendo sua experiência e conhecimento prévio para a sala de aula. O professor, por sua vez, organiza e planeja a melhor estratégia de ensino que possibilite ao aluno o estabelecimento de relações entre o conhecimento teórico e sua experiência prática, visando assim uma aprendizagem efetiva.

REVISÃO DA PESQUISA

Natureza da ciência

Em resposta à pergunta "O que é ciência?", Howe et al. (2009) afirmaram que um aspecto importante para definir a natureza do assunto tem a ver com as explicações que nos ajudam a compreender o mundo pelo uso da evidência e da lógica. Para alcançar essas explicações, os cientistas se envolvem em atividades que demandam uma combinação de habilidades, atitudes e conceitos. De modo significativo, os educadores em ciências consideram os tipos de habilidades usadas como fatores-chave para definir que a natureza de uma atividade é científica.

Ao decidir quais habilidades devem compor o programa de estudo em ciências nas escolas do ensino fundamental, um grupo de vanguarda com cientistas e educadores de ciências chegou ao entendimento compartilhado de que as duas habilidades – as de pensamento e as processuais – eram essenciais (OSBORNE et al., 2003). Eles sugeriram que o currículo escolar deveria incluir o ensino de métodos científicos e testes críticos, a diversidade de pensamento científico, o papel da hipótese e da predição, a relação entre ciência e questionamento, a análise e a interpretação dos dados. Em um estudo adicional, que examinava a natureza da ciência, as opiniões de um grupo de cientistas atuantes revelaram ideias semelhantes com "[...] esmagador consenso sobre a importância dos dados empíricos no desenvolvimento e na justificativa do conhecimento científico" (SCHWARTZ; LEDERMAN, 2008, p. 747). Também emergiu desse estudo a necessidade de que a educação em ciências amplie a gama de experiências de indagação científica para o aluno. Na verdade, houve o consenso de que ensinar às crianças apenas uma abordagem ou método em ciência não lhes irá fornecer uma autêntica experiência científica.

Esses estudos refletem o consenso geral entre os cientistas e pesquisadores de que os procedimentos de apoio à construção do conhecimento científico precisam de um lugar de destaque no ensino e na aprendizagem em ciências. Por conseguinte, é evidente que as habilidades de indagação exercem um papel importante no desenvolvimento da compreensão da natureza da ciência pelas crianças.

Habilidades de indagação

Mas quais habilidades de indagação devem constituir uma característica tão central no ensino e na aprendizagem de ciências nas escolas de ensino fundamental? Howe et al. (2009) e Harlen e Qualter (2004) concordam que as habilidades de indagação científica podem ser divididas naquelas de natureza mental e nas de natureza física, reconhecendo, assim, que existe um elemento de "fazer" na ciência. Assim, além de desenvolver a capacidade mental de perguntar, prever, planejar, interpretar e refletir, as crianças também vão observar, medir e fisicamente explorar seu ambiente. Ao descrever as habilidades de indagação, Harlen (2006) identifica sete resultados para a educação de ciências, em termos de desenvolvimento pelos alunos das "habilidades processuais". Ela afirma que a educação em ciências deve contribuir para que os alunos tenham a capacidade de:

- suscitar perguntas que podem ser respondidas pela investigação;
- desenvolver hipóteses sobre como eventos e inter-relações podem ser explicados;
- fazer previsões com base em hipóteses;
- usar a observação para coletar informações;
- planejar e usar a investigação para procurar padrões e testar ideias;
- interpretar as evidências e tirar conclusões válidas; e
- comunicar, relatar e refletir sobre os procedimentos e as conclusões (HARLEN, 2006, p. 38).

Goldsworthy, Watson e Wood-Robinson (2000) desenvolveram um vínculo extra entre indagação, habilidades processuais e habilidades de pensamento. Concluíram que a indagação científica deve ser vista como um processo cognitivo em que as crianças necessitam desenvolver estratégias de pensamento, a fim de progredir em seu trabalho investigativo. Esse princípio sugere que o desenvolvimento da capacidade de pensamento das crianças orientará suas atividades práticas e as capacitará a explorar ao máximo os dados que coletam. O trabalho de Goldsworthy e colaboradores, como parte do projeto AKSIS (*ASE-King's College London Science Investigations in Schools*, ou Investigações de Ciências nas Escolas, projeto conjunto da Association for Science Education e do King's College London), levou à criação de uma série de atividades distintas, projetadas para ajudar as crianças a desenvolver suas habilidades de indagação (GOLDSWORTHY; WATSON; WOOD-ROBINSON, 2000).

A abordagem defendida pela equipe de investigação foi ensinar habilidades por meio de atomização das investigações em processos distintos e separados. Embora essa abordagem possa ser útil no direcionamento específico das necessidades de desenvolvimento dos alunos e também quando se considera os diferentes processos que compõem uma indagação, Howe et al. (2009) mostraram-se preocupados em que o ensino de cada processo em separado pudesse levar as crianças a acreditar que a ciência é um conjunto de procedimentos padrão a serem seguidos. Isso pode estar em desacordo com a experiência real. Por exemplo, uma indagação pode começar com uma pergunta que está sendo gerada em resposta a uma observação. Após produzir um plano provisório e executar explorações preliminares, a criança talvez queira revisitar e rever sua pergunta original. Claro, nessas circunstâncias, o método científico não pode ser visto como uma sequência pura (HOWE et al., 2009). Apesar dessa objeção quanto à atomização das investigações, não deixa de ser uma abordagem digna de consideração, em especial para o desenvolvimento de habilidades que as crianças acham difíceis. Por exemplo, os recursos do AKSIS almejam a habilidade de interpretação de dados, uma das mais difíceis habilidades de indagação a serem desenvolvidas (WATSON; GOLDSWORTHY; WOOD-ROBINSON, 1998).

Desenvolvimento conceitual por aprendizagem ativa

Harlen e Qualter (2004) argumentam que a atividade prática está no âmago do ensino de ciências no ensino fundamental, porque as crianças aprendem melhor a partir de experiências de primeira mão. No entanto, eles também afirmam que o valor da experiência prática é acentuado por discutir e compartilhar ideias com os outros. Sugerem que as crianças precisam de oportunidades para pensar sobre o que estão fazendo e por que estão fazendo, não só experimentar uma sequência de instruções. Além disso, as perguntas das crianças precisam ser valorizadas, e elas precisam ser incentivadas a ver o mundo sob prismas diferentes. Por exemplo, as crianças devem ser apoiadas no desenvolvimento de sua consciência sobre a validade das experiências dos outros. Além disso, Millar (2010) explica que a ciência prática deve envolver a aplicação de "braços e cérebros" se quiser ser eficaz no desenvolvimento da compreensão dos conceitos científicos pelas crianças. Para concretizar isso, elas precisam ser desafiadas pelo questionamento e receber oportunidades para se envolver em debates, para que uma ponte possa ser construída entre o "domínio dos fatos observáveis" e o "domínio das ideias" (HARLEN; QUALTER, 2004; MILLAR, 2010). Isso é significativo à luz da conclusão de Ward e Roden (2005) de que alunos no ensino fundamental podem ter dificuldades na interpretação dos dados, porque não é dedicado tempo suficiente a esse aspecto da aprendizagem em ciências.

Esses achados sugerem que as crianças precisam de tempo para descobrir as conexões entre suas experiências no trabalho prático e no desenvolvimento conceitual. Os estudos de caso que acompanham este capítulo realçam o papel importante que as sessões plenárias exercem no desenvolvimento do pensamento e da aprendizagem das crianças. Intervenções ao longo da aula (miniplenárias) também podem se tornar uma forma particularmente eficaz de consolidar e ampliar a aprendizagem. Sejam quais forem as escolhas feitas por você, está claro que o aluno deve receber oportunidades para refletir sobre suas próprias experiências com o apoio dos outros.

Desenvolvimento estruturado das habilidades de pensamento

Observou-se que algumas habilidades processuais são habilidades de pensamento, enquanto outras são habilidades motoras sensoriais. Enfatizando o desenvolvimento das habilidades de pensamento, o Projeto Ideias Brilhantes, implementado na Oxford Brookes University, adotou a taxonomia de Bloom das habilidades de pensamento e considerou como as crianças podem ser incentivadas a desenvolver habilidades de ordem superior por meio do ensino de ciências e, em particular, o uso da fala pelas crianças em um contexto científico (ASTRAZENECA SCIENCE TEACHING TRUST, 2013). Os pesquisadores do projeto identificaram como a educação em ciências pode apoiar o desenvolvimento dessas habilidades de pensamento de ordem superior, como síntese, avaliação e análise. O trabalho colaborativo e investigativo pode proporcionar às crianças oportunidades de se envolver no nível mais alto de pensamento e debate. As habilidades de síntese, como hipotetizar, que mostram originalidade por meio da criação, invenção ou composição, são partes importantes do processo de planejamento. As habilidades de avaliação (julgar, classificar e dar opiniões) e as habilidades analíticas (categorizar e comparar, distinguir entre fato e opinião) podem ser importantes para interpretar as evidências e tirar conclusões.

Estimular o pensamento de alto nível é também um dos objetivos da abordagem Aceleração Cognitiva pelo Ensino de Ciências (CASE) para o ensino de habilidades de pensamento nas escolas dos anos iniciais do ensino fundamental (ADEY; SERRAT, 2010). A CASE, sustentada pelo trabalho de Piaget e Vygotsky, é a base dos programas de intervenção publicados por Nelson, intitulados *Vamos pensar!* (ADEY; ROBERTSON; VENVILLE, 2001) e *Vamos pensar por meio da ciência!* (ADEY et al., 2003). No seu âmago, estão os três principais pilares da aceleração cognitiva que a equipe de pesquisa do CASE identificou como essenciais para a estimulação das habilidades de pensamento. Em primeiro lugar, o "conflito cognitivo" é a fase em que o aluno recebe um desafio ao seu nível atual de compreensão. Essa parte do programa baseia-se no trabalho de Piaget em particular. Lançar o desafio no nível correto para o aluno é de grande importância – não deve ser muito fácil nem além do potencial do aluno para o desenvolvimento. Na fase seguinte, influenciada pela obra "Construtivismo Social", de Vygotsky, o aluno é ativamente incentivado a trabalhar em conjunto com os outros para resolver um problema. Depois, a criança é convidada a refletir sobre a abordagem que eles adotaram para resolver um problema particular, fase conhecida como "metacognição" (ADEY et al., 2003). As categorias de capacidade de pensamento que são desenvolvidas pelas atividades da CASE são agrupadas por seus modelos (esquemas) de raciocínio subjacentes, fornecendo um conjunto claro de tipos de pensamento que podem ser aplicados em muitos e diferentes contextos científicos (ADEY; SHAYER, 2002; ADEY et al., 2003).

A importância da metacognição no treinamento cognitivo é confirmada por McGuinness (1993), que analisou os métodos utilizados pelos professores durante as atividades de desenvolvimento das habilidades de pensamento e concluiu que em maior ou menor grau todos os métodos baseavam-se em um elemento do pensamento reflexivo. Essas conclusões são semelhantes às de Larkin (2002), que constatou uma correlação positiva entre metacognição e cognição.

Por fim, um processo de raciocínio, denominado argumentação, que foi desenvolvido por Stephen Toulmin, na década de 1950, tem influenciado o ensino de ciências nos últimos anos, como parte de um desejo de focalizar o desenvolvimento das habilidades de pensamento nas crianças (TREND, 2009). É um modelo para aprendizagem construído com base em cinco elementos-chave: dados, afirmação, garantia, refutação e qualificador. Uma proposição (afirmação) é feita com referência a informações (dados). Uma explicação (garantia) é fornecida para vincular a afirmação e os dados – por que a afirmação surgiu a partir dos dados? Então um desafio, acompanhado de novos elementos comprovativos, possivelmente será feito à afirmação (refutação). Em última análise, a refutação pode resultar na emissão de um qualificador, com a afirmação original sendo aprimorada e modificada em resposta ao desafio realizado. Esse modelo de argumentação foi adaptado e desenvolvido como meio de promover a transição eficaz entre o ensino fundamental e o ensino médio (ASTRAZENECA SCIENCE TEACHING TRUST, 2013).

ESTUDO DE CASO

O presente estudo de caso analisa iniciativas que foram implementadas em duas salas de aula, uma do 3º ano e outra do 6º ano, por uma professora de habilidades avançadas, em seu papel de responsável pela disciplina de ciências, com o objetivo de desenvolver, nas crianças, habilidades de pensamento e questionamento de ordem superior no contexto da ciência. As justificativas para desenvolver essas habilidades e os episódios-chave em duas aulas são documentadas, juntamente com as práticas bem-sucedidas e uma reflexão sobre as dificuldades enfrentadas. Suscita-se um debate sobre o impacto na aprendizagem e sobre os próximos passos para as duas turmas envolvidas.

A escola dos anos iniciais do ensino fundamental envolvida no estudo pertence a uma comunidade suburbana próspera e culturalmente diversificada, que prioriza em seu etos a aprendizagem de qualidade em ambientes estimulantes, junto com apoio, desafio e incentivo. Uma definição ampla de aprendizagem é defendida com ênfase nas interações criativas, espirituais e sociais, bem como no desenvolvimento de cidadãos responsáveis, capazes de contribuir positivamente ao mundo em que vivem. As prioridades da escola, que incluem elevar os padrões por meio de ensino, aprendizagem e avaliação da conversa e da escuta, além de aprimorar, nas crianças, o desenvolvimento das habilidades de trabalho em grupo, resultaram em um foco na Avaliação em prol da Aprendizagem (AFL, do inglês *Assessment for Learning*) e no Trabalho em Grupo Colaborativo (CGW, do inglês *Collaborative Group Work*). O corpo docente da escola participou de reuniões para a apresentação dos princípios e das abordagens da AFL, incluindo o uso de questionamento e envolvimento em debates reflexivos. Isso resultou em um consenso entre o corpo docente para testar e documentar estratégias da AFL em inglês, matemática e ciências.

Além disso, tendo recebido treinamento em Aceleração Cognitiva pelo Ensino de Ciências (CASE) e participado de uma série de oficinas liderada pelo Wellcome Trust explorando a relação entre ciências e criatividade, a professora responsável pela matéria de ciências trabalhou ao lado de professores da etapa do 3º ao 6º ano para apoiar as crianças a desenvolver habilidades de pensamento, conversação e escuta de ordem superior durante as atividades investigativas. Em particular, ela estava examinando o potencial da abordagem da CASE para promover o diálogo avaliativo e reflexivo, em conjunto com a professora do 3º ano. Em sua própria turma do 6º ano, ela estava explorando o uso de "desencadeadores de ciências" para desenvolver oportunidades de discussão e debate.

3° Ano

Já que "rochas e solos" era a área atual de aprendizagem em ciências no 3º ano, o tema foi usado como ponto de partida para a introdução da abordagem CASE à turma. Os materiais fornecidos pelo CASE, incluindo planos de aula e recursos práticos, formaram a base de uma série de aulas ministradas em equipe. O ensino em equipe (*team-teaching*) é usado habitualmente como oportunidade de desenvolvimento profissional no âmbito da escola e se revelou uma estratégia bem-sucedida. No contexto de experimentar a abordagem CASE, o ensino em equipe foi descrito como uma ferramenta valiosa para promover a discussão reflexiva sobre o desenvolvimento das habilidades de pensamento de ordem superior das crianças. Além disso, já que um professor conseguia documentar e observar a aprendizagem enquanto o outro conduzia a sessão, uma gama de perspectivas poderia ser reunida e revisada, criando, assim, uma imagem mais completa dos eventos (HARVARD, 2014).

Durante uma aula focada em classificação, a turma foi dividida em grupos, e as crianças foram convidadas a participar da fase de "preparação concreta" da aula e a usar seus sentidos para explorar uma pedra escolhida e pensar em como ela poderia ser descrita. As ideias foram compartilhadas dentro de cada grupo e, em seguida, mapeadas em um banco de palavras do "grande grupo". O processo promoveu diálogo rico e deu às crianças a oportunidade de ponderar e ensaiar as suas ideias antes de serem compartilhadas (ALEXANDER, 2008). Além disso, McMahon (2012) descreveu que exibir ideias publicamente nesse formato tanto valoriza as contribuições das crianças quanto cria oportunidades para revisitar e desenvolver vocabulário científico em pontos seguintes. Ficou evidente que essa fase inicial de orientar as crianças no contexto da aprendizagem promoveu uma cultura positiva em que o debate era altamente esperado desde o início da aula.

Ao longo da fase seguinte da aula (conflito cognitivo), a turma foi convidada a decidir sobre estratégias para classificar as rochas em categorias. Nesse período, os professores observaram interações e ouviram os debates, focalizando tanto dinâmicas positivas quanto problemas surgidos nos diversos grupos. Ao mesmo tempo em que revisavam as escolhas das crianças para a classificação, os professores conduziram perguntas pré-planejadas aos grupos, sobre os processos em que eles tinham se envolvido para chegar às decisões. As perguntas, que necessitavam de análise e síntese por parte das crianças em suas respostas (BLOOM et al., 1956), e o uso de um "tempo para pensar" antes de responder, estimularam respostas complexas e ponderadas. Mais tarde, quando a turma como um todo recebeu a oportunidade de analisar as perguntas de cada grupo sobre as escolhas feitas para categorizar as rochas, a modelagem anterior pelos professores foi aplicada pelas crianças, que prontamente fizeram perguntas como: "Por que a última maneira de agrupar as rochas foi a melhor?" e "Como você decidiu agrupá-las em (texturas) lisas ou ásperas?", que envolviam avaliação e análise, demonstrando, assim, pensamento arrazoado.

A fase de conflito cognitivo da aula continha vários recursos que promoveram as condições para que as crianças se envolvessem em pensamento e questionamento de ordem superior, inclusive o desafio de resolver um problema dentro de um grupo, o uso de questionamento direto, o incentivo das crianças a tecer perguntas umas às outras e o uso de "tempo para pensar".

Ao longo dos episódios de "metacognição" da aula, os problemas que tinham surgido dentro dos grupos, como qualquer dificuldade em chegar a decisões compartilhadas, foram usados para desafiar pensamentos adicionais e convidar os grupos a questionar tanto a si mesmos quanto aos outros, ponderando sobre as dificuldades e como elas poderiam ser superadas. A oportunidade de se envolver em metacognição foi entremeada em toda a aula em uma maneira similar às miniplenárias. Após cada desafio ou conflito cognitivo seguia-se um tempo para metacognição que, muitas vezes, centrava-se na reflexão e no debate dos processos de pensamento, desencadeados pelos questionamentos do professor, como: "Podem me explicar como vocês classificaram as rochas desta vez?", "De onde surgiu essa ideia?", etc. Essas sessões de metacognição forneceram às crianças o espaço para rever suas experiências de aprendizagem, ao refletir tanto *na* ação quanto *sobre* a ação (SCHÖN, 1987), envolvendo-se, assim, em pensamento sofisticado.

A estrutura da aula, com breves conflitos cognitivos focados seguidos por episódios de metacognição, forneceu às crianças a oportunidade de refletir habitualmente sobre os processos e pensamentos nos quais se envolveram durante os desafios. De modo significativo, um senso de abertura e respeito emergiu à medida que o debate e as respostas às perguntas envolviam, cada vez mais, autorreflexão e honestidade.

Em sua avaliação sobre o uso da CASE, os professores reconheceram que a abordagem teve um impacto positivo no desenvolvimento das habilidades de questionamento e pensamento de ordem superior das crianças. Os fatores que exerceram efeitos negativos estiveram relacionados ao tempo, aos recursos e à organização. Por exemplo, o ensino em equipe foi considerado uma oportunidade única pelos professores, e observou-se que, sem dois adultos presentes na sala, o gerenciamento dos grupos e a coleta de observações robustas se tornariam desafiadores. Além disso, como em alguns grupos houve dificuldade na dinâmica de trabalho, considerou-se que eles precisavam de oportunidades corriqueiras para treinar isso, a fim de superar os problemas potenciais e obter o máximo benefício das sessões de CASE.

A responsável pela matéria de ciências e a professora do 3º ano concordaram que os próximos passos incluiriam:

- prosseguir na adoção da abordagem CASE nas sessões de ciências;
- monitorar o impacto sobre as habilidades de pensamento e questionamento de ordem superior das crianças por meio da observação e do debate reflexivo entre a professora do 3º ano e a responsável pela matéria de ciências;
- observar o impacto da abordagem CASE em outras matérias, por exemplo, o debate reflexivo durante as habilidades de pensamento na hora da chamada;
- utilizar as oportunidades para envolver as crianças em metacognição durante miniplenárias em outras áreas do currículo.

6° Ano

A professora responsável pela matéria de ciências apreciava testar com seus alunos atividades que ela havia conhecido durante oficinas de capacitação, explorando as ciências e a criatividade. Em especial, foram escolhidas sugestões do Projeto Ideias Brilhantes (WILSON; MANT, 2004) como "Positivos, negativos e interessantes", perguntas "E se...?" e "O que não combina" para serem usadas como "desencadeadores de ciências" no início das aulas. Preocupada em desafiar e estimular os alunos com ótimo desempenho nas aulas de ciências, a professora visou a relacionar os desencadeadores ao tópico sendo estudado, a fim de incentivar o desenvolvimento das habilidades de pensamento e questionamento por meio do debate no grande grupo. O debate no grande grupo foi considerado pela professora uma oportunidade para que os alunos com ótimo desempenho pudessem tanto aplicar quanto compartilhar sua compreensão sobre os conceitos científicos.

Para iniciar essas ideias, "interdependência e adaptação" foi escolhida como a área de aprendizagem, e a pergunta "Como poderíamos nos adaptar à vida no fundo do mar além da vida na superfície terrestre?" foi apresentada à turma no intuito de estimular o debate antes de iniciar uma atividade de evocação, explorando organismos, hábitats e ambientes por meio do mapeamento de conceitos. Uma questão desse tipo tem o potencial de evocar não só o pensamento científico e criativo, mas também outro fator relevante: a compreensão das possibilidades. Craft (2001) descreve isso como "pensamento de possibilidades", habilidade essencial que deve ser estimulada em crianças e adultos. Além disso, o debate em torno dessa questão requer explicação, elaboração e justificativa das ideias iniciais, fatores essenciais para apoiar o desenvolvimento de habilidades de pensamento de ordem superior (BLOOM et al., 1956). Porém, no contexto de ciências, mais significativa é a possibilidade de esse tipo de pergunta servir de modelo às perguntas que as crianças formulam a si mesmas.

As crianças foram convidadas a debater a questão com os seus parceiros de ciências (parcerias com desempenho similar pré-selecionadas pela professora para os alunos trocarem ideias durante as aulas). Essa prática fornece às crianças a oportunidade de intercambiar e desenvolver ideias antes de compartilhá-las publicamente, abordagem defendida por Black e Wiliam (1998) para garantir que todos os alunos sejam incentivados a pensar e a se expressar. Durante essa sessão de debates e respostas, o pensamento por trás das respostas variou desde simples até sofisticado. Sugestões como "desenvolver fazendas de alimento submarinas para fornecer energia" e "crescer guelras ou pés palmados para escapar de predadores" demonstraram uma progressão, desde a compreensão de conceitos científicos estabelecidos até a capacidade de dar respostas lógicas à pergunta. Claro, como a questão incitava a aplicação do conhecimento, ela exigiu níveis crescentes de pensamento de ordem superior.

As oportunidades para usar as habilidades de avaliação e justificação foram introduzidas na sessão, em particular quando as crianças foram convidadas a concordar ou discordar com as sugestões das outras e, assim, aprimorar as ideias ainda mais. Por exemplo, a resposta inicial de um grupo à pergunta "Como a visão submarina poderia ser benéfica?" foi "Vai nos ajudar a nos orientarmos com facilidade". A professora contestou a explicação, convidando os outros a ampliar a resposta. Após o debate, chegou-se ao consenso de que "ter olhos compostos como os dos insetos aumentaria as chances de sobrevivência". Esse processo exigiu que as crianças debatessem ideias de modo crítico e construtivo. Por meio dele, a turma chegou a acordos coletivos e à posse compartilhada de ideias. Wegerif e Mercer (1997) descrevem esse processo como conversação exploratória, importante no desenvolvimento do raciocínio nos debates em sala de aula.

O desencadeador de ciências foi revisitado na sessão plenária. Durante esse episódio, a pergunta "E se as adaptações submarinas como guelras causassem problemas no retorno à superfície terrestre?" incentivou o pensamento reflexivo e o aprimoramento das ideias originais, à luz da progressão na aprendizagem que havia ocorrido durante a parte principal da aula. Porém, paralelamente à avaliação do impacto da atividade, surgiram possíveis problemas com o uso das habilidades de pensamento, questões sobre os desencadeadores e as plenárias. Em particular, tornou-se aparente que a compartimentalização da oportunidade de usar essas habilidades a partir da fase principal de evocação da aula, quando os mapas conceituais foram concluídos e o tom da sessão mudou de debate ativo para registro focado, poderia levar a uma crença entre as crianças de que certas partes das aulas de ciências são enfadonhas e pouco inspiradoras.

À luz dessas avaliações, a responsável pela matéria de ciências delineou as próximas etapas, com o objetivo de envolver:

- a exploração de outras oportunidades para o uso das atividades Ideias Brilhantes durante as sessões de ciência;
- a adoção de atividades de debate sucintas e focadas durante miniplenárias;
- o monitoramento do impacto das atividades de Ideias Brilhantes no pensamento de ordem superior de alunos com ótimo desempenho e a evidência de síntese, análise e avaliação em investigações de ciências; e
- a divulgação de atividades Ideias Brilhantes para turmas da fase do 3º ao 6º ano (*Key Stage 2*).

Reflexão sobre o estudo de caso

- Em sua opinião, quais são os pontos fortes e as limitações do uso da abordagem estrutura da CASE para
  a) as crianças?
  b) os professores?
- Como o uso dos fatores desencadeadores das habilidades de pensamento do projeto Ideias Brilhantes pode ser desenvolvido em todas as áreas do currículo?

- Em sua percepção, quais aspectos das iniciativas testadas mostraram mais probabilidade de eficácia? Por quê?
- Como essa abordagem se compara com a sua própria experiência no apoio ao desenvolvimento das habilidades de pensamento de ordem superior das crianças?

PRÁTICA

Prática 1: Natureza holística do desenvolvimento de habilidades

É possível para as crianças modelarem o tamanho e a forma de crateras de meteoritos largando bolas de diferentes tamanhos em bandejas de areia. O planejamento de uma investigação dessas exige que a criança pense nos aspectos práticos do que pode ser feito. Ao concluir a indagação do começo ao fim, a criança aprende que seus planos podem ser limitados pelo que é proceduralmente prático. Durante o planejamento, o aluno pode identificar um leque de variáveis que podem ser testadas: altura da queda, peso da bola, diâmetro da bola e umidade da areia em que a bola é largada. Talvez seja tomada a decisão de testar a altura da queda. Essa é uma variável relativamente fácil de testar, porque é bastante simples controlar outras variáveis como peso e diâmetro da bola (a mesma bola pode ser usada para cada altura sucessivamente maior). No entanto, investigar o efeito do peso da bola sobre o tamanho da cratera provar-se-á mais problemático, pois o diâmetro da bola é mais difícil de controlar – cada bola mais pesada que é testada precisa ter o mesmo diâmetro se o teste pretender ser justo. Talvez a criança não note esse detalhe até que o teste seja executado. Neste ponto, há necessidade de revisar os planos e refletir sobre as limitações da investigação. Na verdade, a criança se dá conta de que a indagação científica nem sempre evolui de forma linear desde a pergunta até os métodos, resultados e conclusões, mas essas ideias originais talvez precisem ser revisitadas e alteradas à luz das ações seguintes.

Em sua observação, quais variáveis as crianças acharam mais difíceis de testar de forma justa?

Prática 2: Observação objetiva?

Ilusões de óptica são uma ótima maneira de fazer as crianças considerarem o papel que o cérebro exerce na interpretação das informações sensoriais. A confiabilidade das medições e das observações que elas fazem pode ser questionado, à medida que elas percebem que as informações transmitidas pelos órgãos dos sentidos são processadas pelo cérebro. Uma forma de demonstrar isso é olhar em espelhos. Nossos cérebros "acreditam" que a luz viaja em linha reta em todos os casos.

Interpretamos uma imagem recebida como reflexo de um espelho é exatamente como se a imagem fosse recebida diretamente; portanto, a imagem parece estar atrás do espelho. Claro, o objeto não está realmente lá! O cérebro simplesmente está lidando com as informações que recebe da melhor maneira que consegue.
Que explicações as crianças sugerem para explicar as ilusões de óptica?

Prática 3: Previsões precisas

Uma abordagem para o desenvolvimento das habilidades de previsão das crianças é pedir-lhes para dizer precisamente quais elas acham que serão os resultados da indagação, até ao ponto de produzir um gráfico ou uma tabela de resultados antes de realizar a indagação. Por exemplo, antes de um levantamento da altura da grama ao norte e ao sul de um muro, pode ser feita a previsão de que a grama ao norte do muro será mais alta do que a grama ao sul. Estabelece-se uma relação causal se a previsão é apoiada por um motivo (p. ex., porque a grama na sombra norte do muro vai crescer mais rápido à procura de luz). No entanto, por meio da elaboração de um gráfico dos resultados esperados (altura da grama *versus* distância do muro), outros fatores podem ser considerados, como os seguintes: a grama que está protegida por estar ao lado do muro será mais alta do que a grama em campo aberto? Existe uma distância a partir da sombra do muro em que se espera que a grama mostre a mesma altura, tanto ao norte como ao sul do muro? Fazer previsões detalhadas permite que as crianças desafiem seu pensamento antes de realizar o teste mais explicitamente.

Você achou que as previsões das crianças melhoraram à medida que elas foram convidadas a considerar em detalhe os resultados potenciais de uma investigação?

Prática 4: Apresentando e avaliando os resultados de diferentes formas de indagação

Nessas atividades, é debatido como o tipo de indagação influencia o modo como os resultados são apresentados. Descrevemos como diferentes formas de indagação científica podem produzir diferentes tipos de resultados. Para você, o desafio é identificar em seu planejamento a gama de indagações sendo ensinada e refletir sobre a forma mais adequada de as crianças apresentarem seus resultados. Também explicamos como as crianças podem avaliar o seu trabalho:

Indagação do tipo classificação/identificação

Em geral, esse tipo de indagação pode assumir a forma de classificar uma gama de objetos com base em suas propriedades ou dividir as coisas vivas em diferentes categorias de classificação. Indagações como estas se prestam bem à produção de legendas pelas crianças. Isso pode ser em forma de um banco de dados ramificado ou de outra forma de diagrama de classificação, como o diagrama de Carroll (ver Fig. 9.1). Uma vez concluído, a qualidade da legenda ou do diagrama pode ser avaliada pelos colegas: o quanto foi fácil de usar? Dois grupos diferentes, usando a legenda de classificação dos mesmos objetos, repetem as descobertas? Se houver uma diferença, a razão para isso foi a de que algumas partes da legenda eram confusas?

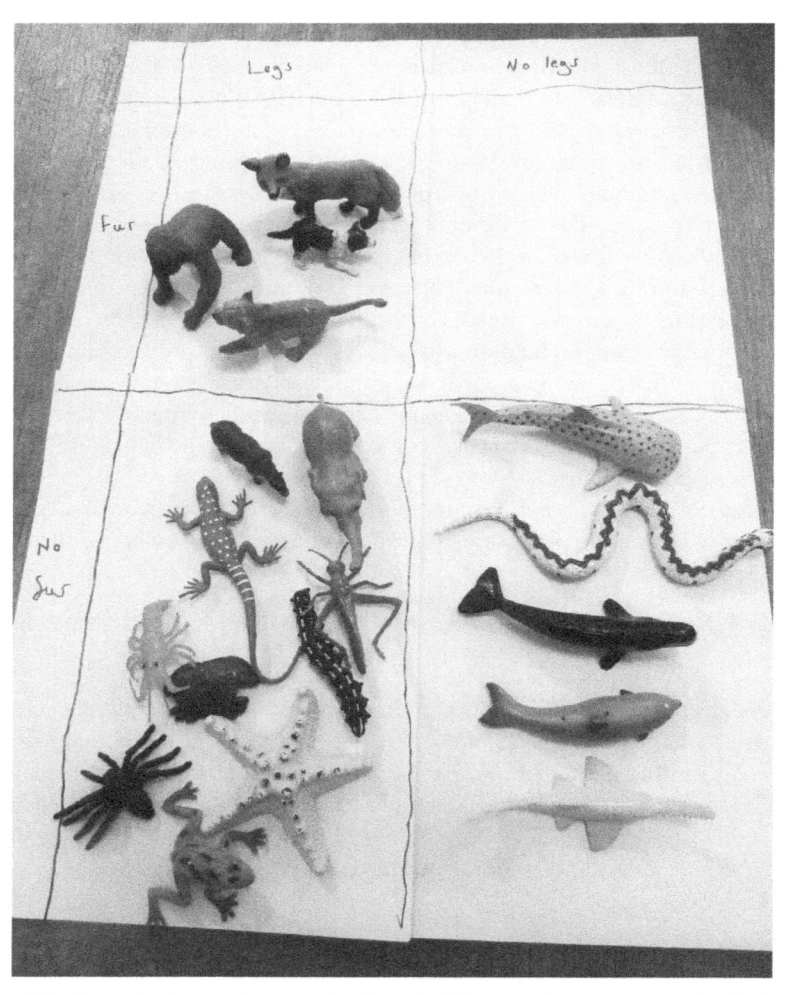

Figura 9.1 Exemplo de um diagrama de Carroll. Eric considerou que os animais de brinquedo de plástico são representações dos animais vivos e os classificou de duas maneiras: com/sem pelagem, com/sem pernas.

Projetar e desenvolver a indagação

Muitas vezes, durante essas atividades, as crianças baseiam-se em seus conhecimentos científicos (bem como em outras habilidades), como projetar e fazer artefatos para resolver um problema específico. Analise o exemplo das crianças fazendo uma máquina para classificar moedas magnéticas e não magnéticas. Claramente o resultado dessa indagação é o artefato produzido pelas crianças, e, até certo ponto, sua compreensão sobre ímãs e materiais magnéticos será refletida na eficácia da máquina para separar moedas. Nesse contexto, ao avaliar o trabalho delas, as crianças podem se perguntar: a máquina funciona? É adequada à finalidade? Talvez elas avaliem não só a compreensão científica, mas também apreciem suas habilidades de projeto e execução, de modo que perguntas escolhidas cuidadosamente por você possam ajudá-las a se concentrar na ciência: todas as moedas respondem ao ímã da mesma forma? O tamanho do ímã faz diferença?

Indagações para a procura de padrões

Esse tipo de indagação pode envolver a realização de um levantamento que coleta um registro de múltiplos exemplos, após o qual se empreende uma busca por padrões nos dados. A habilidade desenvolvida por esse tipo de indagação consiste em apresentar grandes volumes de dados de modo a serem facilmente interpretados. Muitas vezes, isso significa construir tabelas e gráficos. Nos primeiros anos do ensino fundamental, escolher o gráfico e a tabela corretos para exibir esses resultados pode ser um desafio para criança. Para os professores, o ponto importante é que o tipo de dado sob consideração determina o gráfico para usar. Se, por natureza, o conjunto de dados apresenta categorias, então um gráfico de barras é mais apropriado. Um exemplo disso é um levantamento sobre a população de dentes-de-leão, comparando o número encontrado em três localidades diferentes. O gráfico de barras mostraria as localizações ao longo do eixo x e a quantidade dos dentes-de-leão no eixo y (ver Fig. 9.2). Se as variáveis são contínuas, um gráfico de linha seria a escolha correta. Por exemplo, as crianças podem ter comparado a distância que uma bola pode ser lançada com o comprimento do braço do lançador. O gráfico de linha teria o comprimento do braço no eixo x e a distância do arremesso no eixo y. Em atividades como essas, é importante que você explicite às crianças o processo de pensamento envolvido na escolha do gráfico, para apoiar o desenvolvimento do aluno.

Investigações do tipo teste justo

Um objetivo ao ensinar as habilidades de avaliação é se afastar de comentários não científicos (p. ex., "a investigação foi muito divertida") e, em vez disso, incentivá-las a adotar um olhar mais crítico sobre as provas, à medida que as crianças avaliam o trabalho delas mais cientificamente. Os alunos precisam ter oportunidades para avaliar a confiabilidade e a qualidade dos seus resultados, a fim de discutir como aprimorar a abordagem no futuro.

Em resposta a uma investigação do tipo de teste justo, as crianças podem enfocar diversas áreas. Em primeiro lugar, elas poderiam considerar o quanto foi fácil controlar as variáveis diferentes. Em segundo lugar, ao considerar a precisão dos seus resultados, elas poderiam considerar o quão difícil foi usar o equipamento. Por fim, elas poderiam avaliar a confiabilidade de seus resultados, ao considerar se foram feitas repetições suficientes nas medições.

Introduzir um elemento metacognitivo no processo de avaliação, independentemente do tipo de indagação, deve ser incentivado. Isso poderia envolver as crianças a considerar como seus pensamentos e ideias se desenvolveram ao longo de uma investigação, retornando à previsão que elas fizeram no início. À medida que fazem isso, elas devem ser instigadas a considerar como sua compreensão se desenvolveu e, em especial, quais ações e experiências tiveram influência no desenvolvimento delas.

Analise as diferentes abordagens que podem ser tomadas para incentivar as crianças a refletir sobre o progresso delas.

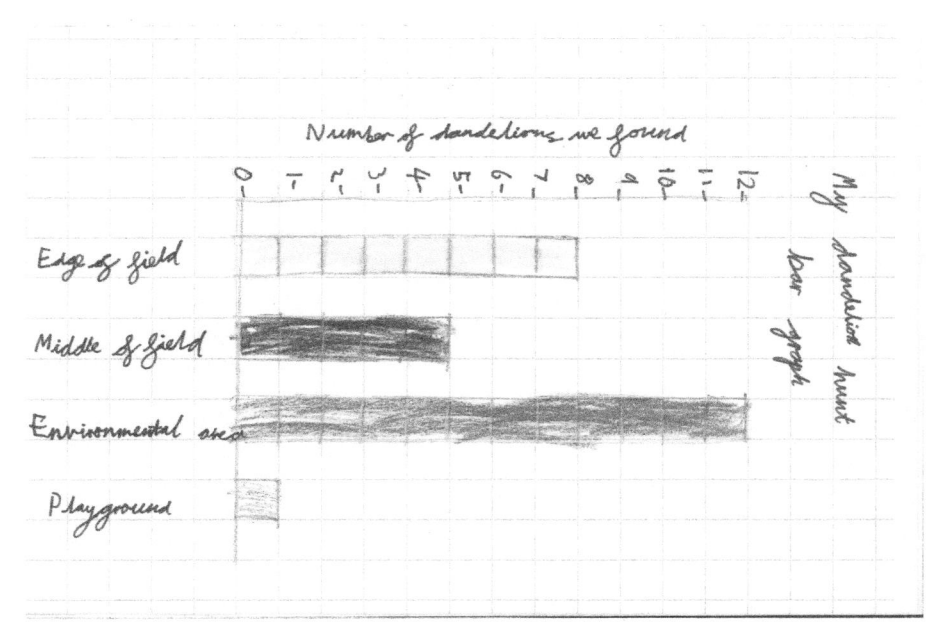

Figura 9.2 A menina April representou as conclusões de um levantamento sobre o número de dentes-de-leão em um gráfico de barras, de modo a visualizar com clareza qual a área ambiental da escola tem o maior número destas plantas.

Prática 5: Interpretando resultados

Aproveitando o contexto de uma investigação sobre paraquedas, eis uma gama de conclusões ordenadas hierarquicamente em ordem de sofisticação:

- "Um paraquedas levou 3 segundos para cair." (Criança lhe comunica um resultado.)
- "O paraquedas mais lento a alcançar o chão foi aquele que pesava apenas 20 gramas." (Os resultados extremos são descritos.)
- "Quanto maior a altura em que o paraquedas é largado, mais tempo ele demora a cair." (Um padrão é descrito.)
- "Grandes paraquedas caem lentamente porque a resistência do ar é maior." (A resposta está relacionada à compreensão conceitual.)

Por estar ciente dos tipos de respostas que podem ser dadas, você pode desenvolver a capacidade das crianças para interpretar resultados, apresentando à turma afirmações conectadas à investigação e solicitando que a turma as classifique em ordem de sofisticação.

Alternativamente, pratique o jogo "Polegares para cima/para baixo", desenvolvido por Goldsworthy e Ponchard (2007). As crianças recebem uma tabela de resultados para estudar e, após um tempo, o professor lê uma série de afirmações. Em grupos, as crianças são desafiadas a decidir se uma afirmação é apoiada pela evidência ou não, mostrando sua compreensão com os polegares para cima ou para baixo. Um polegar na horizontal indica que a afirmação é parcialmente sustentada pelas evidências.

Considere os comentários que você poderia esperar de crianças dos anos iniciais do ensino fundamental em resposta a uma investigação com um contexto diferente (por exemplo, comparar as bolhas formadas por sopradores de bolha com formatos diferentes). Consegue colocá-los em ordem de progressão?

Prática 6: Identificando esquemas

A aprendizagem de ciências nos anos iniciais do ensino fundamental caracteriza-se pelo uso de atividades práticas. Ao compreender os diferentes tipos de pensamento que as crianças usam para captar o sentido dessas experiências, você pode projetar as aulas para o desenvolvimento delas. A Aceleração Cognitiva pelo Ensino de Ciências (CASE) identificou sete maneiras gerais de pensamento (esquemas). Um exemplo de cada tipo é fornecido a seguir para você experimentar. Como alternativa, use a lista para revisar seus planos de ciências. Eles incluem provisão para desenvolver uma variedade de esquemas?

- Causalidade – as crianças conseguem identificar que a causa do som que estão escutando é o triângulo vibrando e que o efeito da vibração é o som que ouvimos?

- Classificação – como as embalagens podem ser agrupadas dependendo da propriedade dos materiais?
- Pensamento combinatório – luz e água são dois fatores que podem ser testados para ver o efeito que cada um faz na germinação das sementes. Mesmo que cada fator seja testado separadamente, ao considerar todos os resultados, as crianças poderiam pensar em quatro diferentes cenários possíveis: luz e água, luz e não água, escuro e água, escuro e sem água.
- Modelagem concreta – as crianças conseguem desenvolver modelos concretos para diferentes tipos de rochas? Rolamentos de esferas interconectados com adesivos *Blu-tack*[2] podem modelar grãos de areia cimentados em arenito. Blocos Lego com diferentes formatos podem modelar simplificadamente a natureza interligada dos grãos de rocha ígnea.
- Conservação – o aluno está ciente de que a forma de um litro de água muda em recipientes de tamanhos diferentes, mas a quantidade permanece a mesma?
- Relação entre variáveis – existe uma relação entre os diferentes fatores de uma indagação? Alterar a tensão de um elástico altera seu curso quando o largamos?
- Seriação – eventos ou objetos podem ser dispostos em ordem, por exemplo, rochas em ordem de dureza, ou a mudança na aparência da lua ao longo de um mês lunar?

Prática 7: Positivo, negativo e interessante

Criar seus próprios cenários de "Positivo, negativo e interessante" é uma oportunidade para desenvolver sequências estimulantes e criativas em aulas de ciências. Quando usados no começo das aulas de ciências (ou em qualquer momento durante a aula), esses cenários podem acrescentar um debate animado sobre conceitos científicos e fornecer percepções sobre os pensamentos e as ideias existentes nas crianças. Além disso, têm o potencial para ser uma poderosa oportunidade para que as crianças participem de pensamento e questionamento de ordem superior, à medida que consideram conceitos abstratos em contextos da "vida real". Essa atividade vem do projeto Ideias Brilhantes antes mencionado. Envolve considerar os aspectos positivos, negativos e interessantes de um cenário relacionado com mudanças reversíveis e irreversíveis.

O exemplo dado no *site* da AstraZeneca (ASTRAZENECA SCIENCE TEACHING TRUST, 2013) é "Todas as maçanetas são feitas de chocolate". Você pode elaborar um cenário para alguns tópicos diferentes, como microrganismos ou eletricidade?

---

[2] N. de R.T.: Adesivo usado para prender materiais de pequeno peso em paredes ou outras superfícies secas.

Prática 8: Argumentação

Tente usar o contexto de flutuar e afundar para gerar discussão e estimular o pensamento:
Objetos pesados afundam (afirmação)
Um pedaço de plasticina afunda (dados)
Sim, o objeto pesado afundou (garantia)
A plasticina moldada em forma de barco flutua (refutação)
A quantidade de água que um objeto desloca também é importante (qualificador)
Que outras refutações as crianças fizeram?

RESUMO

O desenvolvimento das habilidades de pensamento e aprendizagem em ciências está ligado a uma abordagem de braços e cérebros à aprendizagem, que inclui uma combinação de conhecimento procedural, habilidades processuais e indagação. Em última análise, o desenvolvimento dessas habilidades apoia as crianças na compreensão da natureza da ciência.

Por meio de uma revisão da pesquisa, o capítulo identifica os fatores-chave que apoiam o desenvolvimento das habilidades de pensamento e aprendizagem em ciências, ou seja:

- as habilidades processuais;
- as atividades práticas;
- o diálogo; e
- as atividades colaborativas cognitivas e metacognitivas.

Além disso, o capítulo apresenta modelos pedagógicos estabelecidos e sugere atividades práticas que promovam os fatores supracitados, incluindo: abordagens holísticas e atomizadas para investigação científica; Ideias Brilhantes; CASE; e Argumentação. O estudo de caso ilustra algumas das atividades práticas sugeridas em contextos de sala de aula e fornece novos tópicos para consideração, como o papel que a conversação exerce no desenvolvimento das habilidades. Tanto o leque de atividades para posterior investigação quanto o estudo de caso fornecem aos professores pontos de partida para promover as habilidades de pensamento e aprendizagem das crianças e, em conjunto com a revisão da pesquisa, oferecem abordagens para facilitar o desenvolvimento, pelas crianças, de uma compreensão mais profunda sobre o significado da ciência.

LEITURAS COMPLEMENTARES

ADEY, P.; SHAYER, M. Cognitive acceleration comes of age. In: SHAYER, M.; ADEY, P. (Ed.). *Learning intelligence:* cognitive acceleration across the curriculum from 5 to 15 years. Buckingham: Open University Press, 2002.

A obra de Shayer e Adey vai interessar os que querem saber mais sobre a abordagem da Aceleração Cognitiva pelo Ensino de Ciências (CASE) ao desenvolvimento de habilidades de pensamento. O capítulo referido anteriormente inclui um panorama da pesquisa e da teoria que sustentam os métodos de aceleração cognitiva dos autores. Outros capítulos descrevem como esses métodos podem ser aplicados ao desenvolvimento das habilidades de pensamento em toda uma gama de faixas etárias e matérias (ensino fundamental e ensino médio).

ALEXANDER, R. J. *Towards dialogic teaching:* rethinking classroom talk. 4th ed. New York: Dialogos, 2008.

Este panfleto tem apenas 60 páginas, mas contém uma grande quantidade de conselhos úteis sobre como desenvolver o ensino dialógico em sala de aula. Não trata especificamente do papel que a fala desempenha na aprendizagem científica, mas ainda assim foi considerado útil quando os autores do presente capítulo analisaram observações feitas durante as aulas de ciências (ver estudos de caso anteriormente).

CRAFT, A. Little 'c' Creativity. In: CRAFT, A.; JEFFREY, B.; LEIBLING, M. *Creativity in education*. London: Continuum, 2001.

Este capítulo faz referência à obra de Anna Craft sobre a pouca criatividade "c" (ver estudos de caso), embora os leitores não vão querer se restringir apenas a esta parte do livro. Os autores desenvolvem o argumento de que a criatividade não só preserva as artes, mas se aplica a todos os domínios da aprendizagem, incluindo ciências.

GOLDSWORTHY, A.; WATSON, R.; WOOD-ROBINSON, V. *Investigations:* developing understanding. Hatfield: ASE, 2000.

Este guia concentra-se em fornecer conselhos práticos para ensinar às crianças as habilidades e os procedimentos da indagação científica. Na introdução argumenta-se que a indagação científica consiste em um processo de pensamento, e isso é evidente ao longo do livro. As atividades descritas na obra destinam-se a ensinar o desenvolvimento de habilidades científicas, por meio do desenvolvimento do pensamento do aluno.

HARLEN, W. *Teaching, learning and assessing science 5–12*. 4th ed. London: Sage, 2006.

Utilíssimo texto geral sobre o ensino e a aprendizagem de ciências com uma forte ênfase no papel que as habilidades de indagação desempenham no desenvolvimento de conhecimento científico.

REFERÊNCIAS

ADEY, P.; SHAYER, M. Cognitive acceleration comes of age. In: SHAYER, M.; ADEY, P. (Ed.). *Learning intelligence:* cognitive acceleration across the curriculum from 5 to 15 years. Buckingham: Open University Press, 2002.

ADEY, P. et al. *Let's think through science!* London: NFER Nelson, 2003.

ADEY, P.; ROBERTSON, A.; VENVILLE, G. *Let's think!:* a programme for developing thinking in five and six year olds. London: NFER Nelson, 2001.

ADEY, P.; SERRAT, N. Science teaching and cognitive acceleration. In: OSBORNE, J.; DILLON, J. (Ed.). *Good practice in science teaching:* what research has to say. 2nd ed. London: McGraw-Hill, 2010.

ALEXANDER, R. J. *Towards dialogic teaching:* rethinking classroom talk. 4th ed. New York: Dialogos, 2008.

ASTRAZENECA SCIENCE TEACHING TRUST. [2013]. Disponível em: <http://www.azteachscience.co.uk>. Acesso em: 29 jul. 2015>. Acesso em: 29 jul. 2015.

BLACK, P. J.; WILIAM, D. *Inside the black box:* raising standards through classroom assessment. London: King's College London School of Education, 1998.

BLOOM, B. S. et al. *Taxonomy of educational objectives:* handbook 1 cognitive domain. New York: David McKay, 1956.

CRAFT, A. Little 'c' creativity. In: CRAFT, A.; JEFFREY, B.; LEIBLING, M. *Creativity in education.* London: Continuum, 2001.

GOLDSWORTHY, A.; WATSON, R.; WOOD-ROBINSON, V. *Investigations*: developing understanding. Hatfield: ASE, 2000.

GOLDSWORTHY, A.; PONCHARD, B. *Science enquiry games:* active ways to learn and revise science enquiry skills. Sandbach: Millgate House, 2007.

HARLEN, W. *Teaching, learning and assessing science 5-12.* 4th ed. London: Sage, 2006.

HARLEN, W.; QUALTER, A. *The teaching of science in primary schools.* 4th ed. London: David Fulton, 2004.

HARVARD. *Project zero.* [2014]. Disponível em: <http://www.pz.harvard.edu/>. Acesso em: 29 jul. 2015.

HOWE, A. et al. *Science 5-11:* a guide for teachers. 2nd ed. London: David Fulton, 2009.

LARKIN, S. Creating metacognitive experiences for 5- and 6-year-old children. In: SHAYER, M.; ADEY, P. (Ed.). *Learning intelligence:* cognitive acceleration across the curriculum from 5 to 15 years. Buckingham: Open University Press, 2002.

MCMAHON, K. Case studies of interactive whole-class teaching in primary science: communicative approach and pedagogic purposes. *International Journal of Science Education,* v. 34, n. 11, p. 1-22, 2012.

MCGUINNESS, C. Teaching thinking: new signs for theories of cognition. *Educational Psychology,* v. 13, n. 3/4, p. 305-316, 1993.

MILLAR, R. Practical work. In: OSBORNE, J.; DILLON, J. (Ed.). *Good practice in science teaching:* what research has to say. 2nd ed. London: McGraw-Hill, 2010.

OSBORNE J. et al. What 'Ideas-about-Science' should be taught in school science? A Delphi study of the expert community. *Journal of Research in Science Teaching,* v. 40, n. 7, p. 692-720, 2003.

SCHÖN, D. *Educating the reflective practitioner.* São Francisco: Jossey Bass, 1987.

SCHWARTZ, R.; LEDERMAN, N. What scientists say: scientists' views of nature of science and relation to science context. *International Journal of Science Education,* v. 30, n. 6, p. 727-771, 2008.

TREND, R. Fostering students' argumentation skills in geoscience. *Journal of Geoscience Education,* v. 57, n. 4, p. 224-232, 2009.

WARD, H.; RODEN, J. The skills children need to learn science: process skills. In: WARD, H. et al. *Teaching science in the primary classroom:* a practical guide. London: Paul Chapman, 2005.

WATSON, J. R.; GOLDSWORTHY, A.; WOOD-ROBINSON, V. Getting AKSIS to investigations. *Education in Science*, v. 177, 1998.

WEGERIF, R.; MERCER, N. A dialogical framework for investigating talk. In: WEGERIF, R.; SCRIMSHAW, P. (Ed.). *Computers and talk in the primary classroom*. Clevedon: Multilingual Matters, 1997.

WILSON, H.; MANT, J. *Creativity and excitement in science*. Oxford: Oxford Brookes University, 2004.

10
Filosofia para crianças

Darren Garside

> [...] *a mente não é vasilhame que precisa ser preenchido,*
> *mas madeira que precisa ser inflamada.*
> Plutarco

Panorama do capítulo

Este capítulo introduz a prática da filosofia para crianças. Embora as melhores práticas exijam o contínuo treinamento para o desenvolvimento profissional, o capítulo indica como os docentes podem desenvolver técnicas que sejam úteis em sala de aula. Pitadas contextuais são fornecidas para entender o movimento da filosofia para crianças, e, a partir disso, é salientado que a atitude do professor é tão importante quanto a sua habilidade. Dois estudos de caso são fornecidos com base em cenários contrastantes. Uma escola na extremidade leste de Londres começa a filosofia para crianças a partir do maternal e a considera crucial na construção de uma aspiração comunitária e individual. A outra escola, situada em um cenário rural, ao sul da Inglaterra, considera que a filosofia para crianças está no âmago da produção de cidadãos do futuro. O capítulo conclui com referências e sugestões de leituras complementares.

INTRODUÇÃO

No ano de sua aposentadoria, nossa professora de sociologia, do sexto semestre, esvaziou seu armário com artigos de papelaria. Ela aproveitou a ocasião e me presenteou com um livro fininho de sua coleção particular. *Thinking to Some Purpose* (Pensar com algum propósito), de Susan L. Stebbing, era um volume da clássica coleção da Penguin com capa azul, que abrangia arqueologia, filosofia, política, sociologia e artes. O livro não era particularmente surpreendente, não constava em qualquer lista de leitura moderna, mas seu impacto em mim foi profundo, e sua influência será observada ao longo deste capítulo. A professora Stebbing estava preocupada com as atualmente chamadas de "habilidades de pensamento crítico". Essas habilidades são promovidas como ferramentas forenses da mente, permitindo que o pensador consiga discernir as suposições, os argumentos e os artifícios retóricos incorporados em textos e discursos. Aplicar o bisturi do pensamento crítico permite ao pensador cortar o desnecessário, o ilustrativo e o rematadamente enganoso para chegar ao âmago da matéria; um âmago que alguns ainda chamam de "verdade".

Por que um leitor moderno deve se preocupar com um livro escrito há 50 anos, repleto de exemplos desatualizados, e que relevância tem isso para os profissionais educacionais que enfrentam as complexidades das modernas salas de aula? A resposta a essa pergunta deriva da palavra-chave "propósito" no título do livro. Este capítulo vai argumentar que o pensamento (educacional) sempre tem algum propósito (educacional) e que devemos conhecer com clareza os nossos propósitos e nossos valores para conseguirmos promover, com sucesso, o bom pensamento em outras pessoas, incluindo crianças, colegas, pais e a comunidade como um todo. Há uma implicação nesse argumento: as habilidades de pensamento não são, por si só, objetivos educacionais. Para defender esse argumento vou descrever, analisar e avaliar a prática da filosofia para crianças e com crianças. A filosofia para crianças engloba tanto uma técnica pedagógica quanto um movimento pedagógico que começou nos Estados Unidos, no final da década de 1960. No entanto, não existe uma coisa chamada de filosofia para crianças; em vez disso, existe uma gama de práticas que compartilham o que o filósofo Ludwig Wittgenstein chamou de "semelhança familiar" em contraste com uma definição de firme consenso. Ao descrever o crescimento histórico e geográfico do movimento, este capítulo irá ilustrar como a filosofia para crianças pode ajudar o corpo docente a desenvolver suas técnicas para promover o bom pensamento e derivar padrões pelos quais sua prática pode ser avaliada.

Todos ou quase todos os filósofos envolvidos com os vários movimentos de filosofia para crianças argumentam que é impossível desenvolver sua prática sem um investimento significativo em seu desenvolvimento profissional, especificamente por meio de filosofar com seus colegas em um programa estruturado. Existem muitos cursos desse tipo, que facilitam e reconhecem o desenvolvimento de sua prática de filosofia para crianças, e alguns são citados no final do capítulo. Este capítulo é apenas um convite para que você molhe os dedos dos pés na água e, ao fazê-lo, você irá juntar-se a uma comunidade mundial de práticas dedicadas a ajudar as crianças.

REVISÃO DE PESQUISA: O PROPÓSITO DO PENSAMENTO NAS SALAS DE AULA

Como a filosofia para crianças ajuda os pequenos alunos a se tornarem parceiros mais ativos na sala de aula? Para responder a essa pergunta, primeiro é necessário considerar por que desejamos que as crianças pensem bem; depois, é possível analisar como ajudarmos as crianças a pensar bem. Podemos pensar em duas categorias de raciocínio que nos ajudam a fazer julgamentos. O primeiro tipo de raciocínio é intrínseco; por intrínseco, refiro-me ao raciocínio que é útil por si só, porque é uma coisa boa para a criança ou pessoa se dedicar, algo a que, em mundo ideal, gostaríamos que todos se dedicassem. O segundo tipo de raciocínio é extrínseco; por extrínseco, refiro-me que o valor colocado no pensamento é julgado por algum padrão externo ao pensador ou ao contexto do pensamento. Um exemplo disso é quando o pensamento é julgado como válido, pois ajuda as pontuações dos exames. Embora eu reconheça que os professores trabalham em circunstâncias complicadas, exigentes e pragmáticas, concordo com o filósofo Dewey que é inútil pedir às crianças para que elas pensem melhor sem boas razões para fazê-lo. A situação ideal seria se envolver em atividades que tragam os dois benefícios no sentido educacional mais amplo e que também sejam, por si só, atividades úteis. Nesta próxima seção, eu descrevo como a filosofia para crianças é uma dessas atividades. Antes de eu prosseguir nessa missão, vou justificar sucintamente por que uma atitude puramente instrumental é não só equivocada, mas prejudicial às crianças.

Quando o pensamento instrumental está errado

Em 1976, o então primeiro-ministro, James Callaghan, fez seu famoso discurso no Ruskin College, em que desafiou o magistério a desistir de seu jardim secreto – uma metáfora para o currículo – e tornar-se mais responsável perante as exigências sociais e econômicas. Os apelos de Callaghan faziam parte de um movimento mais amplo conhecido como neoliberalismo. O neoliberalismo é um movimento que deposita sua fé no poder dos mercados para determinar bons resultados aos indivíduos e, por conseguinte, à sociedade. A ascensão do neoliberalismo pode ser ligada a uma crise de legitimidade em termos de *expertise* e autoridade. Em uma época de crescentes liberdade social e expressão cultural, mas também de recessão econômica e de colapso do consenso pós-guerra, o apelo ao mercado ofereceu certeza ou ao menos soluções a problemas que de outro modo aparentavam ser insolúveis (OLSSEN, 2010).

As consequências do neoliberalismo na educação são profundas e duradouras. A imposição de um currículo nacional, a mercantilização da provisão escolar e o envolvimento da classe política, não só no conteúdo do currículo, mas também nos mecanismos de entrega, têm sido bem documentados na educação (HARRIS, 2007; HEILBRONN, 2008; GREEN, 2010). Sem entrar no mérito da questão, gostaria de salientar um efeito do neoliberalismo sobre a atividade das crianças na sala de aula. Se os propósitos da educação são fornecidos aos educadores a partir de um meio externo à educação, há o perigo de que todas as atividades em sala de aula se tornem subordinadas aos propósitos com os quais os educadores não necessariamente concordam. Em linguagem coloquial, isto é conhecido como ensinar para o teste, e os efeitos desse ensino são sentidos não só nas salas de aula cujas crianças estão sendo avaliadas naquele ano, mas em todas as salas de aula da escola. Existe o perigo de que as habilidades de pensamento sejam vistas apenas como um meio para melhorar o desempenho; em outras palavras, na produção de crianças que podem passar em testes, as habilidades de pensamento são um melhor tipo de máquina. No entanto, o foco nos resultados pode ser paradoxalmente contraproducente. Há um ditado zen que diz: "O arqueiro que mira no prêmio vai errar o alvo, enquanto o arqueiro que mira no alvo vai ganhar o prêmio". Na prática, isso significa que se envolver em boas atividades educacionais conduzirá a bons resultados, mas o foco em bons resultados educacionais nem sempre conduz a boas atividades educacionais.

Nesta seção defendemos que o pensamento, por si só, é inútil. O que devemos valorizar são pessoas que pensam; ou seja, pessoas, e eu incluo explicitamente as crianças nessa categoria, com habilidades, disposições e virtudes que lhes credenciam a pensar bem, em prol de algum propósito claramente combinado. A filosofia para crianças (P4C)[1] é uma prática útil quando avaliada com base nos benefícios educacionais convencionais que ela produz, como notas de leitura, testes cognitivos de QI e habilidades interpessoais. Mas a próxima seção fornece um relato que valoriza a P4C por outras e intrínsecas razões. São valorizados fatores como a sensatez, a qualidade e o reequilíbrio das relações, o compromisso comum com a indagação e o cuidado demonstrado pelos membros da comunidade, tanto o cuidado na busca de verdade e significado quanto o cuidado uns com os outros durante essa busca. Valoriza uma concepção diferente sobre as crianças – como participantes ativas na aprendizagem com alcance e potencial tanto para nos surpreender quanto nos educar. A P4C é uma pedagogia que nos incentiva a nos tornar *aprendizes com as* crianças, em vez de *líderes das* crianças.

Em que tipo de pensamento consiste a P4C?

Esta seção explora o pensamento e a atitude de Sócrates, o provocador filósofo grego que viveu no século V a.C. Entender Sócrates é relevante hoje em dia, pois é em Sócrates que encontramos as virtudes do questionamento, da indagação e da participação ativa no mundo por meio de sua busca por significados profundos. Muitas vezes, observa-se que as crianças são cheias de perguntas, querendo saber sobre o mundo, e que exibem uma sede por indagação que vai se perdendo pela escolarização – algo que é lamentado por todos. A filosofia para crianças é uma técnica pedagógica e um movimento pedagógico mais amplo. Em seu âmago reside o desejo de recuperar a educação para as crianças, criar um espaço para o seu pensamento e sua indagação e facilitar o caminho para que elas se tornem participantes ativas na sua própria aprendizagem.

A P4C começou com um filósofo chamado Matthew Lipman. Lipman foi um filósofo acadêmico especializado em arte e estética que conhecia minuciosamente a obra do filósofo do século XX, John Dewey. Na autobiografia de Lipman (2008), ele descreveu o reconhecimento crescente da necessidade de seus alunos pensa-

---

1 N. de R.T.: Abreviação de *Philosophy for Children* (P4C).

rem criticamente sobre os assuntos atuais da época – no final da década de 1960, nos Estados Unidos, os assuntos proeminentes eram os direitos civis e o Vietnã (LIPMAN, 2008). Apesar da formação dos seus alunos em filosofia acadêmica, eles não eram capazes de pensar criticamente sobre os problemas que enfrentavam e eram, portanto, incapazes de pensar bem sobre qual a ação a ser tomada. Ao mesmo tempo, em uma explosão de inspiração, o primeiro capítulo de um romance filosófico infantil foi escrito por Lipman, na medida em que ele se deu conta de que a filosofia tinha que começar mais cedo, em vez de mais tarde no ensino da criança. É de Sócrates que Lipman deriva seus valores de indagação; é de Dewey que Lipman deriva seu valor da importância da comunidade de indagação.

É crucial entender o significado da comunidade de indagação na prática da P4C. Ao contrário da maioria dos modelos de habilidades de pensamento, que tratam o cérebro como unidade central de processamento, e o pensamento, como exclusiva propriedade dos indivíduos, os professores de P4C consideram que o pensamento acontece em uma comunidade. É pensando juntos, expondo nossos pensamentos e convicções uns aos outros e tendo esses pensamentos e convicções explorados e, às vezes, desafiados, que aprendemos a pensar melhor juntos. Pensar em conjunto dessa forma nem sempre é fácil e, com certeza, leva tempo para construir uma comunidade. É também um desafio para o professor em sala de aula, já que seu papel muda de ser o "protagonista especialista" para se tornar o "coadjuvante norteante". Em outras palavras, os professores deixam de ser os líderes de aprendizagem ou peritos em didática dizendo às crianças quais significados elas precisam entender, para se tornarem facilitadores e coindagadores. A habilidade reside em ajudar o crescimento da comunidade pela modelagem[2] do tipo de pensamento e de linguagem que é indicativo do bom pensamento e, mais importante, pela modelagem da abertura para mudar a mente diante de bons motivos, a qual é a marca da filosofia.

A estruturas das sessões de P4C

A primeira coisa que você percebe ao entrar em uma sala de aula sendo usada para uma sessão de P4C é o leiaute não convencional. A filosofia para crianças valoriza a comunidade e dá extremo valor ao fato de os indivíduos relatarem seus conhecimentos e compreensões à comunidade. Todos naquela comunidade estão no mesmo patamar, incluindo o professor/facilitador, e é por isso que uma indagação P4C é conduzida em círculo. Ao longo da sessão, você também percebe a importância de questionar, de dar e receber motivos; também se torna aparente que os membros da comunidade se importam uns com os outros, diretamente por atender a pessoa e, indiretamente, por atender ao que está sendo dito.

Aqui não é o local adequado para alongar-me em uma descrição das diferentes fases da indagação na P4C. Há uma abundância de livros já publicados, que são muito bem estabelecidos e respeitados, que podem fornecer ao professor interessado,

---

2 N. de R.T.: Do inglês *modelling*. No contexto, apresenta o sentido de criar modelo ou oferecer modelo.

iniciante no assunto, uma visão mais profunda (p. ex., FISHER, 2003; HAYNES, 2008; LIPMAN, 2003; MCCALL, 2009; SARAN; NEISSER, 2004). Aqui, vou apenas descrever quais propósitos podem estar por trás das decisões do facilitador, na medida em que ele orienta a comunidade em seu progresso rumo a objetivos mutuamente negociados. Considerando que um professor com experiência em sala de aula pode explicar os motivos que justificam suas ações, um professor iniciante é menos capaz de fazê-lo sem o apoio estruturado para auxiliar suas reflexões. Portanto, é importante ter uma compreensão geral do que um facilitador P4C está tentando alcançar.

A primeira fase é unir a comunidade com algum tipo de atividade ou jogo cujo objetivo é incentivar a união e o espírito de grupo e talvez ativar certos tipos de pensamento. A partir daí, o facilitador já pode apresentar um recurso instigador de pensamento ou emocionalmente estimulante; por exemplo, livro ilustrado, filme ou atividade. As respostas iniciais serão exibidas e compartilhadas tanto para a comunidade como um todo ou em pequenos pares ou grupos, levando, por fim, à formulação de perguntas. Essas perguntas são convites ou candidatos oferecidos ao grupo inteiro, para que o grupo consiga concentrar a sua atenção por meio da escolha de uma pergunta para esmiuçar. Após a escolha da pergunta, a comunidade esmiúça a pergunta, tentando chegar ao significado ou à verdade subjacente. Antes do término da sessão, o facilitador muitas vezes prefere concluir com uma rodada final, em que todos têm a oportunidade de oferecer seus pensamentos conclusivos e, oxalá, indicam até que ponto eles pensam que podem ter mudado de posição ao longo da indagação.

Embora esse seja um esboço de como uma indagação pode acontecer, a metodologia P4C não obedece a uma prescrição rígida. Os facilitadores são professores sábios no sentido ao qual Aristóteles se refere ao falar da "sabedoria prática" dos professores. Alguém com sabedoria prática não é apenas um técnico ou seguidor de regras, mas alguém capaz de avaliar qual é o tipo de situação e como se deve agir naquela situação. Assim, o professor com sabedora prática pode responder de forma diferente do que um professor iniciante, por conta da profundidade de sua compreensão. Na verdade, facilitar uma indagação abrange um leque enorme de variações. Por esses motivos, eu enfatizo e reitero meu argumento anterior: a única maneira de desenvolver a genuína experiência em filosofia para crianças é participar de cursos de desenvolvimento profissional em P4C. A próxima seção explora certas técnicas e práticas que são, por si só, úteis e capazes de contribuir para a compreensão emergente dos profissionais sobre a P4C.

ESTUDOS DE CASO

Os estudos de caso apresentam uma ilustração de como a P4C é implementada por duas escolas no sul da Inglaterra. Não se trata de pesquisa educacional, pois a coleta dos dados não é rigorosa nem sistemática; porém, na minha opinião, é uma representação justa das vozes das crianças e do corpo docente durante rápidas visitas nas escolas. Os céticos podem alegar que os benefícios percebidos derivam, na realidade, da boa estrutura escolar e do bom ensino, em vez da P4C em particular. Essa afirmação poderia ser explorada empiricamente por meio de pesquisas educacionais. Aqui, não faço alegações de uma verdade que seja generalizável ou universal. Minha intenção é ilustrar como as ideias sobre atividades significativas e envolvimento ativo, mencionadas no começo do capítulo, são promovidas no uso da P4C por essas escolas.

Estudo de caso 1: Escola Fordingbridge

Contexto escolar

De acordo com o OFSTED, a Escola Fordingbridge do 3º ao 6º ano do ensino fundamental

[...] é uma escola de tamanho médio. Quase todos os alunos têm ascendência branca e britânica, com poucos representantes de etnias minoritárias ou que falam inglês como língua adicional. A proporção de alunos elegíveis à merenda escolar gratuita é abaixo da média. Embora a proporção de alunos com dificuldades ou deficiências na aprendizagem seja abaixo da média, a proporção com necessidades educacionais oficializadas está ligeiramente superior à observada nacionalmente. Hoje, existem mais meninos do que meninas na escola, embora isso varie conforme os anos escolares.

Embora a descrição do OFSTED mencione poucos fatos relevantes sobre a Escola Fordingbridge, é claro que a P4C é essencial para os fins da escola. A escola sustenta uma declaração clara de sua visão, que derivou de uma consulta comunitária há muitos anos. As aspirações da escola são apoiadas por três estratégias que atuam como meios eficazes. A primeira estratégia é um conjunto bem articulado de competências e valores essenciais, que permitem que as crianças entendam o seu desenvolvimento como agentes e cidadãos. A segunda estratégia é a utilização de *coaching*[3] em toda a escola como forma de distribuir as autoridades e responsabilidades. A terceira estratégia é o uso regular de P4C em sala de aula, durante as reuniões do corpo docente e a sua divulgação como prática na rede escolar local. Essas três estratégias estão profundamente integradas, de modo que as sessões P4C formam a coluna vertebral do planejamento estratégico, de médio prazo e semanal.

Enquanto eu era ciceroneado em um *tour* pela escola, tive a sorte de testemunhar um episódio que, para mim, representa o impacto da P4C em toda a escola. Em uma turma do 6º ano, as crianças completavam uma tarefa cooperativa em duplas, como forma de aquecimento na aula de numeralização. Ao equiparar medidas equivalentes, como 1,5 litro é igual a 1.500 mL, as crianças estavam relatando seus resultados para o grande grupo. A professora não se concentrava na exatidão

---

3 N. de R.T.: O termo significa orientação, guia, instrução. A pessoa que exerce a função de *coacher* oferece modelos de ação por meio de questionamento, escuta ativa e desafios apropriados que ajudam o outro a refletir e autorregular a sua aprendizagem e desenvolvimento.

matemática, mas nos *motivos* subjacentes e nas explicações para a equiparação. As crianças mostraram resiliência à medida que ficaram felizes em aceitar os desafios a seu raciocínio e emocionalmente não perderam a "reputação" nesses desafios. O foco era alcançar a compreensão no sentido da "generalização garantida" apregoada por Dewey. Além disso, as crianças exibiram resiliência e maturidade emocionais, usando frases como "Eu me esforcei para..." e, ao mesmo tempo, mostrando a preocupação de entender, em vez de aliviar a sua ansiedade. À medida que a professora da turma se envolveu com o falso conceito, sobre multiplicar por mil e o que acontece com os dígitos e a vírgula decimal, ela fez um movimento altamente filosófico: usando a frase "Na verdade, o que vocês estão *fazendo*?", ela transferiu o debate para longe dos meios (erroneamente mover a casa decimal) para uma consideração sobre os fins (multiplicar por mil) e, assim, a criança conseguia perceber como continuar. Este é um exemplo de como a estrutura de linguagem desenvolvida em indagações P4C está causando impactos em toda a escola.

O que diz o diretor

O envolvimento do diretor com a P4C resultou da visita a outra escola no mesmo distrito escolar. Ele conta que, ao ver um exemplo de boas práticas, ficou "encantado" com o quanto as crianças da escola anfitriã pareciam maduras e articuladas, fato que a escola atribuía em parte ao seu uso da filosofia para crianças. Ele resolveu introduzir a P4C em sua escola e passou a considerá-la fundamental a seus planos de melhoria da escola.

Inicialmente, a adoção foi fragmentada e fragmentária, disseminada mais por meio da demonstração e exemplificação, em vez de por meio de sistemático desenvolvimento profissional. Baseou-se mais na experiência do diretor, derivada de sua formação em nível 1 na Society for Advancing Philosophical Enquiry and Reflection in Education (SAPERE) (SAPERE..., 2014). As sessões de P4C eram esporádicas e não integradas nos costumes e nas práticas escolares. Na perspectiva do diretor, o desenvolvimento da Escola Fordingbridge reflete o crescimento de sua própria *expertise*. Evoluindo ao longo dos níveis 1, 2 e 3 do esquema da SAPERE, ele desenvolveu sistematicamente a capacidade dos outros na escola. Por ocasião da redação deste texto, todos os componentes do corpo docente estão treinados no nível um, e dois membros estão treinados no nível dois. Por sua vez, o diretor tornou-se um instrutor SAPERE com qualificação plena. (Em uma seção posterior que explora as reflexões dos professores sobre a sua prática, eu aprofundo a questão do significado dos diferentes níveis aos professores.) À medida que a *expertise* da equipe evoluiu, também evoluiu o nível de inserção de P4C na implementação do Currículo Nacional pela escola.

Durante este capítulo, já repeti muitas vezes que a P4C e suas técnicas não são necessariamente objetivos educacionais por si só. Para aqueles que não se percebem como filósofos, é preciso haver benefícios claramente definidos e perceptíveis para praticar a P4C. Paradoxalmente, porém, sem um compromisso inicial com a P4C, como uma prática sustentada por uso frequente e por implementação com as crianças na sala de aula, esses benefícios talvez nunca se manifestem. A implementação da P4C nas salas de aula da Escola Fordingbridge reflete a crescente compreensão do diretor quanto ao comprometimento necessário. No começo, a P4C na escola era menos sistemática e incorporada do que as práticas atuais. A segunda fase de implementação se comprometeu a tornar a P4C uma parte habitual do horário escolar. Com frequência quinzenal, a P4C era praticada em todas as salas de aulas na totalidade das turmas da fase de 3º a 6º anos, e, hoje, a P4C é crucial no quadro de horários semanal de cada turma, com uma sessão geralmente dividida ao longo de duas semanas, a fim de valorizar cada etapa do processo. A primeira semana é investida em explorar um estímulo ou provocação que está firmemente integrada no ciclo do planejamento escolar de médio prazo com base em tópicos. Depois de se transmitirem os pensamentos iniciais e de suscitarem as questões, chega-se à questão para a semana seguinte.

A influência do comprometimento do diretor com a P4C foi sentida bem além dos limites da Escola Fordingbridge. O diretor tem trabalhado com a National College of School Leadership (NCSL) e com as autoridades locais, de quem recebe apoio e aconselhamento, e também com a rede escolar local. A partir de sua experiência no trabalho com professores interessados, mas isolados, e com corpos docentes inteiros em outros contextos, ficou claro que existem lições para todo e qualquer gestor que pretenda desenvolver a P4C como meio de promover a participação ativa das crianças em sua própria aprendizagem.

- O desenvolvimento escolar idealmente começa com participação sistemática e em massa.
- Quanto mais a P4C for integrada ao currículo, mais bem-sucedida será a sua adoção e maior será o seu impacto na melhoria da escola.
- O etos da P4C será incorporado apenas quando houver congruência com a visão e os valores da escola.
- O diretor deve estar totalmente comprometido e idealmente treinado em P4C.
- A P4C fornece acreditação de Desenvolvimento Profissional Contínuo de alta qualidade a toda escola.

O que dizem as crianças

Ao longo da pesquisa, neste estudo de caso, entrevistei crianças de todas as faixas etárias da escola (7 a 11 anos), desde o 3º até o 6º ano, sobre suas experiências da P4C. As respostas delas podem ser organizadas em duas categorias principais: primeiro, o interesse pelos métodos e meios da P4C; segundo, o impacto na vida escolar e pessoal.

As crianças enalteceram as oportunidades para participar que a P4C proporciona. Desde o 3º até 6º ano, elas analisaram a P4C como algo diferente, interessante e muito divertido, em que se sentavam em círculo e debatiam questões filosóficas. Elas valorizavam ("Gostamos muito...") ouvir o pensamento das outras pessoas e o fato de que o pensamento dos outros as ajudava a pensar. Observaram que ouvir o pensamento das outras pessoas, embora não necessariamente alterasse suas próprias mentes, tornava seu próprio pensar mais claro, facilitando para que os outros entendessem melhor o que elas próprias queriam dizer. Em geral, havia o consenso de que a P4C teve um impacto significativo na linguagem. As crianças comentaram que, nos esportes, a P4C lhes ajudou a pensar mais rápido e mais estrategicamente; enquanto, na matemática e na leitura e escrita, lhes deu mais palavras e ferramentas, bem como um acesso mais rápido a elas. Na leitura e escrita, desenvolveram-se habilidades específicas de empatia, que se revelaram extremamente úteis para a compreensão e a criação de histórias. Fora da sala de aula, observou-se que a P4C ajudou com problemas de amizade, ao permitir a distinção entre pessoas e suas opiniões e ao ajudar as crianças a "manter a calma". Uma das entrevistadas salientou que, à medida que elas amadureciam, a P4C as ajudava a pensar no que é importante e por quê. Além dos muros da escola, os alunos tiveram a percepção de que a P4C os auxiliava a fazer os temas de casa e a serem mais respeitosos em geral. As crianças mais velhas observaram o seguinte: que sem o grupo ou turma, elas não podiam fazer a P4C; que não podiam fazer P4C por conta própria, no entanto, os benefícios são acumulados para cada indivíduo; e que a P4C ajudou sua própria individuação ou desenvolvimento como pessoa. Para as crianças mais jovens, mostrou-se particularmente importante que os mecanismos de escolher o próximo orador eram justos e abertos e, a exemplo das crianças mais velhas, elas notaram o quanto na P4C "os professores falam menos" e as crianças dão as ideias, fato considerado uma surpresa positiva! Notadamente, as crianças mais jovens foram tão enfáticas quanto as mais velhas ao salientar a importância do raciocínio e do uso de frases andaimes, como "Eu concordo/discordo... porque..." e "Acho que... porque...". As crianças mais jovens valorizaram um pouco mais o quanto a P4C fomentou a imaginação e a memória, especialmente nas redações.

O que dizem os professores

O seguinte relato composto é derivado de quatro professores na Escola Fordingbridge de 3º a 6º anos. Dois dos professores estavam na escola desde o início do projeto P4C e agora estão no nível 2, treinados de acordo com o esquema SAPERE. Um professor chegou na escola como professor recém-qualificado e foi rapidamente introduzido à prática no nível 1. A vice-diretora está na escola há um longo tempo e também é uma professora de nível 1 no P4C. Ao entrevistar os professores, eu solicitei que refletissem sobre como a P4C relacionava-se com a sua prática na condição de profissionais empregados no ensino estatal.

Em geral, os professores notaram que participar do treinamento em nível 1 fez a diferença, por transformar técnicas isoladas em uma prática rigorosa que se beneficiou de sua coerência mais profunda e, por conseguinte, teve mais impacto. Enquanto o treinamento formal em nível 1 proporcionou rigor e coerência, o treinamento em nível 2 forneceu uma genuína compreensão sobre as ideias filosóficas e a teoria e a prática da facilitação. É possível observar que o treinamento formal dá uma percepção sobre as normas e os métodos da prática, e é pelo entendimento dos propósitos mais amplos da prática que as técnicas individuais (descritas na seção *Prática*) tornam-se cada vez mais efetivas e exercem impacto na aprendizagem das crianças.

À medida que os professores se tornavam mais seguros na prática da P4C, eles notaram e valorizaram os seguintes itens, tanto neles quanto nas crianças:

- experiência de pensamento mais profundo – indo além da superfície;
- conviver com a incerteza – afastar-se do maniqueísmo do certo/errado;
- vivenciar o seu pensamento;
- pensar por si mesmos;
- ir além do ortodoxo ou do convencional;
- ter tempo/espaço para deliberar e mudar;
- cultivar tempo para resposta;
- cultivar a reflexão e as pausas;
- cultivar a confiança para se adaptar a outros contextos;
- cultivar habilidades de fala e escuta;
- melhorar o desempenho das crianças na leitura e na redação;
- mudar as expectativas;
- ampliar o uso de justificativas, raciocínio e resiliência e responsabilização pelos próprios atos;
- participar: "as crianças são participantes ativos em sua própria aprendizagem";
- surpreender: as crianças muitas vezes surpreendem a si mesmas;
- permitir o aumento da confiança;
- permitir maior senso de pertencimento;
- cuidar melhor – uns dos outros e das palavras faladas uns aos outros, tanto no contexto da P4C quanto fora dele;
- refletir com qualidade;
- envolver-se plenamente – mais crianças se sentem seguras para se envolver; e
- depender menos das outras pessoas, ou seja, mais autonomia e menos propensão a concordar com os formadores de opinião.

De modo notável, foi relatado que a P4C mudou as percepções e que, de alguma forma, eles se tornaram "professores mais sábios" e que a P4C precisava estar "no cerne do que fazemos" e que "se correlacionava com todas as partes do currículo". Eu gostaria de sugerir que o desenvolvimento desse autoconceito do professor mais sábio deriva explicitamente da afirmação de uma professora de que agora eles "exploram conceitos que estão no âmago da aprendizagem". A ideia do professor sábio é antiga; Aristóteles refere-se à pessoa sábia na prática como alguém que conseguia ir além de técnicas e métodos e alcançar genuína compreensão especializada. Um professor chamou isso de "técnica de tecelagem em entendimento mais profundo".

Foi interessante registrar que os professores estavam muito atentos a quando fazer e a quando não fazer um julgamento. Da mesma forma, uma professora inicialmente sentiu-se desafiada quando o grupo começou a funcionar, mas logo congratulou-se pelo aumento das oportunidades que isso lhe proporcionou para ouvir, observar e pensar. Outra comentou que quando o gênio (do questionamento) saiu da garrafa, não houve maneira de colocá-lo de volta; a P4C é um modo de empoderar as crianças que permeia tudo que elas fazem e tudo o que nós fazemos.

Reflexão sobre o estudo de caso

- Que valor é colocado na P4C por
    - crianças;
    - professores;
    - gestores; e
    - outras partes interessadas?
- Em que medida a experiência de Fordingbridge é transferível a outros contextos?
- Quais técnicas e práticas você pensa que são
    - mais eficazes;
    - menos eficazes.
- A resposta anterior muda se você contrasta um etos centrado na criança com um etos centrado nas matérias?
- Após analisar o estudo de caso da Escola Fordingbridge, que ações diferentes você pode adotar?

Estudo de caso 2: Escola Gallions dos Anos Iniciais do Ensino Fundamental

De acordo com o OFSTED, a Escola Gallions

[...] é maior do que o tamanho médio de escolas desta categoria, e o número de alunos é crescente, na medida em que a escola acrescenta mais uma turma para cada ano, passando de duas turmas para três. A escola fica em uma área de desvantagem econômica muito alta, e uma alta proporção de alunos enquadra-se como elegível à merenda escolar gratuita. Os alunos vêm de uma grande variedade de origens étnicas, o maior grupo, com raízes no povo de Bangladesh. Em seguida, os maiores grupos são brancos britânicos e negros africanos. Um número muito elevado de alunos não tem o inglês como língua materna. A proporção de alunos com necessidades educacionais especiais e/ou deficiências é superior à média nacional. A maioria dessas dificuldades relaciona-se com transtornos do espectro autista, dificuldades na fala e na linguagem, bem como dificuldades comportamentais, emocionais e sociais. Há também alunos com dificuldades físicas. A escola tem o prêmio Artsmark Gold.

A palavra-chave que nos ajuda a entender a Escola Gallions é *envolvimento*. Das crianças que chegam ao maternal da escola, 75% não falam ou não conseguem falar. A atitude das crianças em relação à aprendizagem é passiva, e, se isso não for trabalhado, pode conduzir a "salas de aula disfuncionais". No entanto, por meio da criação de um ambiente de linguagem rica, enraizado em um currículo de artes criativas, em que cada criança aprende a tocar um instrumento e há um artista residente, e onde a P4C é introduzida desde o maternal, as crianças florescem e se tornam parte de uma comunidade.

Para um membro do corpo docente, a história começou no final da década de 1990. A escola havia acabado de abrir, e a professora de uma das turmas do 4º ano estava desesperada com o comportamento mútuo das crianças. Ela entrou em contato com uma instituição educacional de caridade que sugeriu a aplicação da P4C. Inicialmente cética, essa professora observou como o comportamento começou a mudar após três semanas. As crianças começaram a ouvir umas às outras e, duas semanas depois, já trocavam ideias entre si. As crianças tornaram-se capazes de contribuir e participar, e a professora atribuiu isso ao fato de a P4C ter dado às crianças uma voz que foi validada pelos seus colegas.

Falando com o corpo docente atual e com as crianças hoje matriculadas na escola, ficou perceptível para mim que a linguagem e a filosofia de Aristóteles hoje estão profundamente incorporadas na escola. Uma seção anterior deste capítulo discute a ideia da sabedoria prática – uma forma de compreender que ultrapassa a simples obediência de regras e procedimentos. Todos com quem falei incorporavam certas características-chave de sabedoria prática. Havia evidências de *deliberação*, de *fazer escolhas* e de *discriminação*. Esta última é muitas vezes vista como uma característica negativa da vida moderna, mas no sentido positivo significa diferenciar, ou fazer distinções, entre cursos de ações ou coisas, escolher de acordo com uma escala de valores. Crianças de todas as idades indicaram como a P4C as faz pensar mais, ir além da superfície, a raciocinar e a questionar. Mais relevante do que isso, ajuda as crianças a enxergar as pessoas com outros olhos. Os pais com quem eu conversei me contaram sobre o impacto que a realização de sessões P4C na escola teve para eles, na condição de pais. Um deles descreveu uma busca realizada por policiais no bairro onde a família mora. Antes da P4C, a criança teria rotulado, de modo simplista, a pessoa procurada como "um bandido", e esse rótulo não teria sido contestado pelo pai. Agora, informou o pai, eles tiveram a coragem de conversar de maneira profunda com o filho sobre escolhas e que era possível analisar com mais profundidade questões que normalmente seriam deixadas de lado. Esse envolvimento não foi sentido apenas entre pai e filho, mas entre as crianças e a comunidade em geral. Agora as aspirações se elevaram, e as crianças são capazes de se perceberem de forma diferente. Agora, crianças de 7 anos de idade acreditam que podem se tornar engenheiros e arquitetos; que podem transcender o mundano.

Reflexão sobre o estudo de caso

- Que valor é colocado na P4C por
  - crianças;
  - professores;
  - gestores; e
  - outras partes interessadas?
- Até que ponto a experiência de St. Gallions é transferível a outros contextos?
- Quais técnicas e práticas você pensa que são
  - mais eficazes;
  - menos eficazes.
- Como a estrutura escolar (integrada para crianças dos 2 aos 11 anos) exerce impacto na gestão de mudanças em seu contexto?
- Após analisar o estudo de caso da Escola St. Gallions, que ações diferentes você pode adotar?

PRÁTICA

Prática 1: Construindo o etos

Trabalhar em conjunto em um grupo e para o grupo está no âmago das abordagens de comunidade de indagação. Atividades e jogos podem construir o etos grupal por construir e ensaiar a tomada de falas protegidas, bem como constituindo atividades educacionais úteis por si só.

Atividade 1: O jogo do nome

O grupo forma um círculo. O facilitador inicia dizendo "Meu nome é... e eu gosto de...", escolhendo algo aliterativo e ilustrando com uma ação, por exemplo, "Meu nome é Darren e eu gosto de cachorros", enquanto fazendo uma ação de afagar a cabeça (por experiência própria, posso garantir que alguém vai gostar de pirulitos ou de pipas!). A próxima pessoa no círculo deve repetir todos os nomes anteriores e as coisas de que cada pessoa gosta e, por fim, acrescentar a sua própria contribuição. Continue ao redor do círculo e incentivando ações apenas para estímulos.

O facilitador deveria ir por último para demonstrar sua vontade de ser considerado um colega na comunidade?

Atividade 2: Escolha criativa de nomes

O grupo forma um círculo. Comece escolhendo um objeto corriqueiro, como um cachecol, e colocando-o no meio do círculo. Modele a entrada no meio do círculo e o uso desta frase andaime: "Isto não é um (a) ..., é um (a)..." (corda de pular, rede de fada e assim por diante). Cada contribuição deve aprimorar a invenção anterior usando a frase andaime.

Você notou a tentação de rotular ou de avaliar as respostas das crianças? Quando a celebração pode ser substituída por avaliação?

Atividade 3: Classificar objetos e criar nomes

Coloque nove objetos aleatórios no centro de um círculo. As crianças se revezam para selecionar três objetos entre os nove. A criança deve indicar uma regra segundo a qual, dos três objetos, dois são categorizados como semelhantes e um como diferente dos outros dois. Como variação, permita que o restante das crianças adivinhe a regra antes que ela seja explicada.

Essa é uma excelente atividade para ensaiar movimentos de pensamento de ordem superior. Permaneça sensível às oportunidades de reconhecer esses movimentos de pensamento no discurso seguinte.

Atividade 4: Acalmar a mente

Acalmar a mente é um exercício de meditação. Apesar de ser em essência uma atividade individual, o debate compartilhado sobre as experiências das crianças em acalmar a mente e meditação guiada pode ser muito positivo. Comece formando um círculo. Todos devem estar confortavelmente sentados e relaxados, com pés no chão e mãos no colo. Faça as crianças se concentrarem em perceber a própria respiração. Concentre a atenção na respiração de diafragma, em que o ar entra profundamente nos pulmões, empurrando o diafragma para baixo e a barriga para fora. Depois de inalar e exalar de forma relaxada e confortável, comece a chamar a atenção para o corpo – a partir dos dedos dos pés até chegar ao torso e à cabeça. Acabe lentamente voltando à sala, olhando nos olhos de cada um e sorrindo.

Em um mundo que sem dúvida valoriza a extroversão, desenvolver e apreciar atividades privativas introvertidas pode ser um projeto para um ano inteiro. Como você pode gerenciar a situação quando alguém "estraga" a atividade de todos os outros?

Prática 2: Respondendo a um estímulo

No âmago da comunidade de indagação está o comprometimento em criar significado juntos. O principal processo que sustenta a indagação é uma curiosidade intelectual, uma predisposição para entender, consultar, considerar e questionar. Depois de um tempo, as crianças aprendem a ir além da aparência superficial das coisas e a perceber que existem certos tipos de questões que são terreno fértil para debates. Essas questões são filosóficas, e um bom estímulo proporcionará oportunidades para gerar não uma, mas muitas dessas questões.

Atividade 1: Gerando questões

Apresente um objeto interessante, leia uma história, mostre um videoclipe, admire uma pintura, ouça uma música. Não discuta o estímulo no grande grupo nem tente estabelecer uma interpretação definitiva. Em vez disso, em pequenos grupos, peça às crianças para gerar o máximo de questões possíveis em relação ao estímulo. Em seguida, cada grupo passa essas questões adiante a outro grupo. Depois, cada grupo trabalha com as novas questões que receberam e as classifica em conjuntos ou categorias.

Exemplos de categorias podem ser questões envolvendo os sentidos, questões que podem ser respondidas usando ciências, questões com respostas "fáceis" ou questões que parecem impossíveis de responder. Peça que os grupos expliquem como eles classificaram suas questões.

Existe uma maneira "melhor" para ordenar e classificar questões?

Atividade 2: Carrossel de perguntas

Divida a classe em dois grupos de igual tamanho. Um grupo forma um anel interno (de frente para fora) e o outro grupo os encara, formando um anel externo voltado para dentro. Cada dupla gera uma pergunta (p. ex., sobre um estímulo ou o tópico atual). O anel externo então gira um espaço no sentido horário. Nessas novas duplas, repita o processo de questionamento, desta vez, gerando uma nova pergunta, diferente daquela gerada anteriormente por qualquer um dos membros da nova dupla. Repita até uma gama de perguntas ter sido gerada.

Faz alguma diferença se o anel interno girar em vez do externo?

Atividade 3: Conversando com perguntas

Em duplas, conduza uma conversa em que só perguntas contam como enunciado válido. Quaisquer não perguntas enunciadas contam como um ponto contra o falante. Depois de três pontos as duplas se dividem, e os vencedores jogam contra vencedores, e os perdedores contra perdedores. Conscientize as crianças de que aumentar a entonação não necessariamente indica que foi feita uma pergunta!

Isso vai precisar de modelagem, à medida que o grau de autorreflexão é considerável. Vale a pena considerar quais características gramaticais constituem uma pergunta.

Atividade 4: Diamante nove

Em duplas ou pequenos grupos gere nove perguntas em resposta a um estímulo. Escreva as perguntas em cartões separados ou pedaços de papel. Ordene as perguntas em um diamante (cinco fileiras de 1, 2, 3, 2, 1 cartões em sequência). Para as crianças mais jovens, dê um princípio organizador, por exemplo, fileira superior sendo a mais difícil de responder; fileira inferior sendo a mais fácil de responder. As crianças mais velhas podem criar seu próprio princípio.

Alguns princípios de organização são melhores do que outros?

Atividade 5: Aquário

A classe decide sobre uma lista de perguntas, e depois um grupo debate e escolhe a "melhor" pergunta, enquanto as crianças restantes sentam ao redor do grupo e observam. No final, comentários podem ser oferecidos sobre os motivos utilizados para a escolha de perguntas.

Como uma pergunta "filosófica" pode diferir de uma "empírica"?

Atividade 6: Bola de neve

Começando em duplas, escolha uma pergunta. As duplas formam grupos de quatro e escolhem uma das duas perguntas, dando razões para rejeitar a pergunta de uma dupla. Os grupos de quatro em seguida forma grupos de oito. Tão logo o consenso é alcançado, o grupo se reporta à sessão plenária.

É necessário chegar a um consenso sobre o conteúdo da pergunta ou é aceitável concordar em discordar?

Atividade 7: Fazendo levantamentos

Em pequenos grupos, use perguntas para criar um cronograma de entrevista. Efetue levantamentos e debata em sessão plenária quais tipos de pergunta (p. ex., abertas/fechadas) produzem quais tipos de resposta.

Mesmo em uma idade jovem, a ética e a etiqueta de perguntas deveriam ser consideradas desde o início. O que é privado e o que é público, e o que pode ser solicitado sobre cada um e como?

Atividade 8: Cartazes eleitorais

Use perguntas para criar informações visuais na forma de um pôster. As crianças elegem qual pergunta será discutida. Essas perguntas são exibidas nas paredes e, em seguida, as crianças fazem um *tour* pela sala, visualizando todas as contribuições.

Quais são os critérios de sucesso pelos quais a pergunta é julgada?

Prática 3: Facilitando as indagações

A arte da facilitação não é fácil. Exige pensar e agir de modo diferente da prática de sala de aula convencional; porém, quando incorporada na prática, os profissionais docentes notam uma transformação nas relações de sala de aula. Já mencionei a necessidade de algum tipo de treinamento, a fim de criar uma compreensão holística sobre a P4C. No entanto, as seguintes atividades são técnicas úteis para começar a promover o entendimento.

Atividade 1: Frases andaimes

O uso de frases andaimes simples que enfatizam as relações entre os participantes pode ajudar as crianças a adquirir a posse da indagação. Exemplos incluem: "Concordo/discordo com X, porque..." e "Penso/acho X e minhas razões são...".

Uma frase andaime promove o pensamento crítico em detrimento de outras formas de pensamento, como criativo, colaborativo e cuidadoso?

Atividade 2: Tomada de turnos

Ao debater juntos em círculo, as crianças indicam que querem falar fazendo sinal de positivo, com a mão sobre o joelho. Isso interrompe as práticas de agitar o braço erguido em frenesi e emitir "grunhidos" e, ao mesmo tempo, ajuda na concentração, ao impedir que os braços se cansem. Da mesma forma, um objeto falante como uma concha pode ser passado de mão em mão. Cartões de turno podem ser fornecidos. Esses indicam quantos turnos de fala ainda lhe restam. Um novelo de lã pode ser passado de falante em falante, para construir uma rede física, descrevendo o padrão dos turnos de fala. Alternativamente, os falantes podem receber o direito de escolher o próximo orador, independentemente de a pessoa querer ou não ser escolhida. A qualquer momento, a indagação pode desejar conduzir uma "metadiscussão" sobre como a indagação está sendo conduzida.

Os dados de pesquisa indicam claramente: é fácil ignorar certos grupos de crianças, apesar da melhor boa vontade do mundo. Como essa atividade ajuda você e as crianças a monitorar padrões (in)conscientes de discriminação?

Atividade 3: Técnicas de escuta ativa

Como você e as crianças sabem que estão sendo escutados? Estabelecendo contato olho no olho, espelhando a linguagem corporal do orador, usando paráfrase e resumo, reconhecendo com acenos e "a-hãs": tudo isso pode incentivar os falantes a aprimorar a sua contribuição original. Repetir as últimas palavras da frase anterior do falante permite tempo de pensamento e um novo conjunto de enunciados:

"... então eu acho que todos os animais têm mentes, porque minha gata sabe como estou me sentindo."
"sabe como você está se sentindo?" [entonação ascendente, espelhando o som de perguntas]
"Sim, porque quando estou triste, ela sempre se aproxima e pede carinho, e isso me anima".
As técnicas de escuta ativa são manipulativas?

Atividade 4: O poder do silêncio

O silêncio é uma mercadoria rara em sala de aula, particularmente o silêncio rico e poderoso que pode ocorrer em uma sessão de filosofia para crianças. Muitas vezes, o silêncio está associado com a dominação e o poder; o professor impôs o silêncio sem motivo, exceto manter a ordem ou sanidade mental. Apesar disso, o silêncio pode ser cordial, reconfortante e profundo. Em que ninguém é obrigado a falar, ou em que se oferece uma contribuição que provoca pensamento e deliberação e, em seguida, o facilitador precisa se conter para convidar mais discurso e mostrar que eles se sentem confortáveis com o silêncio.

Quanto silêncio é suficiente? Deve haver um sinal para indicar que o silêncio é inútil? O facilitador deve intervir ou isso deve ser deixado ao julgamento prático?

RESUMO

Este capítulo explorou o que significa pensar filosoficamente, e como o pensamento filosófico pode ser facilitado por meio do desenvolvimento de técnicas descritas neste e noutros capítulos. Essa prática exige treinamento e trabalho com os outros, a fim de "concatenar" os assuntos, mas é possível começar utilizando as sugestões da seção *Prática*. A filosofia para crianças (P4C) é um programa pedagógico que é participativo em sua essência. A comunidade de indagação altera as relações entre professores e crianças e exige atitudes diferentes, bem como habilidades e técnicas diferentes. Em sua melhor utilização, como já vimos nas duas escolas, envolve as crianças, muda o seu comportamento e as permite enxergar o mundo com outros olhos e pensar diferente. Além disso, fornece um sentido de agência e uma convicção no poder do raciocínio para criar mundos melhores, agora e no futuro.

LEITURAS COMPLEMENTARES

Não podemos subestimar o poder dos jogos e das atividades em grupo para construir o etos e a harmonia grupais. Todos os itens a seguir fornecem fontes ricas e diversificadas de atividades que podem construir a eficácia do grupo.

BRANDES, D.; PHILLIPS, H. *Gamesters' handbook*. London: Hutchinson, 1979.
A série *Gamesters* fornece um grande número de jogos apropriados para a sala de aula.

FISHER, R. *Games for thinking*. Oxford: Nash Pollock, 1997.
Fisher produziu um grande número de livros de apoio usando poemas, jogos e histórias para pensar.

RAWLINS, G.; RICH, J. *Look, listen and trust*. Basingstoke: Macmillan Education, 1985.
Este recurso é um conjunto de atividades com base em divertidas encenações que podem ajudar as crianças a se tornarem mais acostumadas umas às outras e mais confiantes.

STONE, M. K. *Don't just do something, sit there:* developing children's spiritual awareness. Norwich: Religious and Moral Education Press, 1995.
Este é um recurso inestimável, muitas vezes disponível a partir de escritórios educacionais diocesanos. Oferece um programa de atividades de tranquilização e visualização orientada.
Há uma abundância de exemplos de roteiros para tranquilização na *web*, por exemplo,

DIOCESE OF ELY. *Stilling exercises*. [2014]. Disponível em: <http://www.ely.anglican.org/education/schools/collective_worship/pdf/StillingExercises.pdf>. Acesso em 13 ago. 2015.
Consulte boas introduções gerais para P4C em todas as suas variedades em:

FISHER, R. *Teaching thinking:* philosophical enquiry in the classroom. 2nd ed. London: Continuum, 2003.
Fisher dá uma boa perspectiva sobre P4C e como ela pode ser incorporada à prática.

HAYNES, J. *Children as philosophers*: learning through enquiry and dialogue in the primary classroom. 2nd ed. London: Routledge, 2008.
Haynes é uma professora de P4C de longa data. Ela é conhecida por seu trabalho inovador com Karin Murris, sobre o valor e a validade de livros ilustrados infantis como estímulos ricamente filosóficas para a indagação.

LIPMAN, M. *Thinking in education*. 2nd ed. Cambridge: Cambridge University Press, 2003.
Lipman escreveu muitos livros sobre P4C. *Thinking in Education* é um bom exame de algumas das mais profundas tensões e problemas na educação que a P4C tenta abordar e corrigir.

MCCALL, C. C. *Transforming thinking:* philosophical inquiry in the primary and secondary classroom. London: Routledge, 2009.
O especial no trabalho de McCall é sua análise crítica no Capítulo 6, sobre as diferenças entre as formas distintas de indagação com as crianças.

SARAN, R.; NEISSER, B. *Enquiring minds:* socratic dialogue in education. Stoke on Trent: Trentham Books, 2004.
O diálogo socrático tende a ser mais popular na Europa continental do que no Reino Unido. Há muito interesse na abordagem que se destaca como útil contraponto útil às práticas contemporâneas do Reino Unido.

SPLITTER, L. J.; SHARP, A. M. *Teaching for better thinking:* the classroom community of inquiry. Melbourne: ACER, 1995.
Ann Sharp juntou-se a Matthew Lipman logo no início do desenvolvimento da P4C. Sem dúvida, ela mudou de maneira significativa certas ênfases em como o pensamento e a conduta na indagação podem ser valorizados. O livro que ela coescreveu com Lawrence Splitter é repleto de materiais ricos e práticos.

Sobre a relação da filosofia para crianças com questões mais amplas nas habilidades de pensamento e na educação das crianças, consulte as obras:

KENNEDY, D. *The well of being:* childhood, subjectivity and education. New York: SUNY, 2006.
O livro de David Kennedy é notável por nos instar a pensar mais radicalmente sobre as implicações éticas de como devemos nos comportar com as crianças. Este é um livro mais geral, mas excelente para estimular o pensamento sobre o etos de nossas escolas e de nossas salas de aula.

JOHNSON, S.; SIEGEL, H. *Teaching thinking skills.* 2nd ed. London: Continuum, 2010.
Derivado da série de políticas da Sociedade de Filosofia da Educação da Grã-Bretanha, este livro é uma crítica séria e sustentada dos atuais modelos de pensamento psicológicos.

QUINN, V. *Critical thinking in young minds.* London: David Fulton, 1997.
Embora não especificamente sobre P4C, o livro de Quinn é uma excelente perspectiva sobre o pensamento crítico a partir de uma perspectiva holística.

STABLES, A. *Childhood and the philosophy of education:* an anti-aristotelian perspective. London: Continuum, 2008.
A noção do que é ser criança varia no tempo e no espaço. Nas culturas ocidentais modernas, nem sempre se pensou sobre as crianças como pensamos hoje. Tampouco as crianças são visualizadas do mesmo modo em todos os lugares do mundo. O livro de Stables é uma análise extremamente importante sobre os motivos pelos quais encaramos as crianças como fazemos nos tempos contemporâneos.

SAPERE: philosophy for children, colleges, communities. [2014]. Disponível em: <http://www.sapere.org.uk>. Acesso em: 13 ago. 2015.
A SAPERE tem sido ativa na educação britânica há mais de 20 anos. Catherine McCall foi retratada em um documentário da BBC chamado *Sócrates para crianças de 6 anos,* que destacava o trabalho que ela fez nos Estados Unidos e na Escócia. Em decorrência daquele programa, um grupo de educadores criou a SAPERE, cuja influência pode ser vista nos estudos de caso mencionados anteriormente no capítulo.
O site da Gallions Primary Schools é http://www.gallions.newham.sch.uk/. A escola produziu um DVD, *Thinking Allowed* (É permitido pensar), um guia passo a passo para a abordagem P4C.

REFERÊNCIAS

FISHER, R. *Teaching thinking:* philosophical enquiry in the classroom. 2nd ed. London: Continuum, 2003.

GREEN, J. *Education, professionalism and the quest for accountability:* hitting the target but missing the point. London: Routledge, 2010.

HARRIS, S. *The governance of education:* how neo-liberalism is transforming policy and practice. London: Continuum, 2007.

HAYNES, J. *Children as philosophers:* learning through enquiry and dialogue in the primary classroom. 2nd ed. London: Routledge, 2008.

HEILBRONN, R. *Teacher education and the development of practical judgement.* London: Continuum, 2008.

LIPMAN, M. *A life teaching thinking.* Montclair, NJ: Institute for the Advancement of Philosophy for Children, 2008.

LIPMAN, M. *Thinking in education.* 2nd ed. Cambridge: Cambridge University Press, 2003.

MCCALL, C. C. *Transforming thinking:* philosophical inquiry in the primary and secondary classroom. London: Routledge, 2009.

OLSSEN, M. *Liberalism, neoliberalism, social democracy:* thin communitarian perspectives on political philosophy and education. Londres: Routledge, 2010.

SAPERE: philosophy for children, colleges, communities. [2014]. Disponível em: <http://www.sapere.org.uk>. Acesso em: 13 ago. 2015.

SARAN, R.; NEISSER, B. *Enquiring minds:* Socratic dialogue in education. Stoke on Trent: Trentham Books, 2004.

11

Falando e aprendendo por meio da linguagem e do letramento

Carrie Ansell e Tor Foster

O pensamento é o botão floral; a linguagem, o desabrochar;
a ação, o fruto que vem depois.
Ralph Waldo Emerson, 1803-1882, poeta, ensaísta, filósofo

Panorama do capítulo

O capítulo explorará os princípios e os recursos de ensino dialógico e o contexto da fala em salas de aula. Conexões serão feitas com iniciativas-chave no domínio da fala, desde o Projeto Nacional de Oracia (National Oracy Project) até progressos na natureza da fala exploratória e do interpensamento. Vamos argumentar que a fala é a base da aprendizagem do letramento e que, para os professores, é essencial criar uma cultura de sala de aula que coloque as crianças no centro da aprendizagem. Por fim, examinaremos o papel da fala na aprendizagem bilíngue e na leitura, na escrita e na ortografia. Dois estudos de caso, em que as escolas adotaram a filosofia de educação infantil em toda a escola, serão usados para demonstrar como um foco no diálogo e na escuta tem o potencial de transformar as práticas de letramento.

INTRODUÇÃO

Recentemente, lemos um relatório do OFSTED em que uma aula foi descrita como "satisfatória". O conselho do inspetor foi que a professora deveria limitar as oportunidades que os alunos tinham para debater ideias, para que eles tivessem mais tempo para completar a sua redação. Ora, sem ter testemunhado esta aula, é impossível julgar o valor desse conselho, mas parece possível que o inspetor talvez não tenha captado uma sutileza. Sem a oportunidade de falar sobre as ideias, como as crianças poderiam saber o que elas queriam dizer? Como elas poderiam ampliar seu pensamento e aprimorar suas ideias se não por meio da escuta e da fala entre si? De que modo o professor poderia julgar o momento e o tipo de intervenção para apoiar a aprendizagem das crianças? Também vale a pena considerar que, no mundo além da escola – o mundo "real" –, sem dúvida, as habilidades orais serão preeminentes em proporcionar acesso a vidas e carreiras bem-sucedidas. Aqui, o nosso argumento não é que a produção textual não é importante, mas que a fala e a escuta ativas são o alicerce a partir do qual as outras habilidades de letramento são construídas.

É nossa convicção de que a fala dialógica oferece o maior potencial cognitivo para os alunos, permitindo que as crianças troquem ideias e se tornem indagadoras conjuntas. Quando as crianças se tornam "agentes de seu próprio pensamento" (FISHER, 2009), elas estão capacitadas a encontrar suas próprias vozes. Imaginamos um cenário em que a pedagogia do ensino dialógico seja estimulante e envolvente para todos os estudantes, resultando no aumento da interação em sala de aula e na ampliação das oportunidades de pensamento. Um lugar onde as crianças estão verdadeiramente "pensando juntas" (MERCER; DAWES, 2008) e criando uma "comunidade de aprendizes" (CAZDEN, 2001).

O etos de sala de aula é central ao estabelecimento do ensino dialógico bem-sucedido. O objetivo que o professor deseja configurar é um ambiente em que haja uma cultura de questionamento, sondagem e pensamento em profundidade. Um lugar em que se subentende que a fala pode ser exploratória – uma forma de experimentar ou testar novas ideias. O meio da fala é valorizado por sua flexibilidade; é visto como uma forma de "pensar em voz alta". As ideias podem ser revisadas, ampliadas, melhoradas ou rejeitadas. Em uma sala de aula assim, correr riscos é incentivado, e os erros são reconhecidos e utilizados para ampliar o diálogo. Isso pode ser intimidante para muitas crianças, a menos que o terreno tenha sido bem preparado. Todos os participantes no diálogo precisam se sentir seguros e valorizados em um cenário de respeito, confiança e inclusão.

O professor, também, pode se sentir ameaçado operando em um espaço tão democrático, pois exige afrouxar as rédeas e estar aberto ao genuíno esforço colaborativo, talvez sem saber exatamente aonde a aprendizagem os conduzirá. Outra preocupação que o professor pode ter é a dificuldade para fornecer evidências concretas sobre a aprendizagem das crianças, se há mais conversação e menos redação. Onde está a "prova" para mostrar aos pais, diretores ou inspetores? Como ela pode capturar e registrar a essência da aprendizagem dos alunos, a fim de conseguir validar julgamentos que demonstram o progresso dos alunos?

Na abordagem de Reggio Emilia para aprendizagem, professores e crianças agem como coconstrutores da aprendizagem e falam juntos em relacionamentos significativos. O papel do professor é facilitar a fala e aprofundar a compreensão por meio de questionamentos ponderados que abram o pensamento das crianças. Os professores documentam momentos-chave da fala das crianças para tornar visíveis suas hipóteses, imaginação e criatividade. Essa pedagogia de escuta e relacionamentos é a marca de Reggio Emilia. Os professores ouvem as palavras e a comunicação das crianças e tentam provocar o crescimento cognitivo. A abordagem envolve uma visão socioconstrutivista da aprendizagem (EDWARDS; GANDINI; FORMAN, 2012). As crianças são incentivadas a responder e a se expressar usando as suas "cem linguagens" por meio de gestos, dramatizações, contação de histórias e escrita emergente. Dessa forma, o diálogo, em termos da abordagem de Reggio, é usado amplamente e desafia o nosso pensamento sobre em que consiste o diálogo. As crianças podem dialogar com espaços, materiais e luz (FILIPPINI; GIUDICI; VECCHI, 2008). Mais tarde, quando examinarmos o estudo de caso de uma escola inspirada por essa abordagem, você vai ver como as crianças e os professores se unem e estabelecem um "diálogo" com a cidade de Bath.

Claro, o ensino dialógico não é específico para a linguagem e o letramento; sendo uma ferramenta pedagógica, aplica-se a todas as matérias do currículo. Mas a linguagem é o meio pelo qual o pensamento se desenvolve, e o letramento é a matéria na qual abordamos especificamente a capacidade infantil de expressar seus pensamentos (oralmente ou por escrito), refletir sobre suas próprias ideias e as dos outros e, por meio de debates e argumentações, aprimorar seus entendimentos. Assim, no ensino da linguagem e do letramento, queremos adotar abordagens de ensino que incentivem as crianças a se tornarem falantes reflexivos, confiantes e perspicazes, leitores e redatores que reconheçam o poder e o prazer das palavras em contextos de grande alcance. É crucial, especialmente em um clima de fácil acesso a informações na internet e de representações e falsas representações midiáticas, que as crianças desenvolvam as habilidades de diferenciação e argumentação crítica. Acreditamos que elas farão isso melhor em salas de aula em que o diálogo é valorizado. Em nossos estudos de caso no final deste capítulo descrevemos duas escolas onde os diretores e suas equipes deram passos ousados para alcançar esses objetivos.

FALA DIALÓGICA NA APRENDIZAGEM DO LETRAMENTO

Examinando a literatura

Durante o começo de nossas carreiras como professores em contextos multiculturais, tivemos a sorte de trabalhar de forma colaborativa com professores apaixonados pela oralidade nas salas de aula. Um dos objetivos do Projeto Nacional de Oracia, criado em 1987, era promover o papel da fala em processos de pensamento por meio da aprendizagem ativa, e isso culminou no trabalho de Kate Norman

(1992): *Thinking Voices* ("Vozes que pensam"). Talvez o maior impacto do Projeto Nacional de Oracia tenha sido influenciar as pedagogias de escolas com crianças de diversos contextos linguísticos. O projeto envolveu mais de metade dos distritos de educação da Inglaterra (NORMAN, 1992).

Por que mencionar essa aparentemente datada iniciativa nacional? Ela continua relevante aos professores de linguagem e letramento de hoje? A ideia de que a fala é essencial para o pensamento e a aprendizagem das crianças, na realidade, de que a fala é o fundamento da aprendizagem (HALLIDAY, 1975), foi transformacional na prática daquele tempo e continua a ser influente até hoje.

O esboço curricular de inglês de 2012, com sua ênfase em leitura e escrita e em conteúdos e pedagogias prescritivas, suscitou a pergunta: o que aconteceu com essas práticas transformacionais que inspiraram abordagens criativas para a fala em sala de aula? Apesar da contribuição de Robin Alexander (2008) à consulta inicial sobre o novo currículo, em que ele salientou a importância do diálogo e da fala em sala de aula, há pouca evidência de conversação e escuta nos novos programas de estudo. No mais recente currículo de inglês, a fala é incentivada principalmente para fins de desenvolver e aprender vocabulário, ortografia, gramática, habilidades de leitura e escrita. Desenvolver o pensamento como um aspecto intrinsecamente importante do inglês tem sido incluído, sem dúvida devido à crescente ênfase na aprendizagem que é mensurável e facilmente avaliável. Ironicamente, ficou demonstrado que as crianças que falam e se envolvem ativamente com a aprendizagem são mais capazes de atingir melhores resultados nos testes de avaliação padrão (MERCER; DAWES, 2008).

Barnes e Todd (1977) cunharam os termos "conhecimento de escola" e "conhecimento de ação" para distinguir entre a fala que é divorciada da vida das crianças e a fala que é relevante e significativa para suas vidas. Eles sugeriram que os alunos, ao se envolverem na aprendizagem por meio da indagação e usarem seu "conhecimento de ação", estariam mais envolvidos no pensamento produtivo. Suas pesquisas altamente influentes sugeriram que, quando as crianças estão trabalhando juntas em grupos, elas estão mais propensas a se envolver em debates abertos e argumentações fundamentadas. Barnes descreveu essa "fala exploratória" como hesitante e incompleta, pois permite que o falante experimente ideias, ouça como elas soam, perceba o que os outros fazem com elas e organize informações e ideias em diferentes padrões (BARNES apud MERCER; HODGKINSON, 2008). As crianças podem usar a fala exploratória no letramento, por exemplo, ao interpretar um poema ou obter percepções a partir de textos. Os alunos aprimoram seus conhecimentos prévios para construir significados. Dessa forma, a aprendizagem do letramento é social, e a fala pode se basear na cultura popular das crianças. Um exemplo disso é quando as crianças se envolvem no diálogo, usando o modelo EXIT (*Extended Interactions with Texts*) de interagir com textos não ficcionais (WRAY; LEWIS, 1997).

Ensino dialógico

Sinclair e Coulthard (1975) foram os primeiros a descrever a interação comum em sala de aula que se tornou conhecida como o "intercâmbio de três partes". Esse intercâmbio compreende uma iniciação (I), em geral uma pergunta, seguida por uma resposta das crianças (R) e, por fim, um *feedback* (F) ou comentário pelo professor. Um exemplo muito simples em uma aula de letramento poderia ser o seguinte intercâmbio:

> Professora: Onde Danny e o pai dele moram?
> Criança: Em uma caravana de ciganos.
> Professora: É isso mesmo.

Tem sido argumentado (ALEXANDER, 2008) que, para que a fala em sala de aula promova a participação e a aprendizagem ativas, ela deve dar um passo além, passando de intercâmbios do tipo IRF (iniciação, resposta, *feedback*) ao diálogo. Alexander (2008) reconheceu que o "ensino dialógico" é um trabalho em andamento, com seu conceito original continuamente evoluindo em resposta às evidências da pesquisa e da prática. O ensino dialógico é sustentado por uma abordagem vygotskiana para a aprendizagem, que considera a aprendizagem de línguas um processo social (VYGOTSKY, 1978). As crianças aprendem a língua falada, com o apoio de adultos, outras crianças e a cultura mais ampla em torno delas. O papel desses "outros" com quem as crianças interagem, é criar andaimes (WOOD; BRUNER; ROSS, 1976) para a aprendizagem da língua por meio do uso de estímulos, perguntas, modelagens e recursos cuidadosamente elaborados.

Alexander (2008) estabelece uma distinção entre a aquisição cotidiana da linguagem e as interações que engendram a aprendizagem para um "propósito cultural específico". Um exemplo disso em inglês poderia ser a aprendizagem de um gênero específico da linguagem falada, como o debate, em que professores podem criar andaimes para a compreensão das crianças com base no conhecimento e no letramento prévios que as crianças trazem de casa. Idealmente, em um diálogo recíproco com crianças, os professores as familiarizariam com todos os aspectos do gênero, incluindo características textuais de vocabulário, gramática e discurso. Juntos, os professores e as crianças também falariam sobre as convenções linguísticas e culturais dos textos em debate.

Alunos bilíngues

Essa noção sobre a diferença entre a linguagem cotidiana e a linguagem que tem um propósito cultural específico é espelhada em certa medida pela teoria de Cummins da interdependência da língua (CUMMINS, 2000). Ele faz uma distinção entre as habilidades de comunicação interpessoais e básicas e entre linguagem cognitiva e acadêmica. O ensino bilíngue sempre salientou a importância de diálogos e falas em sala de aula que forneçam andaimes para a aprendizagem de línguas. O foco aqui, no entanto, é nas crianças partirem da língua materna para apoiar a aquisição de segunda língua, ou o que Cummins (2000) chama de CUP – *common underlying principle* (princípio oculto comum). Esmiuçando um pouco mais o exemplo anterior – se as crianças já estão familiarizadas com a linguagem do debate em sua primeira língua, a teoria é a de que elas terão os conhecimentos linguísticos e cognitivos nos quais "enganchar" a segunda língua. A teoria de Cummins explica por que é tão importante para as crianças continuar a desenvolver a sua primeira língua, juntamente com o inglês como segunda língua, em vez de serem ensinadas usando um modelo de "subtração", que considera que a segunda língua acabará substituindo a primeira língua. A recente teoria de aprendizagem bilíngue tem adotado atualmente uma abordagem mais transformadora de "terceiro espaço" para aprender inglês (KELLY, 2010), na qual a linguagem e a cultura maternas das crianças podem se fundir com aquelas da escola, a fim de criar linguagem e letramento inovadores.

Características da fala dialógica

Agora vamos continuar a enfocar a fala e o ensino dialógicos, conforme expostos por Alexander (2008). A palavra "dialógica", de acordo com Alexander, substitui terminologias vagas como "ensino interativo" e sua limitada ênfase no desenvolvimento de ritmo e progressão na aprendizagem. Claro, esses aspectos de ensino têm um lugar no ensino da turma inteira, mas Alexander argumenta que é a qualidade e a dinâmica da conversa que são primordiais. O ensino dialógico pode ocorrer no âmbito de qualquer estrutura organizacional, como duplas ou grupos, embora haja um falso conceito generalizado de que apenas se refere ao ensino da turma inteira. Contribuições orais, de acordo com Alexander, precisam ser refletidas, discutidas e argumentadas, e o elemento dialógico envolve conseguir que os alunos façam isso (ALEXANDER, 2008).

A fala dialógica deve ser:

- *coletiva*: professores e crianças abordam as tarefas de aprendizagem em conjunto, seja em forma de grupo ou de turma inteira, em vez de em isolamento;
- *recíproca*: professores e crianças escutam uns aos outros, compartilham ideias e consideram perspectivas alternativas;
- *solidária*: crianças articulam suas ideias livremente, sem medo de sentir vergonha por respostas "erradas", e elas ajudam umas às outras para chegar a entendimentos comuns;
- *cumulativa*: professores e crianças aprimoram as ideias próprias e as dos outros e as encadeiam em linhas coerentes de pensamento e indagação;
- *significativa*: professores planejam e facilitam o ensino dialógico com objetivos educacionais específicos (ALEXANDER, 2008).

O CD *Opening Up Talk* da Autoridade de Qualificações e Currículo (*Qualifications and Curriculum Authority*, QCA, 2005) tinha como objetivo exemplificar alguns desses recursos da fala dialógica. Um vídeo mostrava uma argumentação sustentada entre um professor e algumas crianças em uma aula de inglês do 5º ano. Envolvia uma troca de ideias em que o professor desafiava o pensamento e o raciocínio da criança, por meio de questionamento e debate cumulativos. O intercâmbio professor-criança que se desenrolou tornou desconfortável a exibição e escuta para alguns professores, e você pode argumentar que o estilo empregado poderia inibir as crianças a oferecer suas ideias. Em muitos aspectos, o vídeo não demonstrou plenamente como professores poderiam promover uma "comunidade de indagação" que começa instigando as crianças a questionar um determinado estímulo ou responder a uma provocação por meio da colaboração em debates ponderados (WELLS, 2009). Concordamos com as ideias de Wegerif (2010), quando afirma: "Os diálogos que não promovem o desenvolvimento do pensamento sequer devem ser chamados de educacionais".

Fala exploratória e interpensamento

Mercer (2000) sugere que, para que tanto professores quanto alunos falem e aprendam de forma eficaz, eles devem criar um espaço comunicativo compartilhado, conhecido como zona de desenvolvimento intermental. Essa é uma nova evolução da ideia de Vygotsky de zona de desenvolvimento proximal, pois reconhece que, embora a fala que professores e alunos fazem juntos ainda significa que o professor está guiando o aluno, *tanto* professores *quanto* alunos estão envolvidos juntos em um processo que Mercer (2000) chama de "interpensamento".

Mercer (2000) definiu o tipo de fala que ajuda os alunos a resolver problemas e a desenvolver uma compreensão compartilhada como "fala exploratória". Ele argumenta que as regras básicas para a fala são essenciais para que esse pensamento coletivo e essa fala exploratória ocorram.

Regras básicas para a fala exploratória:

- Os parceiros criticam as ideias dos outros, mas de modo construtivo.
- Todos participam.
- Ideias experimentais são tratadas com respeito.
- Ideias oferecidas para a consideração conjunta podem ser contestadas.
- Opiniões são procuradas e analisadas antes de serem tomadas decisões em conjunto.
- O conhecimento é tornado publicamente responsabilizável (e então o raciocínio é visível na fala).
- As contestações são justificadas e as ideias ou compreensões alternativas são oferecidas (MERCER; DAWES, 2008).

As regras básicas de Mercer (2000) para a fala proporcionariam um ponto de partida útil para professores que querem estabelecer a fala na linguagem e no letramento. Expectativas sobre o que constitui a fala em grupo bem-sucedida precisam ser explicitadas, com o professor discutindo e modelando exemplos de fala exploratória. Também forneceriam uma *checklist* útil para avaliar o quão bem os grupos trabalharam juntos para desenvolver a compreensão.

Fala em sala de aula e inclusão social

A fala em sala de aula é considerada essencial para envolver os alunos na construção de significados e no desenvolvimento de compreensões dos alunos em linguagem e letramento. Uma recente e esclarecedora pesquisa analisa o efeito que o status socioeconômico dos alunos exerce em influenciar a expectativa do professor, as práticas pedagógicas e as interações de qualidade em letramento (HARRIS; WILLIAMS, 2012). O estudo sugere que os professores podem realmente dar mais "tempo de espera" a grupos abastados e que o questionamento aberto é mais bem-sucedido quando as crianças demonstram que têm o "capital cultural" (BOURDIEU, 1977) exigido pelos professores. O estudo mostra que as respostas das crianças durante as sessões de falas sobre livros com o professor tornam visível até que ponto elas conhecem as regras do jogo do letramento e o discurso esperado nesse contexto cultural específico. As crianças mais socialmente desfavorecidas talvez não consigam dar as respostas esperadas, apesar de oferecer ideias potencialmente valiosas para ser aproveitadas, interpretadas e validadas pelo professor. Não chega a ser surpreendente o fato de que as crianças de origens abastadas são mais versadas nos padrões de discurso dominante usados em salas de aula. Portanto, os professores precisam estar cientes dos padrões de discurso que têm o potencial para excluir os alunos de contribuir com o diálogo.

Diálogos criativos

O diálogo criativo, conforme sugerido por Fisher (2009), é apoiado por princípios de aprendizagem dialógica. De acordo com Fisher, o diálogo torna-se criativo quando permite ideias lúdicas e divergentes. O diálogo criativo tem um propósito, mas pode desviar-se de uma pauta definida. A fala dialógica no letramento deve colocar o aluno no cerne da aprendizagem. O uso criativo do questionamento e de alternativas dialógicas para o questionamento, como o fornecimento de um desafio em forma de afirmação ou estímulo, pode estimular a curiosidade e novas maneiras de pensar. A fala criativa instiga as crianças a realizar o "pensamento de possibilidades" e a se tornar contadores de histórias imaginativos. Cremin et al. (2009) criou um arcabouço para a criatividade em letramento que promove o uso lúdico da linguagem e o envolvimento profundo em colaboração com autores, poetas e contadores de histórias. Ela afirma que a criatividade é mais propensa a se desenvolver em condições dialógicas. Também argumenta que as histórias orais pessoais merecem um papel central no currículo e que os professores devem permitir às crianças tempo e espaço para contar suas histórias, que são fundamentais para a formação de sua identidade. Ficou comprovado que a narrativa oral tem um impacto marcante no letramento das crianças (GRUGEON; GARDNER, 2000).

Fala sobre livros

A fala sobre livros dialógica (WHITEHURST et al., 1988) é uma pedagogia de linguagem e letramento que permite que as crianças pequenas desenvolvam diálogos ricos. Ela também pode ser desenvolvida com sucesso com as famílias, a fim de solidificar os laços entre o letramento em casa e na escola. A ideia é a de que crianças e adultos genuinamente ouçam as respostas dos outros a um texto e expandam seus pensamentos, reinterpretando o texto no processo. É uma maneira de permitir que as crianças compartilhem livros, conectem-se com suas próprias experiências e desenvolvam o uso da linguagem e do letramento (WHITEHURST et al., 1988). Curiosamente, verificou-se que múltiplas leituras em torno de um texto foram particularmente eficazes em permitir um contexto capaz de suscitar perguntas significativas. Talvez o avanço em termos de criar diálogos de qualidade em torno dos textos das crianças esteja em incentivar os professores a estimular as crianças a reformular suas respostas, mesmo que algumas respostas inesperadas inicialmente deixem o professor um tanto "desnorteado". Skidmore (apud GOODWIN, 2001) chamou essas oportunidades de "reviravoltas críticas" no discurso que se desdobra e pode levar a níveis mais elevados de pensamento letrado. Dessa forma, as crianças podem ter a oportunidade de explicar as razões por trás de seu pensamento, desafiar outros pontos de vista sobre o texto e fazer perguntas umas às outras. No entanto, uma visão limitada das atividades de compreensão de leitura em torno dos textos pode reforçar o acesso restrito ao pensamento crítico e inclusivo na apreciação e na avaliação de textos, que mencionamos anteriormente.

A abordagem "Conta para mim"

Chambers (2011) salienta a importância da fala em contextos de leitura, por meio da realização de certos tipos de perguntas. A abordagem originalmente surgiu a partir de uma busca para encontrar uma alternativa para sempre começar uma pergunta com "Por que [...]?". Portanto, a frase "Conta para mim..." veio à tona. Chambers (2011) sugeriu que também existe uma forte correlação entre a riqueza do ambiente de leitura e a riqueza da fala em torno dos textos. Ele fez uma distinção útil entre a "fala formal", que é considerada o debate sobre os textos, e a "bate-papo livresco", que é a troca de ideias entre colegas. Argumentou que os professores precisam preparar cuidadosamente as perguntas que vão formular sobre os textos, usando um arcabouço que divide as perguntas em "básicas", "gerais" ou "especiais".

Uma pergunta básica deve ser: você gostou de alguma coisa neste livro? Nele havia algo que lhe deixou intrigado? Uma pergunta geral podia ser: já leu outras histórias como esta? Algo que acontece neste livro já aconteceu com você? Exemplo de pergunta especial: onde aconteceu a história? Quem era o narrador da história? Como sabemos disso? (Consulte, no Cap. 7, exemplos dessas perguntas e de como elas podem ser aplicadas ao letramento digital.) O capítulo sobre questionamento já salientou o papel importante que o adulto desempenha em fazer perguntas abertas e dar "tempo de espera" para desenvolver diálogos de qualidade e ampliar as imaginações das crianças.

Ensino e leitura recíprocos

A fala dialógica traz em seu âmago os princípios do ensino recíproco (PALINCSAR; BROWN, 1984). Essa é uma técnica de ensino poderosa que envolve essencialmente um diálogo entre alunos e adultos para capacitar a construção conjunta de significados textuais. Diferentes membros de um grupo pequeno podem assumir o papel de professor. Originalmente, o ensino recíproco destinava-se a alunos que apresentavam uma lacuna entre suas habilidades de decodificação e compreensão. É composto por quatro etapas: prever, esclarecer, questionar e compreender. No ensino recíproco, o diálogo é o meio para explorar os textos em profundidade. Há um elevado nível de modelagem e de criação de andaimes pela professora, à medida que ela fala em voz alta os processos de pensamento envolvidos nas quatro etapas. Em seguida, os alunos seguem o exemplo da professora, com o objetivo de se tornarem leitores ativos autoconscientes, desenvolvendo assim suas habilidades metacognitivas e de pensamento. Em certo sentido, as crianças estão aprendendo sobre letramento com determinação. Por fim, um leitor deve aplicar as etapas à sua própria leitura independente.

O papel da fala na escrita

É uma prática comum a de valorizar o papel da fala durante a preparação das crianças para a escrita. Em geral, o professor pode apresentar um texto para a classe, comentar as convenções formais do texto escolhido, modelar os aspectos do processo de escrita e aproveitar as ideias das crianças para compartilhar com a turma, talvez as filmando como um estímulo visual. Critérios de sucesso, preparados pelo professor com antecedência ou gerados de forma colaborativa com a classe, podem ser usados para fornecer suporte adicional. Segue-se um período de redação em silêncio, e o rascunho ou o produto final pode ser autoavaliado, avaliado por colegas ou pelo professor em relação aos critérios prescritos.

Defendemos que a fala exerce um papel muito maior se as crianças derem asas à imaginação para produzir "redações vigorosas, comprometidas, honestas e interessantes" às quais o Currículo Nacional, de 1989, se refere. Infelizmente, mesmo assim, reconheceu-se que capturar a essência dessa redação para que ela pudesse ser medida era uma tarefa difícil e, por isso, essas palavras foram omitidas nas descrições do Currículo Nacional.

Se o nosso objetivo é incentivar a escrita honesta e interessante, queremos que nossos alunos encontrem as suas próprias vozes, não apenas se tornem hábeis em imitar as vozes dos outros e em satisfazer intenções de aprendizagem e critérios de sucesso predeterminados. Grainger, Goouch e Lambirth (2005) refere-se a "voz e verve" na redação, e acreditamos que essa escrita mais aventureira, brincalhona e animada só se torna possível se o ensino e a aprendizagem dialógicos sustentarem o processo. As oportunidades para a fala devem ser fundamentais em todas as etapas das aulas de redação; o discurso interativo exerce um papel antes, durante e após a produção textual. Britton (1970, p. 29) descreveu uma situação em que cada pedaço de escrita "flutua em um mar de fala", e é esse tipo de sala de aula que recomendamos.

Para apoiar as crianças a encontrar suas próprias vozes, precisamos incentivá-las a praticar o "pensamento de possibilidades" (CRAFT, 2000). Inicialmente, as crianças e o professor se envolverão em falas generativas, em que ideias, opiniões e possibilidades são discutidas, desenvolvidas e testadas no "contexto conversacional" (GRAINGER; GOOUCH; LAMBIRTH, 2005). Conforme mencionado no início deste capítulo, um precursor essencial para trabalhar nesse contexto é a criação de um ambiente de confiança e respeito, em que os redatores apresentam seus pensamentos experimentais, seguros no conhecimento de que suas ideias serão ouvidas, apoiadas e valorizadas.

Nessa fase, o professor pode lançar mão de atividades teatrais, como imagens congeladas, berlinda/cadeira quente (do inglês *hot seating*) ou cenas curtas improvisadas, para permitir que as crianças explorem em mais profundidade as possibilidades surgidas a partir do texto. Esse tipo de envolvimento físico, em que a mente e o corpo trabalham em conjunto para "fazer", fornece uma bem-vinda extensão ao que, caso contrário, pode tornar-se um processo de produção textual bastante estereotipado e previsível. Trabalhando em pequenos grupos, as crianças escutam as opiniões umas das outras, ouvem as perspectivas alternativas, aprimoram suas próprias ideias e debatem os caminhos a seguir. Esse processo de selecionar e aprimorar as ideias, para o qual o drama pode contribuir, é uma parte essencial do processo composicional, apoiando os redatores a encontrar suas vozes únicas e autênticas.

Tão logo a redação estiver em andamento, o diálogo sobre a redação se torna mais crítico e reflexivo. Os pequenos redatores aprendem dando e recebendo comentários críticos. É um aspecto essencial do processo criativo. Comentar a escrita dos outros lhes permite adotar o papel de "amigos críticos" e reflexivos, e ouvir as opiniões dos outros os ajuda a escrever com uma consciência do leitor – seu público. Aqui, a professora exerce um papel crucial em modelar comentários respeitosos, honestos e solidários. Ela também precisa assegurar que as oportunidades estejam previstas durante o processo de produção textual, para que as crianças ouçam e respondam à escrita delas e dos outros. Inicialmente, isso poderia envolver uma estrutura para servir de andaime a essas conversações críticas construtivas. No entanto, à medida que as crianças se tornam iniciadas na comunidade de redatores, adquirindo um tipo de "conhecimento de associação" (SADLER, 1989, p. 129), menos adereços de apoio são necessários. Além de ouvir os comentários do seu professor e seus colegas, os redatores mirins estão ouvindo suas vozes interiores à medida que leem, releem e reescrevem em resposta às reflexões críticas próprias e dos outros.

O equilíbrio migrou de uma situação onde os comentários críticos reflexivos sobre um texto definitivo fazem parte do processo de análise, para uma situação em que um diálogo em andamento tem impacto na redação quando é mais útil – durante o processo criativo. Em vez de salvar para a "próxima oportunidade" qualquer aprendizagem decorrente do *feedback* do professor e dos colegas, o/a escritor/a mirim pode levar em conta os comentários à medida que passa a limpo o texto.

Fala em prol da ortografia

Aprender ortografia é um aspecto essencial do desenvolvimento das habilidades de escrita, mas muitas vezes é ensinada de um modo mecânico. As estratégias de ensino podem incluir listas de ortografia, algumas regras de ortografia, "olhe, tape, escreva e confira", sem falar no ditado semanal. Das duas, uma: ou as crianças adoram o ditado, porque têm boa memória visual e costumam ganhar boas notas, ou têm pavor dele, pois confirma sua condição de fracas em ortografia. Como a fala pode contribuir para uma sala de aula onde as crianças tenham maior envolvimento com a ortografia e, portanto, sejam alunos mais bem-sucedidos? Imagine uma sala de aula onde haja uma onda de excitação quando um padrão de ortografia é identificado, onde conexões sejam feitas entre palavras conhecidas e desconhecidas, onde professores e as crianças sejam fascinados pelas palavras, seus significados, suas origens e suas grafias. Imagine uma escola onde toda a comunidade esteja envolvida em uma divertida jornada de descoberta sobre palavras.

Tony Martin (2010) é um convincente defensor da fala em prol da ortografia na etapa de 1º e 2º anos (*Key Stage 1*) e também na etapa de 3º a 6º anos (*Key Stage 2*). No cerne das estratégias e atividades, ele sugere que reside a convicção de que a aprendizagem é uma atividade social e colaborativa, e isso é tão verdadeiro para ortografia quanto qualquer outro aspecto do inglês. Os benefícios dessa fala, onde as crianças escutam umas às outras e compartilham seus conhecimentos e entendimentos, conduzem à construção de ideias coletivamente, criando "uma corrente de pensamento" (ALEXANDER, 2008). Martin (2010) também ilustra como atividades ligadas ao teatro podem tornar-se parte integrante das lições de ortografia, incorporando a aprendizagem das crianças sobre palavras usando abordagens cinestésicas.

ESTUDOS DE CASO

Os estudos de caso a seguir têm semelhanças notáveis, no sentido de que as duas escolas adotaram os princípios de prática e filosofia da educação infantil e os introduziram em toda a escola. O desafio enfrentado por essas escolas é encontrar o equilíbrio entre responsabilização e medição de resultados da aprendizagem com práticas inovadoras que celebrem a infância e "permitam que as crianças sejam crianças".

Estudo de caso 1: Escola St. John dos Anos Iniciais do Ensino Fundamental, da Igreja da Inglaterra, em Midsomer Norton

Em sua categoria, a St. John é uma escola maior do que a média nacional, cuja proporção de crianças elegíveis para a merenda escolar gratuita está abaixo da média. A grande maioria dos alunos tem ascendência branca britânica, e a proporção de alunos com necessidades educacionais especiais e/ou deficiência é abaixo da média.

Apesar de não apresentar dificuldades ou desafios relevantes, a escola não apresentava a comunidade de aprendizagem vibrante que a diretora ansiava promover. A gestão sênior identificou a perda de tempo de aprendizagem como uma área em que o corpo docente deveria se concentrar. Assim, a escola inteira começou uma viagem rumo a um currículo diferente, mais emocionante e envolvente, em que cada parte do dia, incluindo o intervalo do almoço, oferecia oportunidades enriquecedoras para a aprendizagem ativa.

O corpo docente concordou que havia muito a aprender com as turmas da educação infantil, em que as crianças mostravam independência e alegria na aprendizagem ativa, e a fala era o meio pelo qual isso ocorria. Os professores decidiram tentar replicar essa boa prática em toda a escola, usando as seis áreas de aprendizagem da educação infantil (EYFS) como base para o planejamento curricular.

A St. John adotou uma forma de planejamento curricular onde as crianças eram centrais no processo. Trabalhando com a estrutura "planejar, fazer, revisar", os professores davam às crianças a tarefa de suscitar as "grandes perguntas" ao planejar seus tópicos. Normalmente, a aprendizagem começa com uma provocação ou estímulo; em seguida, por meio do diálogo, as crianças geram as perguntas que fornecem a estrutura para a aprendizagem. Essa participação no planejamento tem dado às crianças a posse, resultando em maior comprometimento com sua aprendizagem. No final do tópico, a aprendizagem é comemorada de diversas maneiras – um livro, uma produção teatral, um evento, uma exposição, uma visita –, e muitas vezes os pais se envolvem nessa fase.

Outra evolução na St. John relaciona-se ao ensino de comunicação, linguagem e letramento. A escola está envolvida com a Equipe de Redação. Além de treinamento em serviço para professores, a Equipe de Redação forneceu poetas e escritores que trabalharam com turmas para incentivar a escrita de alta qualidade. A escola introduziu uma terceira inovação, pela qual o espaço exterior é dividido em cinco zonas, onde as crianças escolhem para brincar na hora do intervalo e da refeição. Cada zona se relaciona a uma das áreas do currículo da educação infantil. Assim, a criança pode escolher entre: 1) atividades físicas no campo; 2) atividades físicas mais amenas, como pular corda, bambolê e fazer marcas com gizes; 3) atividades criativas, como se fantasiar, fantoches, dramatização; 4) jogos de minimundo; 5) atividades com base em *design* e tecnologia/ciências. Cada manhã, as crianças negociam com os amigos e decidem qual zona vão escolher. Elas são incentivadas a experimentar tudo. Essas zonas são vistas como fornecedoras de fóruns para debate – são lugares com recursos para incentivar a colaboração, a tomada de decisão e a fala significativa.

O que pensa a diretora

A diretora está empolgada com o progresso da escola por meio dessas mudanças fundamentais no currículo. Ela acredita que o ânimo das crianças mudou; tornaram-se alunos mais ativos, mais envolvidos e mais analíticos. Antes, os professores faziam todo o trabalho árduo (e toda a fala), mas agora as crianças também trabalham arduamente – elas estão ativamente envolvidas, e a fala dos alunos é crucial para toda a sua aprendizagem.

A diretora acredita que a adoção da obra *The little book of Thunks* (GILBERT, 2007) em toda a escola teve um impacto significativo na aprendizagem das crianças. Um *thunk* (particípio informal do verbo *think*, pensar) é descrito pelo autor como "uma pergunta sedutora sobre coisas cotidianas que deixa você desconcertado e lhe ajuda a começar a olhar o mundo sob novos prismas". A diretora observou que as crianças estão agora muito mais preparadas para escutar, compartilhar ideias, debater, desenvolver o seu pensamento e, às vezes, mudar de ideia. Ela afirma que antes essas crianças nunca tomavam a iniciativa, mas agora se sentem encorajadas e mostram uma vontade genuína de aprender.

O que pensam as crianças

Todas as crianças indicaram que se sentiram empoderadas em sua aprendizagem. Elas mostraram a compreensão de como a fala lhes permitiu desenvolver seu pensamento e sua aprendizagem. Elas apreciaram que o compartilhamento de ideias era benéfico, porque "Você pode melhorar suas ideias com as ideias de outras pessoas".

Quando indagadas especificamente sobre qual o impacto que a fala teve em suas habilidades de letramento, as crianças identificaram que, na leitura, elas haviam se beneficiado pelo aumento de vocabulário e por uma compreensão ampliada de como funciona a linguagem narrativa. Mas foi no desenvolvimento de suas habilidades de redação que as crianças demonstraram mais entusiasmo com o valor de falar e ouvir. A influência do trabalho da Equipe de Redação foi clara e evidente – as crianças dizem que se sentiram inspiradas. Elas se convenceram sobre os benefícios da fala colaborativa para o planejamento, a reformulação, a edição e a avaliação de suas redações: "Eu gosto de falar sobre as minhas redações com meus amigos. Posso mudar as coisas e melhorá-las." "Você pode fazer uma parceria e compor uma grande história."

O que pensam os professores

Os professores se mostraram dispostos a desenvolver e mudar suas pedagogias. Tinham uma visão compartilhada de onde queriam chegar. O currículo era visto como um trabalho em andamento. Vários princípios fundamentais já haviam emergido:

- Todos podem ter sucesso.
- Nem tudo precisa estar escrito.
- As crianças precisam ser inspiradas.
- A voz dos alunos emergirá se as crianças perceberem que o professor realmente lhes dá ouvidos.
- A fala deve ter um propósito e se relacionar com experiências de primeira mão.

Até agora foram identificados os seguintes resultados positivos:

- As crianças falam mais e os professores falam menos.
- Às vezes, os professores são facilitadores, em vez de líderes da aprendizagem.
- As crianças estão envolvidas – e deixaram de ser meros receptores passivos.
- Há um vínculo maior entre professores e crianças – eles trabalham juntos em prol de objetivos comuns.
- Empoderadas, as crianças se tornaram alunos mais independentes.
- Elas têm uma compreensão mais sofisticada de como funciona a linguagem.
- Suas habilidades de redação se desenvolveram significativamente.

Reflexão sobre o estudo de caso I

- Quais são os pontos fortes e as possíveis dificuldades para transformar o currículo e a pedagogia de uma escola dessa maneira?
- Quais os aspectos podem ser mais eficazes em sua escola?

Estudo de caso 2: Escola St. Andrew dos Anos Iniciais do Ensino Fundamental, da Igreja da Inglaterra, em Bath

A escola abrange desde a educação infantil até o 6º ano (crianças de 3 a 11 anos de idade) e conta com 180 alunos. Está situada no coração de Bath, uma cidade com rica herança cultural, fator significativo, pois a escola usa os centros culturais de Bath para enriquecer seu currículo e as experiências das crianças. Uma grande porcentagem das crianças fala inglês como língua adicional e mais de 18 línguas diferentes são faladas. Como a escola é muito diversificada, os valores de inclusão são extremamente importantes. A Escola St. Andrew se sente como uma "escola de aldeia na cidade"; está localizada perto do parque municipal e suas salas de aula são espaços bem iluminados e arejados, que permitem que as crianças acessem os ambientes ao ar livre e façam pleno uso deles. O objetivo da escola é "incutir nas crianças o amor pela aprendizagem e um amor pela própria vida".

A Escola St. Andrew trabalhou com 5 x 5 x 5 = criatividade[1] (BANCROFT; FAWCETT; HAY, 2008) no Teatro Infantil *the egg*, no projeto intitulado "Escolas sem muros",[2] que enfocamos neste estudo de caso. Todos os adultos entrevistados falaram que o projeto permitiu que as crianças se expressassem por meio de sua "centena de idiomas" (EDWARDS; GANDINI; FORMAN, 2012), conceito desenvolvido pela abordagem de Reggio Emilia para mostrar como as crianças podem se comunicar e se expressar de várias formas, não apenas por meio da fala.

O que diz a diretora

A diretora quer que sua escola seja um ambiente de aprendizagem ativa e empolgante, com valores inclusivos em seu âmago. Ela afirmou que deseja ver as crianças brincando, se comunicando e se expressando em sua plenitude. A escola iniciou uma série de projetos que incentivam a fala, como "Tire uma foto", "Projeto Fazendo História" e *Thunks*. Em 2009, quando a escola se envolveu no projeto 5 x 5 x 5 = criatividade, as estratégias do ensino fundamental aparentemente produziam currículos e crianças que eram todos iguais. A escola adotou o currículo Quigley com base em habilidades, que visa a construir um currículo relevante e inspirador. A cidadania e a escuta das vozes das crianças também são cruciais para a escola, com as crianças trabalhando junto com os adultos para construir um forte senso de comunidade.

Inicialmente, os artistas trabalharam com o corpo docente e as crianças na escola, suscitando a pergunta: "O que é escola?". O resultado do seu pensamento conjunto foi o projeto "Escolas sem muros", que evoluiu para se tornar um projeto de dois anos de aprendizagem transformacional. No início do projeto, uma turma mista com alunos do 5º e do 6º anos fez uma residência no Teatro *the egg* em Bath,

---

1 N. de R.T.: Projeto que envolve crianças, professores, pesquisadores e organizações culturais com o objetivo de desenvolver os princípios e práticas de uma educação criativa.
2 N. de R.T.: Projeto em que o aprendizado ocorre fora do espaço escolar, em centros culturais e espaços públicos da cidade.

por 4 dias por semana, ao longo de 7 semanas. Lá, eles tinham toda a sua aprendizagem, se envolvendo com o teatro e com a equipe do 5 x 5 x 5 = criatividade e participando de vários projetos. As provocações permitiam que as crianças brincassem com os mundos da realidade e da fantasia que eram evocados. A Praça da Rainha, em Bath, tornou-se diariamente o *playground* das crianças. No ano seguinte, um professor estagiário do PGCE da Bath Spa University envolveu-se no projeto. As crianças e o corpo docente começaram a negociar com a cidade e a fazer conexões com espaços, em uma prática semelhante aos "diálogos com lugares" das crianças da abordagem Reggio (FILIPPINI; GIUDICI; VECCHI, 2008).

A diretora afirmou que o projeto permitiu que as crianças se tornassem suficientemente corajosas para se comunicar e fazer perguntas. As crianças se beneficiavam por ouvir outras vozes e padrões de discurso, não apenas seu professor. Os ânimos das crianças para a aprendizagem, em particular sua fala colaborativa e suas habilidades de aprendizagem, cresceram ao longo do projeto. Os professores também se tornaram muito mais corajosos e mais flexíveis em suas abordagens, permitindo que os alunos se tornassem agentes ativos que faziam perguntas, desafiando a si mesmos e claramente apreciando os debates e a aprendizagem participativa.

O que dizem o professor e o professor estagiário

A aprendizagem no Teatro *the egg* permitiu que a visão da criança sobre o mundo se expressasse, com as crianças tornando-se mais criativas, imaginativas e "genuínas". Elas representaram situações da vida real e ensaiaram o que vão dizer. Curiosamente, as crianças com desempenho excelente, que poderiam se sentir mais seguras no ambiente de sala de aula, sentiram-se um tanto inabilitadas e tiveram de encontrar uma nova posição. Talvez a experiência inicialmente tenha sido desorientadora para a identidade delas, que foi construída pelo bom desempenho escolar, em vez de pela aptidão social e oral. Visivelmente, uma falante bilíngue polonesa deu um salto enorme de progresso em termos de autoconfiança, fluência e liberdade de expressão. A professora sentiu que isso aconteceu porque existe um contexto imediato e significativo para todas as falas no Teatro *the egg*. Os adultos ouvem as crianças com mais atenção, e as relações tornaram-se mais ricas, com a equipe e as crianças compartilhando sua "miríade de verdades possíveis". O processo "agitou" a dinâmica social e agora todos se misturam, com uma melhoria significativa na autoconfiança e na identidade de aluno. O desafio futuro é notar quando a fala e a aprendizagem podem estar escorregando aos velhos hábitos em sala de aula. Esses professores falaram sobre tornar-se "exploradores de um mundo desconhecido".

O professor estagiário afirma que sua prática foi transformada, no sentido de que agora ele realmente escuta as crianças e provoca as suas ideias. Passou a planejar meticulosamente suas aulas e a dar às crianças escolhas na aprendizagem. Ele concordou que as crianças falam e aprendem por um propósito real que instantaneamente dá significado à aprendizagem. Percebeu que diminuiu a lacuna entre aqueles que costumavam se expressar mais e aqueles que não o faziam.

O que diz a artista de 5 x 5 x 5 = criatividade

O projeto proporcionou um espaço para o "pensar, sonhar e explorar" das crianças. A confiança comunicativa delas melhorou. As crianças com deficiências sensoriais aprenderam a se comunicar por meio da visualização de seus sentimentos em desenhos e, em seguida, expressando isso de volta com palavras. Elas estão comunicando "o mundo secreto dentro delas". Um tema recorrente tem sido refletir, falar e pensar sobre o "eu interior" e o "eu exterior". Uma relação aberta, confiante, entre adultos e crianças parece ser crucial para que isso ocorra.

O que dizem as crianças

Todas as crianças entrevistadas disseram que se sentem mais livres para se manifestar.
"Agora é 'escola sem muros'. Não estamos presos."
"A nossa escola não é tão bloqueada como outras escolas."
"Aprendi que não preciso usar o discurso para me comunicar com as pessoas."
"Converso muito no Teatro *the egg* e tenho mais amigos."

Reflexão sobre o estudo de caso 2

- O que você faria para garantir que a fala e a aprendizagem continuassem a ser tão inspiradoras no ambiente cotidiano das salas de aula?
- Como você poderia adotar uma abordagem de indagação criativa na fala e na aprendizagem em seu próprio ambiente? Quais seriam os desafios e de que forma você poderia superá-los?

PRÁTICA

Todas as atividades sugeridas no Capítulo 10 (P4C) são exemplos adicionais que oferecerão suporte à comunicação recíproca e significativa.

Prática 1: Criando um etos de sala de aula em que o discurso e o falante são valorizados

Atividade 1: Criando regras básicas para um debate eficaz

A turma precisa ter uma compreensão compartilhada sobre o tipo de ambiente mais propenso a criar debates eficazes. Envolver as crianças na criação de regras básicas apoiará um etos de turma propício a falas produtivas.

As "regras" combinadas podem ser mais ou menos assim:

- Garantimos que todos têm a oportunidade de falar.
- Ouvimos todas as ideias.
- Gostamos de brincar com as ideias e possibilidades.
- Tentamos justificar nossos pensamentos e ideias, explicando o porquê.
- Fazemos perguntas para descobrir, para tornar as coisas claras e aprimorar as ideias.
- Podemos discordar.

Atividade 2: Gostamos deste poema

Em pequenos grupos, depois de folhear os livros de poesia na biblioteca, na sala de aula ou em recursos *on-line* (*sites* sobre poesia), as crianças escolhem um poema. Ensaiam uma declamação do poema para o resto da turma, possivelmente usando movimento e música. As crianças introduzem seu poema dizendo por que o escolheram, e o público é convidado a responder a cada apresentação.

Que conexões você pode fazer entre as atividades 1 e 2?
Você sempre começaria estabelecendo as regras básicas?
As regras básicas seriam iguais em toda a escola?

Prática 2: Incentivando as crianças a desenvolver habilidades de questionamento eficazes

Atividade 1: Vinte perguntas

O professor começa falando: "Estou pensando em uma pessoa (palavra, coisa, livro, evento) e vocês têm 20 perguntas para adivinhar quem (ou o que) é". Tão logo as crianças captam a ideia, elas podem assumir o papel da pessoa que diz "Estou pensando...". Com o apoio e um pouco de recapitulação de informações, crianças a partir da educação infantil podem praticar esse jogo.

Essa atividade funcionaria melhor se a palavra-alvo estivesse relacionada a um tópico que está sendo estudado pela turma?
Como você pode garantir que as perguntas sejam feitas por uma gama de crianças e todos participem?
Como você pode reduzir as opções se estiver brincando com crianças menores?

Atividade 2: Eu mentiria para você? (Adaptação do programa de TV da BBC)

O professor e dois adultos adicionais (assistentes, pais, diretora) apresentam à classe uma história de suas vidas que eles afirmam ser verdade. Só um está dizendo a verdade. Se nenhuma ajuda adicional estiver disponível, o professor pode contar três histórias, das quais apenas uma é verdadeira. As crianças, em pequenos grupos, debatem as perguntas que gostariam de fazer a cada um dos apresentadores. Por meio do questionamento, da escuta e do debate fundamentado, as crianças, em grupos, tomam suas decisões e, em seguida, descobrem a verdade. Crianças mais velhas podem assumir o papel de apresentadores, talvez preparando sua "verdade" ou "mentira" como tema de casa.

As crianças desenvolvem suas habilidades de escuta e questionamento por meio desses jogos?

Essas habilidades de questionamento se transferem a outras atividades, por exemplo, ao entrevistar um especialista visitante?

Prática 3: Criando uma cultura na sala de aula que incentive a resolução de problemas em grupos por meio do diálogo

Atividade 1: Recriar um poema

Escolha um poema adequado aos interesses e à idade das crianças. Cole cada verso do poema em uma tira de cartolina. Em pequenos grupos (de três ou quatro) as crianças trabalham juntas para formar um poema que faça sentido. O interesse reside no debate que se desenrola: quais pistas as crianças estão usando? Como elas justificam suas escolhas? Outra opção é designar um observador para cada grupo que relata o processo aos demais. Uma variação dessa atividade seria usar um texto em prosa, dividido em frases. Você também poderia fornecer tiras em branco para que palavras, frases ou versos pudessem ser adicionados ao texto.

Essa atividade aprofunda a compreensão textual pelas crianças?

Como você pode encorajar as crianças a negociar e, se necessário, a se comprometer?

Atividade 2: O que não combina

Quatro fotos são apresentadas juntas na lousa interativa digital. Trabalhando em pequenos grupos, as crianças têm que decidir qual é o item que não combina, oferecendo justificativas para suas decisões. Não há necessariamente uma resposta "correta". As imagens escolhidas poderiam se relacionar aos textos com que as crianças já estão familiarizadas, em aulas prévias sobre linguagem.

Que tipo de ambiente oferece suporte a essa atividade em que não há uma resposta certa?

Você acha que a classe se tornaria mais aventureira em sua aprendizagem, geralmente como resultado de se envolver nessa atividade?

Atividade 3: Às vezes, sempre, nunca

Declarações como "Os professores querem que vocês fiquem quietos"; "Os meninos gostam mais de lutar do que as meninas"; "Todos os seres vivos precisam de água"; "Se é dezembro, é verão..." são apresentadas às crianças. A tarefa das crianças é chegar a um acordo no grupo delas, decidindo se a afirmação é verdadeira às vezes, sempre ou nunca. Se o consenso não for possível, então os indivíduos dissidentes são convidados a justificar seus pontos de vista.

Existem maneiras para desenvolver essa atividade na escrita?

Como essa atividade pode ser usada para desenvolver a aprendizagem em uma gama de áreas do currículo?

Atividade 4: Explore a imagem

Escolha uma imagem (pintura ou fotografia), que se refira a um tópico ou tema que você estiver estudando. Você pode usar essa estrutura para apoiar a exploração.

- Observe: as crianças olham detalhadamente e "descrevem o que veem".
- Pergunte: elas fazem perguntas que surgem a partir de suas observações (Por quê? Onde? Quem? Quando? Como?).
- Conecte: elas ligam essas observações e perguntas aos seus conhecimentos e experiências.
- Imagine: elas inventam possibilidades, motivações, razões. Elas se inserem na imagem, criando empatia com os personagens.
- Reflita: elas meditam sobre o que debateram; sabem avaliar o que foi dito; pensam no que isso significa e para onde elas gostariam de ir depois.

Essa atividade também funcionaria com um artefato.

Essa estrutura oferece suporte para um debate mais aprofundado?

Prática 4: Criando uma sala de aula onde perspectivas alternativas são reconhecidas e valorizadas

Atividade 1: "A boa notícia é..." versus "a má notícia é..." ou "felizmente..." versus "infelizmente...".

Isso funciona bem em grupos de cinco. Uma criança começa com uma afirmação positiva e a próxima criança continua com uma afirmação que acrescenta um cunho negativo à situação. Por exemplo: "A boa notícia é que amanhã é sábado...". "A má notícia é que tenho de arrumar meu quarto...". "A boa notícia é que ganho uma graninha por ter arrumado o quarto...".

Atividade 2: Debates

Para alcançar um debate bem-sucedido, as crianças vão precisar de uma boa dose de preparação. Precisam entender as convenções (proponente, comentarista, etc.) e precisam de tempo para pensar, por meio de argumentos e possíveis contra-argumentos. Isso é alcançado com mais eficácia em pequenos grupos. O professor precisa oferecer uma estrutura de andaimes, pelo menos inicialmente. Com as crianças mais novas, questões de interesse pessoal imediato (relacionadas à escola e à casa) funcionarão melhor, enquanto as crianças mais velhas podem tentar questões "maiores".

Atividade 3: Quem pensa o quê?

Proporcione uma estrutura para um poema em que os versos consecutivos comecem assim: Professores pensam..., Pais pensam..., Amigos pensam..., Eu penso... Cada afirmação inicial deve ser seguida por três versos, cada um dos quais deve oferecer uma ideia diferente. O resultado desta atividade pode ser um poema da turma inteira.

Consegue identificar uma abertura maior no seio da turma? As opiniões são expressas racionalmente e os pontos de vista, fundamentados?

RESUMO

Exploramos iniciativas e princípios essenciais à aplicação de pedagogias da fala. Abordamos a fala dialógica em sala de aula e exploramos as estratégias de ensino que desenvolvem a eficácia desses aspectos (fala e aprendizagem) no letramento. Argumentamos que a fala exploratória, criativa, reflexiva e avaliativa proporciona maior potencial cognitivo aos alunos, permitindo-lhes trocar ideias e que se tornem indagadores conjuntos no processo de aprendizagem. Implementar o ensino dialógico resulta em maior interação na sala de aula e em ampliação das oportunidades de pensamento. Os dois estudos de caso exemplificam como abordagens de ensino estimulantes e envolventes podem incentivar as crianças a se tornarem falantes, leitores e redatores reflexivos, confiantes e perspicazes, que reconhecem o poder e o prazer das palavras. Por fim, oferecemos algumas ideias para desenvolver falas colaborativas para uma gama de propósitos em contextos envolventes e agradáveis.

LEITURAS COMPLEMENTARES

Sites

Obtenha informações sobre os projetos 5 x 5 x 5 = criatividade, inspirados na abordagem Reggio Emilia: Learning Without Walls: 5 x 5 x 5 = criatividade. 2000. Disponível em: <http://www.5x5x5creativity.org.uk/>. Acesso em 13 ago. 2015.

Mais informações sobre fala dialógica em: ROBIN ALEXANDER. [2014]. Disponível em: <http://www.robinalexander.org.uk/>. Acesso em: 13 ago. 2015.

Mais exemplos de *Thunks*: THUNKS: ... questions to make your brain go ouch!. [2014]. Disponível em: <http://www.thunks.co.uk/>. Acesso em: 13 ago. 2015.

Explore pesquisas sobre diálogo na linguagem e no letramento e leia a resposta da UKLA ao Currículo de Inglês proposto: UKLA: UK Literacy Association. [2014]. Disponível em: <http://www.ukla.org/>. Acesso em: 13 ago. 2015.

REFERÊNCIAS

ALEXANDER, J. R. *Towards dialogic teaching*: rethinking classroom talk. 4th ed. New York: Dialogos, 2008.

BANCROFT, S.; FAWCETT, M.; HAY, P. *Researching children researching the world*: 5x5x5=-creativity. Stoke-on-Trent: Trentham Books, 2008.

BARNES, D.; TODD, F. *Communication and learning in small groups*. London: Routledge, 1977.

BOURDIEU, P. *Outline of a theory of practice*. Cambridge: Cambridge University, 1977.

BRITTON, J. *Language and learning*. London: Penguin, 1970.

CAZDEN, C. B. *Classroom discourse*: the language of teaching and learning. Portsmouth: Heinemann, 2001.

CHAMBERS, A. *Tell me*: children reading and talk. Stroud: Thimble, 2011.

CRAFT, A. *Creativity across the curriculum*: framing and developing practice. London: Routledge Falmer, 2000.

CUMMINS, J. *Language, power and pedagogy*: bilingual children in the crossfire. Clevedon: Multilingual Matters, 2000.

CREMIN, T. et al. *Teaching English creatively*. Abingdon: Routledge, 2009.

EDWARDS, C.; GANDINI, L.; FORMAN, G. *The hundred languages of children*. 3rd ed. Reggio Emilia: Reggio Children, 2012.

FILIPPINI, T.; GIUDICI, C.; VECCHI, V. *Dialogues with places*. Reggio Emilia: Reggio Children, 2008.

FISHER, R. *Creative dialogue*: talk for thinking in the classroom. Abingdon: Routledge, 2009.

GILBERT, I. *The little book of thunks*. Bancyfelin: Crown House Publishing, 2007.

GOODWIN, P. *The Articulate classroom talking and learning in the primary school*. London: David Fulton, 2001.

GRAINGER, T.; GOOUCH, K.; LAMBIRTH, A. (Ed.). *Creativity and writing*. London: Routledge, 2005.

GRUGEON, E.; GARDNER, P. *The art of storytelling for teachers and pupils*. London: David Fulton, 2000.

HALLIDAY, M. A. K. *Learning how to mean*: explorations in the development of language. London: Edward Arnold, 1975.

HARRIS, D.; WILLIAMS, J. The association of classroom interactions, year group and social class. *British Educational Research Journal*, v. 38, n. 3, p. 373-397, 2012.

KELLY, C. *Hidden worlds:* young children learning literacy in multicultural contexts. Stoke-on-Trent: Trentham Books, 2010.

MARTIN, T. *Talk for spelling.* London: UKLA, 2010.

MERCER, N. *Words and minds:* how we use language to think together. Abingdon: Routledge, 2000.

MERCER, N.; DAWES, L. The value of exploratory talk. In: MERCER, N.; HODGKINSON, S. (Ed.). *Exploring talk in school.* London: SAGE, 2008.

MERCER, N.; HODGKINSON, S. (Ed.). *Exploring talk in school.* London: SAGE, 2008.

NORMAN, K. *Thinking voices:* the work of the National Oracy Project. London: Hodder & Stoughton, 1992.

PALINCSAR, A. S.; BROWN, A. L. *Reciprocal teaching of comprehension fostering and monitoring activities:* cognition and instruction. Hillsdale: Lawrence Erlbaum, 1984.

SADLER, R. *Formative assessment and the design of instructional systems.* Holanda: Kluwer Academic Publishers, 1989.

SINCLAIR, J.; COULTHARD, M. *Towards an analysis of discourse:* the English used by teachers and pupils. London: Oxford University Press, 1975.

VYGOTSKY, L. *Mind in society.* Cambridge: Harvard University Press, 1978.

WEGERIF, R. Dialogue and teaching thinking with technology: opening, expanding and deepening the 'inter-face'. In: LITTLETON, K.; HOWE, C. (Ed.). *Educational dialogues:* understanding and promoting productive interaction. London: Routledge, 2010.

WELLS, G. *The meaning makers.* Bristol: Multilingual Matters, 2009.

WHITEHURST, G. J. et al. Accelerating language development through picture book reading. *Developmental Psychology*, v. 24, p. 552-559, 1988.

WOOD, D.; BRUNER, J.; ROSS, G. The role of tutoring in problem-solving. *Journal of Child Psychology and Child Psychiatry*, v. 17, p. 89-100, 1976.

WRAY, D.; LEWIS, M. *Extending literacy:* children reading and writing non-fiction. London: Routledge, 1997.

Índice

Adicionado a um número de página, "f" denota uma figura.

5 x 5 x 5 = criatividade 206-8

A

ABC (Educação Experiencial) 3-4
abertura 181-82
abordagem "dos palitos" 74-75
abordagem centrada em resultados 197-98
abordagem cíclica em etapas, para a resolução de problemas 58-9
abordagem "Conta para mim" 132-33, 225-26
abordagem da "roda pirata" 58-9
abordagem de infusão 4-7
abordagem de Reggio Emilia 24-5, 33-5, 47-8, 77-8, 218-19, 232-33
abordagem do "terceiro espaço" 221-22
abordagem High/Scope 29-31
abordagem interdisciplinar 44-6, 116-18, 133-37
abordagem positiva, ao *feedback* 110-11
abordagem subjetiva, ao processo reflexivo 90-1
abordagem VCOP 118-19
abordagens multissensoriais 52-3
ação autodirigida 25-6
ação de rotina 88-9
ação reflexiva 88-90

Aceleração Cognitiva pelo Ensino de Ciências (CASE) 4-5, 44-6, 173-5, 177-8, 179-180, 181-2
Aceleração Cognitiva pelo Ensino de Matemática (CAME) 4-5
aceleradores 57-8
acordos coletivos 182-83
Adams, H.B. 9
Adhami, M. 114-15
afirmações "Eu posso" 12-3
afirmações provocativas 75-8
agência 3-4
Alexander, R. 133-4, 137-8, 144-5, 219-222
alunos
  impacto das expectativas percebidas 24-5
  ver também alunos ao longo da vida; alunos ativos; alunos autônomos; alunos bilíngues; Alunos com Poder; alunos poderosos
alunos ao longo da vida 3-4, 119-120
alunos ativos 12-13, 22-3, 73-4
alunos autônomos 50-2
alunos bilíngues 221-2
Alunos com Poder 12-14
alunos poderosos 23-5
alvos, ligados à avaliação 118-19
ambiente ativo 28-34
ambiente capacitador 28-30
ambiente construtivista 9

ambiente de casa 53-5, 132-33
ambiente de confiança 57-8
ambiente de pensamento 8-12
ambiente empoderador 47-8
ambiente físico 47-8, 133-34, 148-49, 156-57
ambiente seguro 55-7, 75-7, 93-5
ambiente(s) de aprendizagem
  criação de 44-57
  como o "terceiro professor" 133-34
  confiante e respeitoso 57-8, 226-27
  definição 43-44
  para a avaliação 109-111
  para a matemática 156-57
  virtual 135-37
  ver também ambiente ativo; ambiente de casa; ambiente de pensamento; ambiente físico; ambiente seguro
ambientes solidários 54-7
amigos críticos 227-28
análise da tarefa 5-6
análise/analisar 3-4, 69-72, 177-78, 180-81
andaimes, criação de 4-5, 31-3, 46-7, 54-5, 93-5, 112-14, 137-38, 220-22, 225-28
Anderson, L. 4-5, 69-70
Animoto for Education 130-32
aplicação/aplicar 69-71
apoios dos colegas 89-90
aprendendo a aprender, 46-7, 50-2, 128-29
"Aprendendo a ser letrado" (1999) 132-33
Aprendendo juntos podemos alcançar grandes realizações 78-9
aprender fazendo 133-34
aprendizagem
  aspectos sociais 134-35
  características da eficaz 22-4, 28-9
  com base em jogos 134-35
  controle da 46-7, 53-7, 73-4, 135-37
  definição 44-6
  falta de interesse na 23-4
  por meio da avaliação *ver* avaliação
  propósito comum em torno da 54-5
  responsabilidade pela 12-3, 13-4, 31-3, 114-15
  ver também aprendizagem ao longo da vida; aprendizagem ativa; aprendizagem personalizada

aprendizagem ao longo da vida 46-7, 78-9, 123-24
aprendizagem ativa 21-41
  agência 3-4
  avaliação formativa 109-110
  desenvolvimento conceitual 176-77
  em todo o currículo 49-52
  ver também TICs; matemática; ciências
  envolvendo as crianças nas decisões sobre 46-7
  estudo de caso 33-6
  fala em sala de aula 220-21
  jogos 29-31
  leiaute da sala de aula 47-8
  linguagem 26-9
  modelagem 46-8
  motivação 1-23
  papel da fala 219-220
  papel do professor 30-4
  perspectivas teóricas 24-8
  reconhecendo alunos poderosos 23-5
aprendizagem com base em jogos 134-5
aprendizagem construtivista 53-4, 150-51
Aprendizagem ao longo do Currículo Nacional 20
aprendizagem epistêmica 44-6
aprendizagem personalizada 55-7, 118-19
aprendizagem profunda 23-4, 31-3
aprendizagem reflexiva 92-3
aquisição de conhecimento 44-6, 49-50
áreas de armazenamento 48-9
argumentação 177-180
Aristóteles 199-200
arte 50-2
ArtisanCam 128-29
Ashcraft, M.H. 148-49
aspectos sociais, da aprendizagem 134-35
aspectos socioemocionais da aprendizagem 57-8
Associação de Pesquisa Educacional Britânica 107-8
atenção 31-3
atitudes 9, 24-5, 57-8, 148-150
Ativando as Habilidades de Pensamento das Crianças (ACTS) 4-6
atividades de construção de equipe 54-5
atividades de extensão 75-8
atividades e jogos iniciados pelas crianças, 29-30

Attfield, J. 29-30
AudioBoo 129-130
aula cognitivamente rica 114-15
autoavaliação 73-4, 111-14, 116-19, 153-54
autoconfiança, 23-5, 54-5, 110-11, 232-33
autodescoberta orientada 4-5
autodiferenciação 55-7
autoeficácia 110-11, 135-37
autoestima, 50-2, 55-7, 151-54
autonomia 29-30, 129-30, 135-37, 138-39
Autoridade de Qualificações e Currículo (QCA) 109-10
avaliação 105-124
    ambiente para 109-111
    critérios de sucesso 112-15
    diária 115-18
    estudo de caso 116-120
    feedback 110-12
    intenções de aprendizagem 114-15
    papel da 106-8
    rastreando a 115-18
    uso da 107-110
    ver também avaliação pelos colegas; autoavaliação
avaliação da aprendizagem 107-8
Avaliação do Progresso dos Pupilos (APP) 93-5, 118-19, 156-57
Avaliação em prol da Aprendizagem (AFL) 12-3, 107-8, 112-14, 179-180
    contínua 154-55
    dez princípios 109-111
    processo 107-9
    questionamento (estudo de caso) 78-9
avaliação formativa 106-110
avaliação pelos colegas 73-4, 116-18, 118-19
avaliação somativa 106-9
avaliação/avaliar 6-7, 70-1, 177-78, 182-83, 225-26

B

Bandura, A. 149-150
Barnes, D. 135-37, 219-221
básico (currículo) 49-50
bate-papo livresco 225-26
Bennett, R. 129-130
Big Day Out 133-34
Black, P. 107-8, 182-83
Blagg, N. 3-4

blogs da turma 129-130, 135-37, 140-41
blogs/blogar 129-130, 135-37, 139-141
bloqueadores 57-8
Boaler, J. 148-9
Bober, M. 133-34, 134-35
Bolton, G.M. 47-8
Bono, E. de 5-6, 57-8
Boud, D. 90-1
British Film Institute (BFI) 132-33
Britton, J. 226-27
Brookfield, S. D. 88-9
Bruner, J. 23-5, 25-8, 31-3
Bryant, P. 155-56
Burnett, S.J. 148-49
Byron, T. 137-38

C

cadeira quente (berlinda) 118-19, 226-27
Callaghan, J. 197-98
câmeras de vídeo 129-130
capital cultural 224-25
Carver, R. 2-4
"centena de idiomas" 218-19
Centre for Literacy in Primary Education (CLPE) 132-33
Centro Nottingham Shell 111-14
cérebro 9-11, 26-8, 31-3, 52-3, 151-53
Chambers, A. 130-33, 225-26
Chazan, M. 29-30
ciclos de aprendizagem 77-78
cidadania 232-33
ciência prática 176-77
ciências 173-192
    aprendizagem ativa 49-50
    desenvolvendo as habilidades de pensamento
        abordagem estruturada 177-180
        estudo de caso 179-183
    desenvolvimento conceitual 176-77
    habilidades de indagação 175-77
    importância das habilidades de pensamento e aprendizagem 173-75
    natureza de 173-76
    ver também Aceleração Cognitiva pelo Ensino de Ciências
Clarke, S. 46-7, 109-110
classificação 3-4
Claxton, G. 44-6, 49-50, 129-130
clipes de áudio 129-132

coconstrutores 218-19
cognição 24-5, 26-8, 177-78
  ver também metacognição
Cohen, E. 54-5
colaboração 30-1, 53-5, 57-8, 132-34, 134-151, 151-54, 224-25
comentário crítico 226-28
comentários (em blogs) 139-140
Comissão Cockcroft de Indagação (1982) 148-49
Como as crianças pensam e aprendem 25-6
competência 3-4
comportamento 137-38, 149-151
compreensão 70-1, 130-32
comum princípio oculto (CUP) 121-22
comunicação 30-1
comunidade de alunos 218-19
comunidade de blogs de educação 140-41
comunidade de indagação 198-99
comunidade de redatores 227-28
comunidades internacionais, envolvimento com 57-8
concentração 26-8, 48-9
conexões, fazendo 22-4, 30-1, 34-5, 155-56, 176-77, 225-26, 232-33
confiança, 11-3, 34-5, 52-3, 93-5, 111-14, 138-39, 149-150, 151-54, 155-56, 159-160, 233-34
conflito cognitivo 177-78, 180-81
conhecimento 70-1, 71-2, 155-56
conhecimento de ação 119-220, 220-21
conhecimento de associação 227-28
conhecimento de escola 219-220
conhecimento matemático 155-56
conhecimento sobre a matéria 78-9, 149-150
construção do conhecimento 29-30, 150-51
construtivismo social 177-78, 218-19
contexto 25-6, 54-5
controle 23-5, 29-30, 46-7, 53-4, 55-7, 73-4, 135-37, 138-39
conversação 53-4
conversação sustentada 53-4
conversando 79-80, 179-180
cooperação 50-2, 54-5, 153-54
copesquisadores 30-1
cor 48-9
corpo docente
  ver professores/as

correr riscos 9-11, 55-7, 109-110, 157-59, 218-19
corrigindo 58-9, 111-12
Coulthard, M. 220-21
Craft, A. 181-82
Cremin, T. 135-37, 224-25
criação 70-1
criadoras de significado 23-4
criança única 24-5
crianças reflexivas 73-4, 92-6
criatividade 12-3, 43, 57-8, 77-8, 135-37, 179-180, 224-25
critérios de sucesso 73-4, 115-15, 226-27
Csikszentmihályi, M. 133-34
cultura de indagação
  ambiente de aprendizagem 44-57
  contexto 43-6
  definição 43-4
  estudo de caso 55-9
cultura de sala de aula 73-5, 150-51
cultura de sala de aula solidária 73-5
Cummins, J. 221-22
curiosidade 11-2, 22-3, 24-5, 31-3, 43, 46-7, 47-8, 50-2, 68-9, 71-2, 75-8, 149-150, 224-25
currículo
  aprendizagem ativa em todo o 49-52
  centralizado 44-6
  coconstruído 138-39
  com base em competências 12-3, 232-33
  com base em habilidades 12-3, 232-33
  com base no questionamento 77-9
  esboço curricular de inglês (2012) 219-220
  oculto 24-5
  orientado ao conteúdo 49-50
  principal 49-50
  ver também currículo oculto; Currículo Nacional
Currículo Nacional 5-6, 44-6, 49-50, 70-1, 133-34, 197-98, 226-27
Currículo para a Excelência 46-7, 107-8
Currículo para a Excelência Escocês 46-7, 107-8
currículo Quigley 232-33
currículos criativos 77-8
Cursos de Habilidades de Pensamento Somerset 2-4

D

Damasio, A. 55-7, 149-150
Davitt, J. 128-29
debate "adquirido ou ensinado" 149-151
debate 9-11, 53-4, 57-8, 73-4, 89-90,
  114-15, 177-78
  ver também debate entre colegas; debate
  on-line; debate orientado
debate entre colegas 4-5, 111-12
debate *on-line* 135-38
debate orientado 92-5
debate sobre "espaço" 137-38
deliberação 206-7
Dentro da caixa preta 107-8
Departamento de Educação do Reino
  Unido 90-1
desafio 4-5, 8-11, 114-15, 134-35,
  176-78
desafio cognitivo 4-5, 8-11
desempenho 50-2, 68-9, 108-9, 110-11,
  155-56
desenvolvimento cognitivo 3-4, 24-6, 26-8
desenvolvimento conceitual 155-56, 176-77
desenvolvimento físico 30-1
desenvolvimento pessoal, social e
  emocional 30-3, 50-2
Development Matters in the EYFS 23-4,
  28-9
Devereux, J. 9-11
Dewey, J. 2-3, 9-11, 29-30, 88-90, 92-3,
  197-99, 200-2
diagramas, para reflexão 95-6
diálogo 9-11, 72-3, 110-12, 133-34, 173-75,
  180-81, 220-22, 222-25
diálogo formativo 112-14
diálogos criativos 224-25
diários reflexivos 95-6
Dillon, J. 77-8
discriminação 206-7
discurso do Ruskin College 197-98
discursos 224-25
discursos dominantes 224-25
disposição dos assentos 48-9, 54-5
dispositivo da "criança desconhecida" 74-5
docentes reflexivos 89-92
documentação, de aprendizagem, 28-9,
  34-5, 130-32
domínio cognitivo 4-5

"domínio de fatos observáveis/domínio de
  ideias" 176-77
Donaldson, M. 25-6
dopamina 31-3

E

Early Years Foundation Stage (EYFS) 22-3,
  24-5, 28-30, 31-3
Eaude, T. 31-3
Edublogs 135-37
educação experiencial 2-4
educação infantil, definição 22-3
educadores "livres pensadores", 21-3
educadores, 21-4
Educational Heretics Press 21-2
"efeito Pigmalião" 110-11
"efeito Rosenthal" 110-11
empatia 30-1, 57-8, 203-4
empoderamento 110-11, 230-31
energia mental 26-8
Enriquecimento Instrumental de
  Feuerstein (FIE) 3-4
"ensinar para o teste" 197-98
ensino
  eficaz 133-34
  pressupostos sobre 88-9
  recíproco 225-27
  ver também ensino dialógico
ensino dialógico, 133-34, 137-38, 218-19,
  219-222, 222-24, 226-27
ensino e leitura recíprocos 225-27
ensino em equipe 181-82
Entrada, Ataque e Análise 150-51
entrevistando especialistas 129-32
entusiasmo 31-3, 46-8, 74-5, 149-50
envolvimento 23-4, 25-6, 30-1, 47-8,
  150-51, 151-53, 206-7, 224-25, 226-27
envolvimento dos pais, na avaliação 115-16
envolvimento físico 226-27
Equipe de Redação 229-230, 230-31
Escola de Fordingbridge (estudo de caso)
  200-6
Escola Gallions dos Anos Iniciais do
  Ensino Fundamental (estudo de caso)
  206-8
Escola Orchard de educação infantil
  (estudo de caso) 33-6

Escola St. Andrew dos Anos Iniciais do Ensino Fundamental (estudo de caso) 231-34
Escola St. John dos Anos Iniciais do Ensino Fundamental (estudo de caso) 229-232
"Escola sem muros" 231-32
escolha(s) 29-30, 57-9, 206-7
escuta 55-7, 79-80, 153-54, 218-19, 232-33
escuta ativa 218-19
espaço físico 47-9
espaço, utilização de 47-9
especialistas, entrevistando 129-132
especialistas, pensando como 128-29
esquemas 173-75, 177-78
estereótipos 28-9
estilos de aprendizagem 57-8, 112-14
estratégias de evasão 73-4
Estratégias Nacionais para os Anos Iniciais do Ensino Fundamental 49-50
estruturas de recompensa 118-19
estruturas para reflexão 2-3, 88-90, 90f
estudos naturalísticos 54-5
etos 9, 34-5, 47-9, 54-5, 55-7, 118-19, 199-200, 218-19
etos de sala de aula 47-9, 54-5, 55-7, 218-19
etos do grupo 199-200
Evangelou, M. 29-30
exibições 9-11, 47-8, 57-8, 95-6, 119-20, 156-57
expectativas 24-5
expectativas do professor, impacto das 24-5
explicação 177-78
exploração 23-4, 43, 50-2, 137-38, 151-53

F

Facebook 135-37
facilitadores 198-200
fala
  e letramento 218-19
  ver também fala cooperativa; fala dialógica; fala exploratória
fala cooperativa 132-33
fala dialógica 218-19, 219-228
fala dialógica coletiva 221-22
fala dialógica cumulativa 221-22
fala dialógica recíproca 221-22
fala dialógica significativa 222-24
fala dialógica solidária 221-22
fala em grupo 222-24
fala em sala de aula 221-22, 224-25
fala exploratória 182-83, 220-21, 222-25
fala formal 225-26
fala sobre livros 224-26
falsos conceitos 74-5, 110-14
fazer sentido 23-4, 71-2
feedback 107-8, 110-12
feedback construtivo 107-8
ferramentas de vídeo 130-32, 144-45
Feuerstein, R. 3-4
Filosofia para Crianças (P4C) 4-5, 44-6, 195-213
  estrutura da sessão 199-200
  estudos de caso 200-8
  propósito do pensamento nas salas de aula 196-200
Fisher, J. 29-30
Fisher, R. 224-25
fluxo 133-34
fluxogramas, para reflexão 95-96
formação de grupos 24-5, 53-5, 95-6, 154-55
Freethinkers' Guide to the Educational Universe 21-22
Frobisher, L. 151-53
Froebel, F. 23-4, 29-30
Fryer, C. 135-37

G

Galton, M. 153-54
Geertz, C. 23-4
generalização 30-1
"generalização garantida" 200-2
geografia, pensamento por meio da 4-5
Gerador de Eventos de Aprendizagem (LEG) 128-29
Ghaye, T. 90-1
Gipps, C. 114-15
Goldsworthy, A. 128-29, 175-77
Goodwin, P. 225-26
Gordon, N. 149-150
Grainger, T. 226-27
gravação digital 128-29
Grieshaber, S. 29-30
Groff, J. 134-135
Groves, S. 150-51
Grupo de Reforma da Avaliação (ARG) 107-8

grupos de capacidade 24-5
grupos por amizade, 54-5, 55-7
grupos por desempenho 54-5
grupos por gênero 54-5

H

habilidades
　desenvolvendo as matemáticas 155-56
　prática reflexiva 90-6
habilidades de escuta 53-4, 179-180
habilidades de indagação 6-7, 175-77
habilidades de leitura, fracasso em desenvolver 132-33
habilidades de ordem superior 129-130, 132-33, 173-75, 177-78, 180-81
habilidades de pensamento
　crescimento do interesse nas 44-46
　definições 6-7
　desenvolvimento 49-50
　　benefícios de uma abordagem explícita 11-12
　　estudo de caso 11-4
　　ideias para 50-2
　　papel adulto 9-11
　　pelo ensino da matemática 4-5, 147-170
　　pelo ensino de ciências 4-5, 173-192
　　programas para 2-7
　ensino 6-9
　natureza holística 44-6
　lista das principais pelo Currículo Nacional 70-1
habilidades de pensamento criativo 6-7
habilidades de processamento de informação 5-6
habilidades de vida 12-3, 50-2
habilidades matemáticas 155-56
habilidades orais 218-19
habilidades processuais 44-6, 173-78
habilidades sociais 54-5
habilidades transferíveis 44-6, 151-54
Harlen, W. 175-76, 176-77
Hart, S. 24-5, 128-29
Hastings, S. 72-3
Heathcote, D. 47-8
hegemonia educacional 88-9
hipotetizar 177-78
história 49-52
Holt, J. 21-2, 22-3

Howe, A. 173-77
humor 52-3

I

ideias, debate e compartilhamento 176-77, 180-83, 217-19, 226-27
ideias preconcebidas 8-9
ignorância socrática 75-7
iluminação 48-9
inclusão social 224-25
indagação 77-8, 198-99, 220-21
　ver também cultura de indagação
indagação colaborativa 50-3
indagação em grupo 77-8
indagação independente 34-5
indagação prática 151-53
independência 43-4
inferência 132-33
influência parental, em matemática, 149-50
informações, análise e extração 129-130
inglês 49-52
insegurança, 55-7, 71-2, 73-4, 90-1, 149-150
instrução específica do contexto 30-1
inteligência 3-4, 24-5, 46-7, 150-51
inteligência definida 24-5
intenções de aprendizagem 114-15
interação
　intercâmbio de três partes
　ver interação social; interações professor-criança;
interação social 26-8, 179-180
"intercâmbio de três partes" 220-21
interações professor-criança 9, 68-9, 72-3, 114-15
interpensamento 222-24
interpretação de dados 176-77
investigação/investigar 50-2, 71-2, 133-34, 156-57, 177-78
Isaacs, S. 23-4
It's Learning 135-37

J

Jacobson, L. 24-5, 110-11
jardim murado 135-37
jogo conduzido pelo adulto 29-30
jogo de fluxo livre 29-30
jogo imaginativo 29-30

jogos de computador 133-35
jogos de paisagem imersivos 134-35
jogos e brincadeiras 29-31
jogos eletrônicos 133-34
jornadas de aprendizagem 11-3, 78, 94, 121-3
jornadas de pensamento 9-11
julgamentos, sobre a aprendizagem 73-4
justificação 182-83

K

Kaleidos 135-37
kit de ferramentas de pensamento 8-9
Koshy, V. 153-54
Kress, G. 132-33, 135-37

L

Laboratórios Nacionais de Treinamento (NTL) 153-54
Larkin, S. 9-11, 177-78
leitura recíproca 225-27
lembrar-se 69-70
Learning Without Limits 55-7
líder de coesão comunitária 55-8
linguagem 5-6, 8-9, 30-1, 53-4, 71-2
   aprendizagem ativa 26-9
   desenvolvimento do pensamento 219-220
   ensino 219-220
   interdependência 221-22
   matemática 154-56
linguagem cotidiana 155-56, 220-22
linguagem matemática 154-56
Lipman, M. 198-99
letramento
   digital 129-130, 132-33
   e fala 218-19
   ensino 219-220
   expressão do pensamento 219-220
   fala dialógica 219-228
   tabelas de avaliação para 118-19
letramento digital 129-130, 132-33
Look Again (BFI) 130-32

M

Macintyre, C. 29-30
Malaguzzi, L. 24-25, 132-34
Manto do Perito 118-19
mapas mentais 5-6, 9-11, 72-4
Martin, T. 227-28
Mason, J. 150-51
matemática 147-170
   aprendizagem ativa 49-50
   ambiente de sala de aula 153-57
   por meio de resolução de problemas 149-154
   atitudes em relação à e ansiedade 148-150, 169-170
   resolução de problemas (estudo de caso) 156-160
   planejamento de problemas 150-53
   ver também Aceleração Cognitiva pelo Ensino de Matemática
matemáticos, pensando e se comportando como 49-50, 128-29
matérias principais 50-2
McArdle, F. 29-30
McGuiness, C. 177-78
McIntosh, E. 128-29
McMahon, K. 180-81
McShane, J. 30-1
Meadows, S. 25-6
mediadores 3-4
Meighan, R. 21-22, 24-5
melhores práticas 78-9
memória 31-3, 155-56
meninos 135-37
mente aberta 9, 50-2, 89-90, 92-3, 96-7
mercantilização 106-7, 197-8
Mercer, N. 182-83
Merttens, R. 149-150
metacognição 4-5, 8-9, 53-4, 77-8, 111-12, 153-54, 173-75, 177-78, 180-81, 225-26
microfones 129-130
Millar, R. 176-77
miniplenárias 128-29, 176-77, 180-81, 182-83
mobília 47-9, 57-8
modelagem 225-26
   aprendizagem 46-8
   bom pensamento 198-99
   comportamento apropriado 149-151
   interdisciplinar 133-34
   questionamento 6-9, 53-4, 72-3, 78-80
modelo de subtração, aprendizagem da linguagem 221-22

Índice **249**

modelo de treinamento 23-4
modelo EXIT 220-21
modelos de computador 132-35
Montessori, M. 23-4
motivação 22-4, 24-5, 30-1, 114-15, 151-53
motivação intrínseca 23-4, 114-15
Moyles, J. 23-4, 29-30
Muijs, D. 151-53
murais de aprendizagem 12-3, 95-6
Myst 134-35

N

narrativa oral 224-25
negatividade 90-1
neoliberalismo 197-98
neurociência 26-8
neurologia 31-3
Nisbet, J. 89-90
níveis de ruído 48-9
Norman, K. 219-220
November, A. 129-130
Nunes, T. 155-56

O

objetividade 111-12
objetivos da aula 114-15
objetivos de aprendizagem 4-5, 69-70, 114-15
observação 57-8
observação pelos colegas 57-8
Ogden, L. 54-5
Opening Up Talk (QCA) 222-24
ortografia, fala em prol da 227-28
Orton, A. 151-53

P

papel do adulto, desenvolvendo o pensamento 9-11
Papert, S. 49-50, 128-29, 133-34
parcerias de fala 111-12, 182-83
Pardoe, D. 46-7, 58-9
Parks, D. 5-6
participação 50-2
participação ativa 151-53, 198-99, 203-4, 220-21
pauta de aula 114-15
Pavlov, I. 24-25

Payne, J. 43-44
pedagogia 29-30
pensamento
 definição 2-3
 no currículo 43-4
 tipo P4C 198-99
 ver também pensamento abstrato; pensamento compartilhado sustentado; pensamento crítico; pensamento de possibilidades; pensamento instrumental; pensamento reflexivo
pensamento abstrato 25-6, 70-1
pensamento compartilhado sustentado 30-3
pensamento crítico 3-5, 43-6, 50-2, 196-97, 225-26
pensamento de possibilidades 181-82, 224-25, 226-27
pensamento dedutivo 50-2
pensamento instrumental 197-99
pensamento interno 71-2
pensamento narrativo 29-30
pensamento por meio da geografia 4-5
pensamento reflexivo, 177-78, 182-83
pensamento simbólico 29-30
Pensando Ativamente em um Contexto Social (TASC) 9, 150-51
"pensando em voz alta" 218-19
Pensar com algum propósito 195-97
perfil psicológico e de aprendizagem único 52-3
perguntas abertas, 55-7, 115-16, 118-19, 132-33, 137-38, 224-25
perguntas de indagação 71-2, 75-8
perguntas de ordem inferior 71-3, 75-7
perguntas de ordem superior 71-3, 75-7, 114-15
perguntas estendidas 115-16
perguntas exploratórias 71-2
perguntas fechadas 55-7, 71-3, 115-16
perguntas gerenciais 72-3
perguntas instigantes 72-3
perguntas investigativas 5-6, 73-4
perseverança, 11-3, 151-54, 159-160
pertencimento (*belonging*) 3-4
Photostory3 130-32
Piaget, J. 4-5, 23-4, 25-6, 26-8, 70-1, 177-78
Pickett, K. 24-5
pirâmide de aprendizagem 153-54, 154f

planejamento para o questionamento 75-7
podcasts 130-2
Pollard, A. 88-93, 96-7
posse (autonomia, controle) 13-4, 29-30, 53-4, 93-5, 138-39, 182-83, 229-230
prática reflexiva 88-91, 108-9
　estudo de caso 95-100
　habilidades e valores 90-6
Preparação, Planejamento e Avaliação (PPA) 13-4
pressupostos sobre o ensino 88-9
Primary Blogger 135-37
PrimaryPad 134-35
problemas matemáticos com enunciados 151-53
processo reflexivo 88-91, 97-100
profecia autorrealizável 24-5, 28-9
professores/as
　ansiedade matemática 148-150
　como facilitadores/as 198-99
　como mediadores/as 3-4
　criativos/as 138-39
　habilidades e estratégias de questionamento 74-9
　papel
　　desenvolvimento infantil 25-6
　　na aprendizagem ativa 30-4
　prática reflexiva 90-3
　ver também professores reflexivos; terceiro professor
professores criativos 138-39
professores reflexivos 185-88
programa Pensando juntos 9
programação (estudo de caso) 138-39
projeto AKSIS 176-77
projeto da tarefa 8-9
projeto Eficácia na educação infantil e nos anos iniciais 30-3
Projeto Ideias Brilhantes 177-78, 181-82
Projeto Leverhulme 72-4
Projeto Nacional de Oracia 217-19
prontidão 25-6, 48-9
prontidão inata 25-6
proposição (argumentação) 177-78
propósito comum, sobre a aprendizagem de 54-5
psicólogos 23-4
Pygmalion in the Classroom 24-5

Q

Quadblogging 140-41
Qualter, A. 175-6, 176-77
questionadores bem-sucedidos 72-3
questionamento 67-84, 198-99
　estudo de caso 1-79
　importância 68-9
　modelagem 6-9, 53-4, 72-3, 78-80
　habilidades 129-130
　habilidades e estratégias do professor 74-9
　papel do professor 53-4
　questões afetivas 61-2
　revisando a pesquisa 68-79
　ver também perguntas abertas; perguntas de ordem inferior; perguntas de ordem superior; perguntas instigantes; perguntas fechadas
questões afetivas 73-5, 88-9, 91-2

R

raciocínio 6-9, 50-2, 57-8, 71-2, 150-51, 151-53, 156-57, 177-78, 196-98
raciocínio extrínseco 196-98
raciocínio intrínseco 196-97
rastro emocional 112-14
recompensa intrínseca 50-2
reconhecimento de sons 130-32
redação 130-32, 135-37, 226-28
redação persuasiva 130-32
reflexão 2-3, 8-13, 88-90
reflexão crítica 92-3
reflexão de superfície 91-2
reflexão na ação, 89-90, 180-81
reflexão pedagógica 91-2
reflexão significativa 91-3
reflexão sobre a ação, 89-90, 180-81
refutação, em argumentação 177-180
relação professor-criança 31-3, 52-3, 91-2, 135-37
relacionamentos positivos 31-4
relatório Delphi (1990) 44-6
relatório do OFSTED (2008) 78-9
relatório Tickell (2011) 29-30
representação 25-8
representação ativa 25-6
representação icônica 25-8
representação simbólica 25-6, 26-8

resiliência, 43-4, 50-2, 58-9, 159-160, 200-2
resolução de problemas 31-3
   ação reflexiva 89-90
   abordagem da "roda" 9, 58-9, 150-51
   abordagens de debate 9-11
   atividades de extensão 75-7
   autodirigida 25-6
   em grupo 4-5, 73-4, 153-54
   jogos eletrônicos 133-34
   matemática 149-154, 156-160
   responsabilidade pela 29-30
resolução de problemas na vida real 151-53
respeito 48-9, 50-2, 181-82
respeito mútuo 48-9, 50-2
responsabilidade (das crianças) 12-4, 29-30, 31-3, 110-11, 114-15
responsabilidade (do corpo docente) 89-90, 90-1, 137-38
reestruturar a prática 89-90
reuniões do corpo docente 57-8
reviravoltas críticas 225-26
Revisão de Cambridge (2006) 39-40
Reynolds, D. 151-53
Robinson, K. 43-4
Rockey, Ian (estudo de caso) 139-141
Roden, J. 176-77
Rosenthal, R. 24-5, 110-11
rotina 29-30
Rylands, T. 129-130, 133-34, 134-35

S

sabedoria prática 199-200, 206-7
sala de aula construtivista 50-2, 52-3
Schön, D. 88-9, 89-90
Scott, A. 137-38
Scratch 138-39
Scriven, M. 106-7
"sede de saber" 24-25
segurança 29-30, 42, 52-3, 55-7, 73-4, 111-12
segurança eletrônica 135-38
segurança emocional 55-7
"Seis chapéus do pensamento" 57-8
Selter, C. 150-51
seriação 3-4
sessões plenárias 92-3, 138-39, 176-77, 182-83
Shucksmith, J. 202-3

Sigman, A. 130-32
simulações 133-34
Sinclair, J. 220-21
síntese 70-1, 177-78, 180-81
sistema de "rostos alegres" 116-18
sistemas de convicção 92-3
site da Pixar 130-2
sites de escola 135-37
Skinner, B. F. 24-5
Smilansky, S. 25-6
Society for Advancing Philosophical Enquiry and Reflection in Education (SAPERE) 202-3
Sócrates 1, 198-99
Stebbing, S.L. 195, 196-97
Steiner, R. 23-4, 29-30
Sternberg, R. 150-51
Swain, J. 148-49
Swartz, R. 5-6
SWGfL Merlin 135-37
Sylva, K. 30-31

T

tabelas (escadas) de avaliação, para letramento 118-19
tarefa dos palitos 13-4
taxonomia de Bloom 4-5, 69-70, 78-9, 115-16, 177-78
Teaching Thinking Skills with Fairy Tales and Fantasy 50-2
teatro 226-27
tecnologia 43-6, 52-3
   ver também TICs
temperatura 48-9
tempo de espera 75-7, 79-80, 224-25, 225-26
teoria de fases (Piaget) 25-6
teorias com base na observação 26-8
terceiro professor 133-34
Testes de Avaliação Padrão 49-50
testes/testar 43-4, 44-6
textos, digitais 130-33
The Little Book of Thunks 230-31
TICs 127-145
   caixa de ferramentas das 128-29
   criação de *blogs* 135-37
   debates *on-line* 135-38
   entrevistando especialistas 129-32

estudos de caso 137-141
explorando modelos de computador 132-35
gravação digital 128-29
letramento digital 129-130
vídeo digital 130-33
Todd, F. 219-221
tomada de turno 30-1
Top 10 táticas de pensamento 3-4
Toulmin, S. 177-78
trabalho colaborativo 9-11, 24-5, 50-2, 54-5, 73-4, 130-2, 153-55, 177-78, 179-180
trabalho em duplas 73-4
trabalho em equipe 12-3, 130-32, 153-54
trabalho em grupo 13-4, 53-4, 57-8, 73-4, 220-21, 226-27
transferência de conhecimento 53-4, 151-53
treinamento metacognitivo 89-90

V

valor, atribuído às matérias 50-2
valores 55-7, 90-6
verbalização 71-2
Verschaffel, L. 151-53
vídeo digital 130-33
visualizadores 128-29
vocabulário 58-9, 93-5, 181-82
"voz e verve", na produção textual, 226-27
Vozes que pensam 219-220
Vygotsky, L. 4-5, 23-4, 24-5, 26-8, 31-3, 72-3, 177-78, 220-21, 222-24

W

Walker, D. 90-1
Wallace, B. 9, 150-54
Waller, T. 132-33, 135-37
WALT 116-19
Ward, H. 176-77
Web 2.0 130-32, 134-35
Wegerif, R. 151-53, 182-83, 222-24
Wells, G. 26-8
Whitney, C. 130-32
Wichman, A.M. 148-49
Wiliam, D. 107-8, 182-83
Wilkinson, R. 24-5
Williamson, J. 153-54
Wilson, Dan (estudo de caso) 137-39
WINS 116-18
Wittgenstein, L. 196-97
Wood, D. 25-6
Wood, E. 29-30
Wrigley, T. 23-4

Z

zona de desenvolvimento intermental 222-24
zona de desenvolvimento proximal (ZPD) 4-5, 31-3, 222-24